指挥控制系列丛书

边缘战及边缘指挥控制

黄松平　张维明　著

电子工业出版社
Publishing House of Electronics Industry
北京·BEIJING

内 容 简 介

武器和科技的发展带来军事组织、作战方式乃至战争形态的变化，由此深刻地影响指挥控制的演变。未来战争呈现出新的面貌，规模可能进一步缩小，指挥职能需要以一种分布和协作的方式来完成，士兵的独立性和能力逐步提升，武器和战争的演变使以往遭受忽视的边缘获得了前所未有的资源、能力和影响力，边缘地位的凸显导致重心前移，边缘战应运而生。边缘战作为高技术战争成为现代国际冲突的重要样式。边缘战需要一种和以往的中心化指挥控制不同的指挥控制范式。本书提出了边缘战和边缘指挥控制的概念，对边缘战及其指挥控制进行了系统的梳理与介绍，涵盖边缘战的发展历程，组织的类型与边缘组织，边缘战制胜机理，边缘指挥控制的特征、过程模型和边缘指挥控制能力的提升途径，以及边缘战典型样式等内容。

本书不仅可供军事和指挥控制领域的研究工作者借鉴，还可供相关专业的师生、相关领域的从业人员学习与参考。

未经许可，不得以任何方式复制或抄袭本书之部分或全部内容。
版权所有，侵权必究。

图书在版编目（CIP）数据

边缘战及边缘指挥控制 / 黄松平，张维明著.
北京：电子工业出版社，2025.1. -- （指挥控制系列丛书）. -- ISBN 978-7-121-49195-5
Ⅰ. E141.1
中国国家版本馆 CIP 数据核字第 2024NC7416 号

责任编辑：李树林　　文字编辑：张锦皓
印　　刷：北京捷迅佳彩印刷有限公司
装　　订：北京捷迅佳彩印刷有限公司
出版发行：电子工业出版社
　　　　　北京市海淀区万寿路 173 信箱　邮编：100036
开　　本：787×1 092　1/16　印张：12.75　字数：302 千字
版　　次：2025 年 1 月第 1 版
印　　次：2025 年 7 月第 2 次印刷
定　　价：88.00 元

凡所购买电子工业出版社图书有缺损问题，请向购买书店调换。若书店售缺，请与本社发行部联系，联系及邮购电话：(010) 88254888，88258888。
质量投诉请发邮件至 zlts@phei.com.cn，盗版侵权举报请发邮件至 dbqq@phei.com.cn。
本书咨询联系方式：(010) 88254463，lisl@phei.com.cn。

丛书序

战争的历史就是指挥控制（C2）的历史。在《孙子兵法》中，指挥控制的艺术占据了主要的地位；克劳塞维茨的《战争论》在很大程度上也是阐述如何进行指挥控制的著作，而任务式指挥思想也源自克劳塞维茨。中西方"兵圣"都高度关注指挥控制，这也恰恰说明了指挥控制在战争中不可或缺的核心作用。

指挥控制的成效是战争胜负的决定性因素，联合作战、全域作战的重心在于指挥控制，取得体系优势的关键也在于指挥控制。在战争中，任何一项其他活动的重要程度都无法与指挥控制相提并论。

指挥控制不是一成不变的，政治、经济、科技和战争规模等都在牵引着指挥控制的发展演变，特别是科技的发展加速了这种演变，拓展了演变的广度与深度。同时，指挥控制在应急管理、反恐维稳等社会治理领域具有越来越重要的作用，对其研究也得到了更加广泛的关注与重视。

恩格斯指出："一旦技术上的进步可以用于军事目的，并且已经用于军事目的，它们便立刻几乎强制地，而且往往是违反指挥官的意志而引起作战方式的改变，甚至变革。"武器和科技的发展带来作战方式的变化，由此深刻地影响着指挥控制的演变甚至变革。机械化时代的指挥控制以自动化、线性化、规则化为特征，充分运用相关科技进步的成果，着重解决指挥决策的规划、优化和效率问题；信息化时代的指挥控制以作战活动的网络化、信息化为核心，强调把指挥控制与通信、情报、侦察监视、网电对抗、火力打击、综合保障等要素集成在一起，形成一个系统的体系；智能化时代的指挥控制是自动化、信息化、智能化指挥控制的"三化"融合，重点围绕不完全、不确定信息下的决策与行动问题，通过智能科技赋能认知决策、对抗博弈、自主协同和人机混合，实现多种新兴使能技术的集成创新。与此同时，指挥控制的发展也影响着战争形态的变化，催发各种新型指挥控制组织形态。

影响战争与战争指挥控制的主要因素，是人类组织形态的演化以及科学技术的催化作用。其中，人类组织形态的演化呈现出清晰的脉络，从由中心化组织形成中心化指挥控制，到由一线自主协同形成边缘指挥控制，呈现出"集中—分布—自组—敏捷"的演化过程。人类组织形态最开始以中心化为主，是集权的、层级制的、金字塔形的组织模型，在人类文明进程中发挥了十分重要的作用。这是一种严密、高效、精确的组织体系，其指挥单元和行动单元严格分开，上下级之间形成指挥命令的层级关系，上级负责政策、战略的制定，有指挥、监督、命令之权；下级则必须依据规则如实地执行上级命令。这种由中心化组织演化而来的中心化指挥控制也是一种自顶向下的指挥控制方式，它在解决静止性问题，以及不确定性较少的问题时得心应手，并长期受指挥员娴熟运用，成为一种范式。随着战争形态的改变、不确定因素的增多，特别是网络信息时代万物互联和高密度互动带来的复杂性影响，中心化指挥控制范式的不足逐渐显现，去中心化的一线自主协同边缘指挥控制方式越来越得到人们的关注，它在一定程度上弥补了中心化指挥控制的不足。这种指挥控制方式是典型的自组织，呈现出自任务、自组织、自行动、自适应等特征，更加强调协同协作。未来战争的规模可能进一步缩小，战场环境充斥着不确定性和偶然性，单纯地依靠他组织或自组织显然难以做到进退裕如，这就需要更加敏捷的指挥控制方式，我们不妨称之为"中心+边缘"的指挥控制。在"中心+边缘"的指挥控制方式中，适合中心化指挥控制的就用中心化指挥控制，适合边缘指挥控制的就用边缘指挥控制，两者各得其所、相得益彰。

指挥控制的发展离不开指挥控制理论方法的创新，指挥控制理论方法是多学科交叉的，社会科学、自然科学、数学在指挥控制理论发展中都发挥着重要的作用。运用多学科的理论、方法和成果，结合指挥控制固有的特点与规律，从整体上对指挥控制进行综合研究，是一种合适的研究方式。要从多个学科角度，从体系等更加宽广的视野和维度，深入研究指挥控制理论方法，拓展指挥控制研究的范畴。

为揭示指挥控制活动中的现象、性质、规律及其应用实践效果，必须在指挥控制核心概念的基础上，建立指挥控制的基础理论、技术科学和工程实践科学技术图谱，从而在科学研究和人才培养方面，形成独特的指挥控制学科体系。同时，要广泛运用多种研究方法，不断总结、提炼覆盖多种研究范式的指挥控制研究方法体系。机械化时代，对指挥控制的研究主要通过预测、统计、运筹等数学方法，所采用的主要还是还原论的方法；信息与智能化时代则更注重系统、体系的科学方法，也更加注重整体论，用联系和发展的思想去把握规律。我们要善于引导指挥控制理论方法广泛吸收和应用现代科学技术（也包括社会科学）的最新成果，构建不同尺度的指挥控制，避免"一把尺子量到底"。

数字化、智能化给今天的指挥控制带来机遇和挑战。当前，人工智能技术的迅速兴起催生了以智能、无人为代表的新域新质作战力量，改变了装备与战争形态。指挥控制的主体客体、要素结构、技术手段、系统形态等面临根本性的变化，整个领域正在经历一场深刻的变革。指挥控制理论方法必须敢于直面数字化、智能化的挑战，同时又要善于抓住数字化、智能化带来的契机，必须着手研究更好的数字化、智能化方法，努力探索新的数字化、智能化分析方法和手段，促进指挥控制基础理论与方法不断推陈出新。

为了总结并创新指挥控制的理论、方法与技术，服务指挥控制领域的发展，信息系统

丛书序

工程全国重点实验室（以下简称实验室）作为我国指挥控制领域国家级创新平台，联合国内相关优势单位，牵头组织、策划、撰写了"指挥控制系列丛书"（以下简称丛书）。

丛书涉及指挥控制的原理、方法、技术、系统等层面。其中，原理层面主要介绍指挥控制的基本原理，包括理论基础、领域模式、组织设计、过程模型等；方法层面主要介绍指挥控制的基本方法，包括架构设计、认知决策、科学实验、综合集成等；技术层面主要介绍指挥控制的技术体系，涵盖态势认知、决策规划、行动控制等，同时介绍智能化指挥控制、数据与知识驱动的指挥控制等新技术；系统层面主要介绍联合及各军兵种的典型指挥控制系统。

丛书力求包含目前最新的研究成果，体现实验室作为指挥控制领域国家级创新平台的水平，作者均为长期奋战在指挥控制理论研究与工程实践一线的专家、学者，在相关领域积累了丰富的经验和成果。我们希望通过此套丛书的出版，为推动我国指挥控制领域的理论方法创新、前沿技术探索和工程建设实践做出贡献。

丛书的出版，是实验室系统性梳理指挥控制领域理论、方法与技术的重要探索，不仅得到了国防科技大学系统工程学院、中国电子科技集团公司第二十八研究所、中国航天科工集团公司第四研究院十七所等单位的大力支持，还得到了中国指挥与控制学会的指导帮助，在此表示衷心感谢。由于自身能力和水平所限，丛书中的错误、疏漏在所难免，恳请广大读者提出宝贵的意见和建议，以利于我们继续深入研究。

信息系统工程全国重点实验室主任

前言

当今世界正经历百年未有之大变局，新一轮科技革命方兴未艾，国际战略格局加速调整，军事技术狂飙猛进，战争形态和作战方式发生了革命性变化，现代战争这条"变色龙"更加变幻莫测，对创新军事理论提出了新的更高要求。早在2007年，美国军事专家霍夫曼就提出，现代战争的形态正在从传统的较为明晰的"大规模战争"向界限更加模糊、作战样式更为融合的形态发展。在网络信息化时代，用兵规模较小，参战力量的部署更加分散，无人作战、反恐作战、城市作战和特种作战等已成为常见的作战样式，变化更快，联系更加紧密，一线和边缘部队的重要性更为突出，对战争控制的需求更为迫切。

历来最频繁和最持久的军事任务是防止战争、控制战争。传统战争的物质能量消耗、物理摧毁、血腥的有生力量消灭代之以信息的欺骗、拒止、破坏、干扰、控制，传统战争的线性规划、大纵深、大兵团作战代之以小规模、边缘、特种、无人精确打击、系统网络对抗，从钢铁洪流到制信息权，从有形到无形，使得战略、战役、战术空间融合，界限模糊，出现传统战争较少见过的作战场景：边缘崛起、精准控制、防区外攻击、视距外摧毁、心理上屈服，因而促使一批智能化、无人化武器，隐形作战系统，联合全域指挥控制竞相建设等，战争的形态发生了翻天覆地的变化。

意大利军事理论家、制空权理论的提出者杜黑说过："胜利总是向那些预见战争特性的人微笑，而不会向那些等待变化发生后才去适应的人微笑。在战争样式迅速变化的时代，谁敢于先走新路，谁就能获得用新战争手段克服旧战争手段所带来的无可估量的利益。"这句百年前对军人的忠告，在今天仍有强烈的警示意义。过去的20多年里，无所不在的网络、通信技术的发展、传感器和人工智能的结合、无人技术的进步，见证了边缘态势感知、边缘协同、边缘决策、边缘行动等方面的巨大变化。

第二次世界大战结束后，美国共执行了近千次规模、类型各异的危机响应行动。由军队执行的数百次危机响应行动中很少真正涉及真刀真枪火拼的战斗。很多行动都只涉及某些形式的部队调动，而不是攻击行动。这些行动不仅都关注塑造敌对方的行为，而且也关注塑造盟友方和中立方的行为，力图牢牢控制行动过程。从近年来美国遂行的作战行动实践看，用兵规模较海湾战争之前已大幅缩减，信息主导作用更加明显，兵力部署更加分散，时间价值进一步凸显。可以说，动辄数十万人乃至上百万人参战的大兵团战役作为一种作战形态，已明显地退出了历史舞台。

边缘战及边缘指挥控制

随着科学技术的发展，战争规模和兵力数量不再像以前那样在战场上起着决定作用，拥有优越的指挥控制和信息系统的敏捷化、网络化部队能够根据需要进行集中和分散。要打赢未来战争——更类似于一连串小规模攻击或一击即脱的奇袭，而不再是坦克、巨舰与战机之间的传统交战，很大程度上是一种由"灵活单位"遂行的边缘战。情况正如未来学家托夫勒所言："在不久的将来，没有必要继续保持庞大的军队，因为未来战争将不再靠数量取胜。装备新型武器装备的小型军队，将具有比以往大型军队更强的战斗力。"[1]为了应对这种变化，需要对传统军队进行改造，调整军队编成，强化网络信息技术的价值、文化认知、人力资源开发等技能。此外，特别需要变革指挥控制方式，将臃肿的、工业时代的等级制机构适当改造为精干的、敏捷的和去中心化的信息时代的网状结构，实施广泛的信息共享，在条件允许的情况下赋权到边，实施边缘指挥控制，以彻底发挥高技术武器和高素质士兵的潜能。

边缘战一直都存在，只不过以不同的面目出现。优秀的将领和政治家一直试图进行边缘战，或止于未发、禁于未萌，或将其控制在有限的范围，或强调从精神和意志上战胜敌人；而不是简单地打败敌人的军队，歼敌一千，自损八百。这也是孙子和克劳塞维茨所追求的理想作战样式。

作战时空广、作战代价小的边缘战相比于消耗战、持久战、物理战，显然更符合人类战争的最高目的，也是人类战争的最高境界。随着科学技术的飞速发展，超前设计战争、逼真推演战争、精确控制战争、高效指导战争，已成为信息化战争区别于以往战争的主要标志之一。与过去相比，边缘战实现了从分析战争到设计战争、从临机应变战争到超前制变战争、从被动参与战争到管理控制战争的转变。

边缘战体现了复杂体系支撑的作用、人类独立性的提高，以及人类对一线部队行动控制能力的提升，能够做到收放自如。以人类独立性提高为例，马克思在《〈政治经济学批判〉导言》中的如下论述，就是我们理解人类独立性随着时代发展不断提高的关键文本："我们越往前追溯历史，个人，从而也是进行生产的个人，就越表现为不独立，从属于一个较大的整体：最初还是十分自然地在家庭和扩大成为氏族的家庭中；后来是在由氏族间的冲突和融合而产生的各种形式的公社中。只有到18世纪，在'市民社会'中，社会联系的各种形式，对个人来说，才表现为只是达到他私人目的的手段，才表现为外在的必然性。"[2]基于边缘控制行动的作战是关于目的的，而不是关于工具和方法的。它将重点放在控制上，通过将军事行动与国家力量的其他要素相协调，综合运用物理战、电磁频谱战、网络战、认知战等多种战术方法，政治、经济、军事、科技、舆论和情报策略等多管齐下，以最为敏捷、经济的方式以及最小的成本（远离中枢的小战、微战或不战）来结束作战行动。

---

[1] 阿尔文·托夫勒. 第三次浪潮[M]. 黄明坚，译. 北京：中信出版社，2006：94.
[2] 马克思，恩格斯. 马克思恩格斯文集：第八卷[M]. 中共中央马克思恩格斯列宁斯大林著作编译局，编译. 北京：人民出版社，2009：6.

当然，边缘战的未来发展不可能一枝独秀，也无法做到一枝独秀。我们分析边缘战的优势，并不是要单纯依赖于边缘战，而是要适时地运用边缘战，发挥边缘战"以小博大"的效果。事实上，物理战的手段也有心理战的功能。物理消耗就可以诱发心理作用，导致对战争的厌倦或患得患失。未来边缘战仍然要坚持以物理战为后盾；这是因为在今后一段时间内，兵器发展的主线依然是能量杀伤，军事对抗的主域依然是物理空间，战争制胜的主因依然是物质暴力[①]。同样，我们强调边缘指挥控制，也并没有抛弃传统的中心化指挥控制。边缘指挥控制本质上是复杂系统在应对不确定性事件时的自适应、自组织和集智协同。边缘指挥控制的中心是随机调整和变化的，即每个边缘单元都不是传统意义上的中心，但又都可以成为中心。实际上，中心化的指挥控制在未来战争中仍将起着重要作用，但仅有中心化的指挥控制显然不够。两种指挥控制方式都是手段，目的都是确保战争的胜利，在该用中心化指挥控制的地方就用中心化指挥控制，该用边缘指挥控制的地方就用边缘指挥控制，应在集中指挥和自主决断之间建立一种平衡关系，并保持一定张力，而不能拘泥于形式，这也是一种辩证法。

本书首先介绍了边缘战兴起的时代背景；然后介绍边缘战的概念、特点、发展历程、组织的类型与边缘组织、制胜机理，以及边缘指挥控制的特征、模式和提升途径；最后介绍边缘战的典型样式。本书给出了一个初步模式，表明网络信息时代的技术、边缘战和基于效果行动的概念是如何相互联系的。

本书从构思到完成书稿历时4年，其间数易其稿，多次经历"否定之否定"的过程。感谢军事航天部队航天工程大学老松杨校长，国防科技大学朱亚宗教授、肖卫东教授、于淼教授、唐九阳教授、刘俊先研究员和刘毅副教授，暨南大学阳东升教授，中国电子科技集团公司第二十八研究所闫晶晶研究员，江苏省宿迁军分区张开润司令员，空军指挥学院姚作伟博士，95795部队徐丽丽讲师，他们的思想和工作为本书内容提供了宝贵思路和建设性观点。感谢孙立健、武广胜、邓霓冉、姜华、张福增、赵雨、年爱欣、辛乐海、黄诗茜、崔杰、夏衡等研究生，他们参与了书稿的整理与校对工作。同时在成文和编辑出版过程中，还要感谢电子工业出版社的编辑，他们对本书进行了一丝不苟的编辑和校对。

直到今天面世，作者仍然认为本书还是探索之作，是"谷粒"，而不是"硕果"，在边缘战的发展脉络分析、边缘战的特点、制胜机理和指挥控制方法等诸多方面还有待进一步梳理和完善。加上作者水平有限，其中疏漏和错误在所难免。尽管目前的书稿还存在很多问题和不足之处，但是，这是我们共同努力的一个阶段性成果，是我们下一步研究工作的起点；我们也深信边缘战是未来战争的一个重要发展趋势，是一种不容忽视的作战样式。"路漫漫其修远兮，吾将上下而求索"，在作战概念开发、指挥控制基础理论与方法探索的道路上，还有很多问题亟待研究，恳请广大读者批评指正，期待读者的宝贵意见能开启我们智慧的火花，使边缘战这棵"幼苗"不断获得营养滋润，我们也将在预见战争特性的征途上不断前行，直到看到杜黑笔下的胜利微笑。

---

① 王学健. 刘毂锋：从物理战到心理战[N]. 科学时报，2008-12-10（A3）.

目 录

第 1 章 人类进入网络信息时代 1
1.1 变革成为一种常态 1
1.2 安全环境日趋复杂 5
1.3 科技作用日益突出 7
1.4 网络和信息主导驱动 14
1.5 战争呈现出全新面貌 20
1.5.1 杀伤链高度压缩 21
1.5.2 对抗领域转向多维全域 25
1.5.3 军事组织转向追求敏捷 28
1.5.4 无人作战深刻改变战争面貌 33
1.5.5 体系制胜取代平台制胜 36
1.5.6 战争朝可控制性增加的方向发展 39

第 2 章 从重心到边缘 47
2.1 重心：力量的中心和指挥的中枢 47
2.1.1 蜘蛛模式：统一的军队必有重心 48
2.1.2 重心主要通过决战起作用 52
2.1.3 识别重心是战争的主要活动 53
2.2 边缘重要性的凸显和边缘战的兴起 54
2.2.1 边缘不再"边缘" 55
2.2.2 "凡船皆战" 67
2.2.3 "马赛克战"：重视边缘 68
2.2.4 无人系统开始扮演重要角色 69
2.2.5 边缘战并不神秘 71
2.3 边缘战的特点 73
2.3.1 作战力量小型化 73
2.3.2 作战资产数据化 75

  2.3.3 作战单元同步化 ·· 76
  2.3.4 作战编成弹性化 ·· 79
  2.3.5 作战目标直接化 ·· 80

第3章 边缘战的发展历程 ·· 83
 3.1 19世纪前的萌芽阶段 ·· 83
 3.2 初步发展阶段 ·· 87
 3.3 快速发展阶段 ·· 97
 3.4 成熟阶段 ··· 99

第4章 组织的类型与边缘组织 ·· 104
 4.1 一般组织结构与C2组织结构的研究现状 ··· 105
  4.1.1 一般组织结构的研究现状 ·· 105
  4.1.2 C2组织结构的研究现状 ·· 106
 4.2 指挥控制方法空间 ··· 108
 4.3 多组织参与的指挥控制方法空间 ·· 110
 4.4 商业组织形式 ·· 111
  4.4.1 明茨伯格的组织原型 ··· 111
  4.4.2 阿斯顿研究 ·· 113
  4.4.3 麦格雷戈的X-Y理论 ·· 114
 4.5 边缘组织形式 ·· 115
 4.6 C2组织结构的六维视域 ·· 120
 4.7 C2组织结构的六维模型作用机理分析 ··· 122

第5章 边缘战制胜机理 ·· 124
 5.1 智能决策制胜 ·· 124
  5.1.1 依托下放决策权和算法提升决策速度 ··· 124
  5.1.2 发展边缘智能，制造对手决策"迷雾" ··· 126
 5.2 分布式制胜 ·· 127
  5.2.1 体系分散部署，实现"重心"动态变化 ······································· 128
  5.2.2 边缘能力增强，有人无人混合编组 ··· 129
  5.2.3 力量形散神聚，即时聚优 ··· 129
 5.3 维度制胜 ·· 130
  5.3.1 构建新型太空体系架构，形成全域高点支撑 ································· 130

		5.3.2 以连为要：打破边界的快速连接与共享	131
		5.3.3 夺取网络空间关键地形，控制全域信息环境	132
5.4	自组织制胜		133
		5.4.1 自组织对抗他组织，实现去中心化指挥控制	133
		5.4.2 速配共识对抗预规划，加速全域敏捷协同	134
		5.4.3 利用战场管理系统和集群实现自组织	135

第6章 边缘指挥控制 137

6.1	边缘指挥控制概念	137
6.2	边缘指挥控制的特征	139
	6.2.1 自任务：自主发现任务	139
	6.2.2 自组织：自主寻找资源	139
	6.2.3 自行动：自主决定行动	141
	6.2.4 自适应：自主调整改变	142
	6.2.5 自评估：自主评估效果	143
6.3	边缘指挥控制的模式	143
	6.3.1 他组织为特征的任务式指挥	143
	6.3.2 自组织为特征的事件式指挥	144
	6.3.3 边缘指挥控制是自组织和他组织的有机结合	144
6.4	边缘指挥控制的过程模型	145
6.5	边缘指挥控制能力的提升途径	146
	6.5.1 发展先进的边缘信息技术	147
	6.5.2 保持军事技术自觉	148
	6.5.3 建立敏捷网状组织	151
	6.5.4 打破传统部门藩篱	152
	6.5.5 创造宽松文化环境	153

第7章 边缘战的典型样式：无人作战 157

7.1	无人作战异军突起	157
7.2	无人作战的制胜机理	158
	7.2.1 以活胜僵	158
	7.2.2 以群胜独	159
	7.2.3 以自组织胜他组织	159
7.3	无人作战指挥控制的主要特点	160

7.3.1 指挥控制领域虚实贯通、协同复杂 ……………………………… 160
  7.3.2 指挥控制时间极度压缩、由环变点 ……………………………… 161
  7.3.3 指挥控制重心形散神聚、边缘凸显 ……………………………… 161
 7.4 无人作战指挥控制 ………………………………………………………… 161
  7.4.1 无人系统边缘自主的三种模式 …………………………………… 161
  7.4.2 无人作战指挥控制的过程模型 …………………………………… 162

附录 A 基于区块链的快速机动指挥控制模式研究 ……………………………… 165

附录 B 未来战争的指挥控制应对之策 …………………………………………… 178

第 1 章 人类进入网络信息时代

克劳塞维茨说:"要想通晓战争的人,必须审视一下每个特定时代的主要特征,而不是急于研究微小的细节。"认清所处时代是研究这个时代战争的逻辑起点。21 世纪是网络信息时代。随着网络信息技术应用大潮以排山倒海之势,从物理域向认知域、社会域拓展和蔓延,信息域作用不断凸显,我们正在经历人类历史上前所未有之大变局。战争形态也发生了翻天覆地的变化。海湾战争以来战争形态的演变历程向世人昭示:未来战争形态将逐步演变为基于网络信息体系的作战,真正的战斗力是基于网络信息体系的联合作战能力。网络信息体系建设成为推动军队信息化建设实现跨越式发展的抓手。同时,网络信息时代也是一个更互联、频率更快、更难预测的时代,不确定性的凸显和去中心化的趋势进一步加强,边缘和边缘组织获得了过去难以企及的资源和能力,网络信息时代的边缘战应运而生。

1.1 变革成为一种常态

2003 年,美国国家科学基金会召集了数百名科学家,探讨随着从机器人技术和人工智能,到纳米技术和生物科学等各种科学技术持续发展、融合,相互交织和相互促进,未来 10 年到 20 年会发生什么。随后,他们发布了一份重达 3 磅多的报告,这份报告给最高决策层的一个重要启示就是:我们唯一能够确定的,就是不确定性本身。

当今世界正处在百年未有之大变局中,各种不利因素错综交织,这些因素包括国际体系不断变化、全球不稳定、经济动荡、政治两极分化、冲突频仍、恐怖袭击激增、技术革命等。以国际体系的变化为例,今天的国际体系和第二次世界大战(简称二战)结束时的 1945 年,乃至"9·11"事件发生的 2001 年相比,都发生了翻天覆地的变化。"这不仅由于政治家们的日常活动和政治、军事事件的不断发生所致,还由于届时会起重大作用的世界力量形成会发生深入变化的缘故。"[①]各大国不同的经济增长速度,会使它们处在相对兴旺和衰微之中。这种嬗变将以比以前更快的速度进行。

过去的人不必应付快速全球化、即时通信、社交媒体、人工智能和发展中国家、非政府机构的爆炸性崛起。如今的挑战是空前的,规模之大是前几代人,甚至是有史以来从未

---
① 保罗·肯尼迪. 大国的兴衰——1500—2000 年的经济变迁与军事冲突[M]. 王保存,等译. 北京:求实出版社,1988:649.

有过的。①和过去相比，新事物眨眼之间就会出现，而各个变化之间的间隔则越来越短。万物的关联性和互动的高密度使得系统呈现非线性运行状态。尽管我们追踪和测量的能力增长了，但事态的发展速度往往超出我们的理解和预测，不确定性成为这个时代最鲜明的特征，就像2022年足球世界杯一样，你永远不会猜到最后的决赛中法国球员姆巴佩97秒连进2球！在现代战争之中，只要打响了第一枪，实际作战情况往往会迅速偏离计划，即使最好的技术和最先进的情报手段也无法告诉你可能会发生什么。

阿根廷著名作家博尔赫斯在《谜》中说："我们的历史像普罗透斯的形状那样变化多端。"在希腊神话中，普罗透斯是"海洋老人"之一，有两种非凡的能力：

一是他知道过去、现在和未来，但痛恨泄露天机。

二是他有着多个外形，是一个变形者，类似《西游记》中的孙悟空，忽而是雄狮，忽而是巨蟒，忽而是黑豹，忽而是野猪，忽而是狂怒的海浪，忽而是跳动的火焰，忽而又是树冠直插云霄的大树。想从他口中获取天机者，必须击败他的每次变形。

普罗透斯的名字 Proteus 在希腊语中的含义是"第一"，来源于拉丁语形容词 protos（第一的，原始的）。英语词根 proto-（第一，最初）就来源于此。由于普罗透斯能够千变万化，所以从他的名字衍生出了英语单词 protean，表示千变万化的、变幻无常的。

网络信息时代的变化恰如希腊神话中的普罗透斯。举个最直观的生活中的例子，一个人离开自己熟悉的城市一段时间，回来后就会感受到这个城市的变化：主干道的绿化带换了花草，路上停满了共享电动车，城市的某个角落布满了新能源电动汽车充电桩，某条断头路已经被打通等。城市建设和人居环境的日新月异，折射出人类文明的加速发展。

从原始社会、农业社会、工业社会到现在我们所处的信息社会，跨越文明的时间尺度从万年、千年、百年到十年，承载文明发展的社会形态，其生命周期正在加速缩短。②在原始社会，人类的发展速度几乎是静止的，时间缓缓流淌。史前时期，"人类曾有长达250万年的时间靠采集与狩猎为生，并不会特别干预动植物的生长情形"③。那时新事物的发现和扩散都极其缓慢。

在农业社会，人类以一种在今天看来"步履蹒跚"的速度前进。人类文化有好几千年的时间不断学习，一代一代传承知识，但进步微乎其微。"即便过了好几个世纪，仍测量不到什么明显的进步。事实上，在1650年，一名普通农夫过的日子可能跟公元前1650年或公元前3650年的普通农夫几乎没有差别。"④传统上，社会秩序坚若磐石、难以撼动。这种秩序本身就隐含着稳定和连续的含义。那时新事物普及的速度可能是每年前进几千米，过

---

① 罗伯特·H. 拉蒂夫. 未来战争：科技与全球新型冲突[M]. 林华，译. 北京：中信出版社，2019：167.
② 阳东升，张维明. 边缘崛起：边缘 C2 背景、概念与模式机理分析[J]. 指挥与控制学报，2020，6（2）：113.
③ 尤瓦尔·赫拉利. 人类简史：从动物到上帝[M]. 林俊宏，译. 北京：中信出版社，2017：75.
④ 凯文·凯利. 科技想要什么[M]. 严丽娟，译. 北京：电子工业出版社，2016：106-107.

了好几代才能穿山越岭，过了几百年才能传遍全国。在中国诞生的发明要过一千年才会传到欧洲，从来没机会被传到美洲。数千年来，在非洲发现的东西会慢慢传播到亚洲和欧洲。[1] 在中国诞生的发明可能要过数百年乃至上千年才会传到欧洲，如火药经阿拉伯人传到欧洲，在时间上就经历了差不多上千年。美国未来学家雷·库兹韦尔收集了众多描述科技领域急速上升趋势的图表。关于科技进步的所有图表都是从低点开始，几百年前出现了小幅度的变化，然后在过去的100年内上扬，在过去50年内狂飙猛进。

以中国为例，在两千多年的漫长岁月中，"中国封建社会的发展极为缓慢，以至19世纪中叶西方用鸦片和炮舰打开中国大门时，中国社会的经济、政治、文化各领域中的资本主义因素仍然微乎其微，没有形成建立新的社会形态的力量"；"停滞性是中国封建社会一个重要特征"。[2] 在这个时期，改变来自偶然和意外，如鲁班因茅草割手而发明锯子和炼丹家意外发现火药成分配比。科技快速推动了社会进步，加快了变化的速度。过去两个世纪中，变化速度的加快让社会秩序显得充满活力和可塑性，呈现变动不休的状态。谈到现代革命，一般人想到的是1789年的法国大革命，1911年我国的辛亥革命，或是1917年俄国的"十月革命"，但讲到现代，其实每年都有革命性的改变，新事物眨眼之间就会出现，各个新变化之间的间隔则越来越短。即使只有三十岁的人，也可以告诉比自己更小的年轻人："我年轻的时候，整个世界完全不是这样。"[3] 互联网的雏形是1969年诞生的阿帕网，20多年后在世界上才获得广泛使用，至今也不过是30年左右的事。但我们已经完全无法想象没有网络的生活会如何。我们可以不带钱包、不带身份证、不带行李箱来一场说走就走的旅行，但没有网络，没有智能手机，没有各种常用的App，我们会感觉寸步难行、无所适从。

战争系统的演化速度同样在加快，使得战争形态的演变也在加快。过去战争数百年，甚至上千年都是一种形态，"到后来几十年一种形态，比如工业时代的战争；再发展到近些年可能几年就是一种形态，甚至每一次都不一样，这就是信息化战争的特点"。[4] 军事技术的演变与人类生产力发展的水平亦步亦趋，其演变速度也同样是先慢后快。

过去几千年，作战武器是棍棒和石头，然后是刀剑和弓箭，它们在漫长的岁月里鲜有改进。公元904年（唐昭宗天祐元年），在唐朝行将瓦解之际，杨行密的军队围攻豫章（今江西南昌），部将郑璠"以所部发机飞火，烧龙沙门，带领壮士突火先登入城，焦灼被体"，这里所说的"飞火"，就是"火炮""火箭"之类，这也是人类历史上将火药运用于战争的最早记载。火药、炸药和火器的发明代表着军事技术的飞跃，很快火药经阿拉伯人传入欧洲，以后的几个世纪中，火器技术缓慢发展。

19世纪中叶，西方在军事技术领域取得革命性进步，造出了圆锥形子弹、后膛枪和马

---

[1] 凯文·凯利. 科技想要什么[M]. 严丽娟, 译. 北京: 电子工业出版社, 2016: 168.
[2] 金观涛, 刘青峰. 中国历史上封建社会的结构: 一个超稳定系统[J]. 贵阳师院学报, 1980 (1): 5.
[3] 尤瓦尔·赫拉利. 人类简史: 从动物到上帝[M]. 林俊宏, 译. 北京: 中信出版社, 2017: 344.
[4] 胡晓峰. 战争科学论——认识和理解战争的科学基础与思维方法[M]. 北京: 科学出版社, 2018: 183-184.

克沁重机枪等。进入20世纪，战机、坦克、雷达、导弹、核武器、隐形技术、高超声速武器、无人机、卫星、阿帕网等各种新式军事技术和武器装备层出不穷，"一眨眼的工夫，过去仅仅是科幻小说创作素材的东西，却能够在今天的战场上爬行、飞翔、游泳和射击。而这些机器仅仅是这些新技术的第一代产品，有一些甚至在你看到本书时已经过时"，[①]技术上的进步用于军事，也带来了作战方法的改变。

仅仅过去了一个世纪，现在的战争与20世纪爆发的两次世界大战就完全不一样了。世界大战是机械化战争的特殊产物。当前，由政治矛盾而导致的局部战争成为战争的主要形式，反恐作战、城市作战、无人作战和特种作战等已成为常见的作战样式。世界性大战爆发的概率微乎其微，更为常见的是千变万化、日益复杂的各类冲突，冲突方不仅有国家，也有非国家行为者和利益集团。战争经常完全绕过军事行动，使用"混合"手段来攻击政治、经济和文化目标。

在超过5000多年的历史中，无论是东方文明，还是西方文明，在社会体系的构建上都积累了值得称赞的成就：以等级或层次建立权力框架，以中心向边缘辐射，维系社会文明的稳步发展。即使出现新的危机导致这一框架体系崩溃或塌陷，社会文明发展暂时倒退，在危机后仍然有足够的时间按照这一思路重建，并将人类社会文明的发展推向更高层次。在人类文明高度发展的今天，社会秩序构建的这一基本模式受到前所未有的挑战：一是社会变革加剧，过去以"千年""百年"为时间尺度的社会变革，在网络信息时代的今天我们已无法预测未来"十年"甚至数"年"后可能会发生的变革。有谁又曾料到，仿佛一夜间，诺基亚和摩托罗拉就从风靡一时的高档手机沦落为儿童都不愿意把玩的玩具，曾经巨大厚重的个人计算机显示器缩小为平板式的屏幕。过去，照片冲洗要在固定的几个照相馆等待一个星期的时间，现在则可以在任何一个街角的小机器上完成，并且"立等可取"。二是从"中心"到"边缘"以层级结构建立的社会秩序维系着稳定，但这一模式在急剧变化的社会环境中越来越低效，甚至成为障碍；三是人类文明自身的脆弱性，高度发展的人类文明越来越难以承受社会文明体系崩溃或塌陷带来的"人道灾难"。

阿尔文·托夫勒首次使公众意识到，不仅科技和文化在迅速地变化，变化本身的速率似乎也在加快。未来，变化或将是一种常态。美国著名未来学家雷·库兹韦尔基于技术以及技术对于我们周围世界改变的历史分析后认为："我们人类所创造的技术变化的速度呈加速状，而且其威力是以指数级速度扩张的。"《美国陆军顶层概念》开篇就指出："由于我们将无时无刻不处在变革之中，观念的交流和概念的发展必须是我们最重要的工作之一。"无论是人类社会、国家、民族，还是每一个个体，都将面临从长期的稳定、确定到持续变化和不确定的转变。[②]在"黑天鹅"和"灰犀牛"频频造访的时代，我们面临着两种类型的不

---

① 彼得·W. 辛格. 机器人战争——机器人技术革命与21世纪的战争[M]. 李水生，侯松山，焦亮，等译. 北京：军事科学出版社，2013：582.

② 阳东升，张维明. 边缘崛起：边缘C2背景、概念与模式机理分析[J]. 指挥与控制学报，2020，6（2）：113.

确定性，一类是"已知的未知"，即我们知道存在某种特定风险；另一类是"未知的未知"，这些可能是我们想都没想过的抽象因素，需要发挥想象力，不断地更新观念和加强创新。"周虽旧邦，其命维新。""科技的动向推动我们永远追求'新'，但'新'总是转瞬即逝，在永不停歇的变化中被更新的事物所取代。"①未来的科技生命将会是一系列无尽的升级，而迭代的速率正在加快。正如《奇点临近》一书中预计，在2045年，计算机智能将超越人类智能。"2045年以后，机器统治人的时代是否能来我们不知道，但至少我们知道这个观点：机器生命化，生命机器化。"②只有不断改革创新，才能适应时代的发展，才能适应瞬息万变的社会环境，这是不以我们的意志为转移的。

1.2　安全环境日趋复杂

　　进化展现出好几种倾向，其中最明显的趋势就是长期以来万事万物皆走向复杂。安全环境、战争、社会等均无例外。进入21世纪，传统战争的硝烟尚未散去，非传统战争的阴云已笼罩在全球上空。保守主义、民粹主义、狭隘民族主义升温，民族宗教矛盾等问题更加凸显，地区热点问题此起彼伏，军备竞赛、恐怖主义、网络安全、水资源争夺等传统安全威胁和非传统安全威胁相互交织，局部地区动荡频繁发生。2023年5月阿富汗与伊朗在边境地区爆发激烈的冲突，起因就是双方对赫尔曼德河水资源的争夺。该冲突不仅影响阿富汗和伊朗两国，也对整个地区的稳定与发展产生重要影响。同时，这一冲突也凸显了区域水资源管理的紧迫性和复杂性。与此同时，我们生活在一个充斥着网络、信息和数据的时代，这些信息和数据得以产生的技术条件还极大地缩短了时间和空间上的距离，它们让政治、经济和社会行动变得更加敏捷，还增加了连通性，物质、能量及信息等多系统圈层充分耦合，因而也增加了复杂性。我们面临着一个由技术引发的悖论：在我们对世界的了解变得更多、更深入的同时，这个世界也变得前所未有的复杂了。

　　复杂性（complexity）来源于拉丁语"plexus"，意思是"盘绕在一起、不分离的或者相互依赖的"。因此，一个复杂系统不能被分解成一系列易于管理的或可预见的部分。而工业时代依赖的"牛顿范式"则认为世界是线性的和可预见的，输入的变化等同于输出的成比例变化。英国著名物理学家霍金（Stephen William Hawking）称"21世纪将是复杂性科学的世纪"。圣塔菲研究所的学术领头人默里·盖尔曼（Murray Gell-Mann）指出："在研究任何复杂适应系统的进化时，最重要的是要分清这三个问题：基本规则、被冻结的偶然事件以及对适应进行的选择。""被冻结的偶然事件"是指一些在物质世界发展的历史过程中其后果被固定下来并演变为较高级层次上的特殊规律的事件，这些派生的规律包含着历史特定条件和偶然因素的影响。盖尔曼认为，事物的有效复杂性只受基本规律少许影响，大部

---

① 凯文·凯利. 必然[M]. 周峰，董理，金阳，译. 北京：电子工业出版社，2016：6.
② 李善友. 互联网世界观[M]. 北京：机械工业出版社，2014：44.

分影响来自"冻结的偶然事件"。盖尔曼随后还指出了复杂系统的适应性特征，即它们能够从经验中提取有关客观世界的规律性的东西作为自己行为方式的参照，并通过实践活动中的反馈来改进自己对世界的规律性的认识。也就是说，系统不是被动地接受环境的影响，而是能够主动地对环境施加影响，因此，盖尔曼认为复杂性科学研究的焦点不是客体或环境的复杂性，而是主体自身的复杂性——主体复杂的应变能力以及与之相应的复杂的结构。

复杂性是一个很难定义的概念，至今没有为学术界普遍接受的精确定义。据美国麻省理工学院物理学家塞思·劳埃德统计，复杂性在20世纪90年代中期已有45种定义。发展至今，复杂性的定义远不止几十种。如同复杂性的定义一样，复杂性的基本属性也是一个"仁者见仁，智者见智"的问题。成思危主编的《复杂性科学探索》（1999）是中国系统科学和管理科学界复杂性研究中颇具代表性的一部论文集。[①]成思危开篇代序作于1998年，认为系统的复杂性主要表现为：（1）系统各单元之间联系广泛而紧密，构成一个网络；（2）系统具有多层次、多功能的结构；（3）系统在发展中能够学习并对其层次与功能结构进行重组及完善；（4）系统开放与环境相互作用；（5）系统动态发展并且有一定的预测能力。成思危的另一篇文章对复杂性也是如此描述的。[②]毫无疑问，上述大部分特征是21世纪军事任务和军民协作任务的特征。复杂性直接或间接地增加了对未来预见的不确定性。这使得采用工业时代的指挥控制方法更加困难，并具有更高的风险。

国际安全环境的变化是战争复杂性和战争形态转变的直接推手。与冷战时期大国竞争与对抗主导了世界安全形势走向不同，21世纪的国际安全环境表现出了前所未有的高度复杂性，由此对战争复杂性和战争形态带来了直接影响。如经济全球化带来的各国利益的高度相关性使大规模战争越来越难以想象，运用金融制裁、技术封锁、网络攻击、社交媒体操纵等手段施压，同样可以达到运用军事手段可达到的效果，且成本往往更低。非国家行为体有机会掌握从前只有国家才有的高端技术和武器装备，而且还学会了利用网络进行渗透宣传，策划各种活动。如2021年5月7日，美国最大的汽油和柴油管道公司——科洛尼尔管道运输公司遭到勒索病毒攻击，导致美国东部沿海主要城市输送油气的管道系统被迫下线，直接影响美国东部45%的燃料供应。当地时间5月9日，美国政府宣布进入国家紧急状态。

令人目眩的复杂技术已然让我们应接不暇，同时，我们又一步步迈入了美国计算机科学家丹尼·希利斯（Danny Hillis）所提出的"纠缠"时代。在希利斯看来，纠缠指的是各种系统日益复杂、相连日益紧密的状态。对系统各个组成部分的行为也许可以计算、可以预测，但是系统作为一个整体的行为太过复杂、难以计算。美军把未来的战争环境归结为四个特征，英文就是"VUCA"，它们是Volatility（易变性）、Uncertainty（不确定性）、Complexity

---

① 吴彤. 复杂性概念研究及其意义[J]. 中国人民大学学报，2004（5）：5.
② 纪宝成. 与时俱进的中国人文社会科学——中国人文社会科学论坛2002[M]. 北京：中国人民大学出版社，2002：20-27.

（复杂性）、Ambiguity（模糊性）的首字母缩写，形象地展示出未来战争具有的复杂性。

当前，世界百年未有之大变局加速演进，国际环境变幻莫测，我国周边安全环境也日趋复杂，存在多重不稳定因素。美国视中国为最重要的战略竞争对手；俄乌冲突是冷战结束后规模最大的武装冲突，对国际社会形成广泛的地缘政治冲击；新一轮巴以冲突爆发后在中东地区产生一系列连锁反应，并影响国际能源市场的稳定以及海上运输通道的安全。恐怖主义、分裂主义、极端主义活动猖獗，在这些传统和非传统安全挑战的复杂影响下，我国安全形势的不确定性、不稳定性增大，"家门口"生乱生战的可能性增大。

除了物理域可见的安全威胁，认知空间虚拟域也是暗潮涌动。西方敌对势力试图通过政治、经济、文化、科学等各方面交流，在正常的信息互动中谋求灌输、渗透西方"民主""自由"思想和价值观念，企图对我国进行政治、思想、文化、舆论等渗透，进行感知操控，我国认知空间安全面临严峻挑战。以文化渗透为例，许多评论家都认为，华沙条约组织的解散和苏联的解体与西方世界持续渗透"民主"主题的信息有关，这些渗透都是通过认知域的传播完成的。也就是说，西方世界对华沙条约组织和苏联的长期渗透在最终的"推墙"行动中起到了关键作用，达到了"不战而屈人之兵"的目的，其中，认知空间的渗透与反渗透、攻击与反攻击、控制与反控制异常激烈。

在互联网发达的今天，西方世界认知域的渗透也就更加如虎添翼了，渗透更全面、效果更明显，所能动员的力量也更大。在埃及所谓的"阿拉伯之春"期间，社交媒体大显身手。在2020年第二次纳卡冲突、2022年爆发的俄乌冲突和2023年爆发的新一轮巴以冲突中，军事强国广泛使用计算机攻击和社交媒体的手段。在西方精英们看来，运用文化力量来潜移默化地推行西方制度和价值观，不仅是瓦解对手的有效途径，而且是按照西方战略构想来塑造世界的隐蔽策略手段。"一方面，通过电影、电视、流行音乐、体育等大众文化的传播与交流，进行文化渗透，以影响其他国家人民的生活方式……另一方面，通过交换留学生和访学、文化援助等方式，对其他国家的青年进行美国价值观的重塑，以此促进所谓'非民主国家'发生变化。"[①]在西方观念的长期渗透下，辅以社交媒体广泛而高速的传播以及有意识地引导，很多人都在不知不觉中接受了西方的"正面形象"，而个别网民在诋毁自己祖国方面毫无口德、毫不留情。

1.3 科技作用日益突出

纵观人类战争史，已经历了数千年漫长的冷兵器时代，数百年火器时代，上百年的机械化时代，数十年的信息化时代。"随着科技的进步和发展，人类战争的制胜机理和法则越来越科技化，战争本身也被打上了不同时代科技发展的烙印……，科技含量越来越高，科

---

① 王建伟. 全胜[M]. 武汉：长江文艺出版社，2017：29.

技主导的作用越来越强,科技成为决定未来战争胜负的主导因素。"①然而,对科技在战争中地位的认知,人类经历了一个漫长的过程。

文艺复兴之前,也恰恰是军事技术发展史上的第一次革命之前,由于科学技术发展缓慢,作为科学技术产物的兵器发展也相当迟缓。就进攻性军事技术而言,"在以往的整个历史时期里,兵器的杀伤力只有过很少的几次重大提高,并且主要是在大约1850年之后"。②以土耳其人为例,在防御技术方面,自亚述和巴比伦时代以来,筑城方法只有很小的发展,实际上,直到18世纪末,土耳其人的防御工事仍是防栅。在机动技术方面,蒸汽机发明之前,陆军的机动和运输主要靠马匹。相对于其他技术,通信技术的发展更为缓慢。直到近代,战场上传递信息只能靠人力、畜力或借助烽火、旗语来完成。在"侦察靠目视、杀伤靠矛盾、防御靠土木、机动靠腿脚、通信靠烽火、指挥靠旗鼓"的冷兵器时代,战斗力形态主要表现为"基于将士体能的作战能力",在这样的技术条件下,军队的战斗力受到了很大限制。

希腊人发明了铁焊接、风箱、车床和钥匙。罗马人师承希腊,又发明了拱顶、引水渠、吹制玻璃、水泥、下水道和水车磨坊。但在那个时代以及接下来的许多世纪里,人们对所有这些发明物都视而不见——从未当成独立的主题来讨论,显然是想都没有想过。在古代世界中,科技无所不在,却进不到人类的心里。③技术这个词字面上来讲源于希腊语,古希腊语中的"techne"有艺术、技能、工艺的意思,也可以指熟练的手艺,古希腊时期的学者对技术和工艺也多采取蔑视的态度。柏拉图认为"techne"指手工艺,是最基本的技术,他精心地将所有知识分门别类,却完全不提工艺。"事实上,古希腊文献中甚至没有一篇文章提到technelogos,只有一个例外。就我们所知,在亚里士多德的专著《修辞学》(*Rhetoric*)中,techne 首次跟 logos 连在一起(logos 意为词汇、言论或文化),得出新词 technelogos。在这篇著作中,亚里士多德4次提到 technelogos,但意思都不太清楚。……这个词短暂出现,又留下谜团,然后便基本消失了。"④

兵家圣典《孙子兵法》将道、天、地、将、法列为战争五事,却独不言器,这绝非偶然。《二十四史》记载满帝王将相、文人学士、贞女烈妇的事迹,却偏偏没有记载科技发明者的专门章节。这从一个侧面说明,在当时的战争实践中,科技和军事技术的进步与创新问题还未进入军事实践主体的视野,更谈不上对军事技术达到理性认知的程度。根据《中国兵书知见录》提供的资料,先秦以来,"中国共有存世兵书2308部,其中有关军事技术方面的论著只有《火龙神器阵法》《火攻挈要》《火龙经》《武经总要》等为数不多的几部,尚不到存世兵书总数的百分之一。"⑤在这一阶段,由于科学技术发展缓慢,社会上尚未出

---

① 吴民曦. 智能化战争——AI 军事畅想[M]. 北京:国防工业出版社,2020:16.
② T.N.杜普伊. 武器和战争的演变[M]. 严瑞池,等译. 北京:军事科学出版社,1985:350.
③ 凯文·凯利. 科技想要什么[M]. 严丽娟,译. 北京:电子工业出版社,2016:11.
④ 凯文·凯利. 科技想要什么[M]. 严丽娟,译. 北京:电子工业出版社,2016:11.
⑤ 温熙森,匡兴华. 国防科学技术论[M]. 长沙:国防科学技术大学出版社,1995:467.

现专门从事研究和发明创造的科学家及有关职业,虽然有了专门用于战争的武器装备,但它们制造简单,也没有职业性的军事技术专家。因此,许多国家平时并不重视武器装备的设计制造。

在中国漫长的封建社会的大部分的时期里,统治者最关心的大事一直是如何维持自己的统治,其建立军队的主要目的不是增强国防力量以对付外国侵略,而是对内镇压人民。对于这一目的而言,军队所掌握的传统的"十八般兵器"之类的军事技术就足够了。因此,不但统治者没有必要去研制新的武器装备,民间要是有人胆敢从事这种工作,也将遭到严厉惩罚。同时,封建统治者还制造了一种以儒家思想为精神支柱的不思进取、愚昧落后的文化氛围以让人民俯首帖耳。因此,中国古代科技的功能首先在于为统治者服务。科学技术在中国传统文化体系中,始终不过是"末由小道""奇技淫巧",科技人员在士大夫眼里,只能算是"方技者流"。封建统治者一直把那些勤于劳动、积极发明创造的能工巧匠讥为"玩人丧德,玩物丧志"。汉儒董仲舒的一段话堪称代表,他说:"能说鸟兽之类者,非圣人所欲说也;圣人所欲说,在于说仁义而理之。"这就是说,有志于探究物质世界奥秘的人,理当被摒弃于圣人之外。在这种视科技为"形而下"的观念的支配下,《汉书·艺文志》把方技十六家列于卷末,《新唐书·方技列传》则称从事科技者为"小人",认为:"凡推涉、卜相、医巧,皆技也""小人能之""故前圣不以为教,盖吝之也"。从事技术、工匠的人,因其所做与道德之事无关而沦为贱业,落得"不与士齿"的下场。

在全世界范围来看,古代的大多数帝国之所以兴起并不是因为科技,而且统治者也并未认真思考如何提升科技水平。无论是在东方还是西方,多数将领、行政官员和哲学家都不认为研发新武器是自己的责任。交战双方的科技差距微乎其微。阿拉伯人能够打败波斯帝国,并不是因为弓或剑更为优良;土耳其人能够打败拜占庭帝国,并不是科技上占了什么优势;蒙古人征服欧亚,靠的也不是什么巧妙的新武器。事实上,以上这些战败国的军事和民间科技,其实都更先进。

从文艺复兴时期到 19 世纪末,是近代自然科学兴起和发展并相继发生两次技术革命的时期。在这一时期,伴随着火器的改进及其广泛用于军事,武器的发展进入火器时代,军事技术创新长期裹足不前的局面终于有所改观。特别是工业革命以来,军事技术呈加速发展趋势,军事发明以及新兵器研制改进的步伐明显加快,其性能也不断提升。伴随着武器性能的大幅提升,人们在惊讶之余,开始意识到科学技术的极端重要性,军事技术自觉意识开始觉醒,有诸多证据显示统治者确实已经愿意将资金投入新武器的研发。"在 18—19 世纪,几乎每一趟从欧洲出发的军事远征队都必定有科学家同行,科学家的目的不在打仗,而是科学研究。"[①]如 1831 年,英国皇家海军派出"小猎犬号"(HMS Beagle)前往绘制南美、马尔维纳斯群岛和加拉巴哥群岛的海岸图,有着较高科学素养的船长带

[①] 尤瓦尔·赫拉利. 未来简史[M]. 林俊宏,译. 北京:中信出版社,2017:267.

上了达尔文。在这趟航程中，船长绘制军用地图，而达尔文收集着各种实证资料并由此萌生各种想法，最后形成他的进化论。值得一提的是，军事技术自觉意识的觉醒与火药的西传密切相关。火药经阿拉伯传入欧洲后，被装入枪筒推动弹丸射杀敌方，热兵器由此诞生并开始大规模取代冷兵器，世界第一轮军事革命也由此发生。对这一重大世界性事件所产生的空前意义是无论怎样评价都不算过分的。"火药用于军事，导致了先是军事技术，继而便涉及军队结构、作战方式的一系列革命。"[①]贝尔纳在考察火药技术的发明应用过程时指出，中古时代和流传到西方的所有发明物中，火药最有毁灭性，对政治、经济和科学都产生了最大的影响。火药获胜，就是民族国家获胜，也就是封建制度末日的开始。[②]

正是从这个时候，人们开始用理性的眼光审视军事技术的重要性，军事技术的进步与创新问题真正进入军事实践主体的视野。如克劳塞维茨在《战争论》中就强调了"数学""统计"等科学要素，大量运用物理学名词来形象地解释战争，这与《孙子兵法》的"不言器"形成了鲜明对比。对军事技术的孜孜探索和理性反思造就了一大批新式武器如雨后春笋般不断涌现，军事技术创新获得蓬勃发展。更为重要的是，军事技术的发展开始获得源源不断的智力支撑。"伴随着波澜壮阔的文艺复兴运动，达·芬奇、塔塔格里亚和伽利略等一大批科学家、工程师跻身军事技术研究行列，使原本只是偶发事件的火药变成了互为因果的火器改进的链式过程。"[③]随后，科学家在军事技术中所起的作用就愈来愈大，举凡牛顿、拉瓦锡、勒让德、马赫等一大批科学泰斗，他们关于炮弹飞行、空气阻力和偏差原因的研究，对炮兵改革、射击学的发展都做出过重大贡献。从1850年起，欧洲之所以能够称霸世界，很大程度靠的就是军事、工业和科学领域的合作，以及"如同巫术般神妙"的科技。所有强盛的现代晚期帝国都积极发展科学研究，希望能够取得科技上的创新，而许多科学家也投入大量时间为帝国研发各种武器、医药和机器设备。欧洲军队面对亚洲人、非洲人和美洲原住民的抵抗时，常有一种说法："不论怎样，我们有机枪，他们没有。"[④]

19世纪末20世纪初，科学技术加速发展，在军事方面，科学界代表国家全面投入军事技术发展已成为这个时代的鲜明特征。从第一次世界大战（简称一战）开始，政府对科学家的战时动员变成了一种持久现象。科学与战争的联姻，促成了军事技术的日新月异，军事技术创新也因此获得了向前发展的不竭动力，其结果是导致"大科学"的兴起与现代军事技术创新体系的形成。在第一次世界大战陷入无止境的拉锯战和壕沟战时，"双方都寄希望于科学家能够打破僵局、拯救自己的国家。这些穿着实验衣的人响应了这项号召，从实验室里大量推出各种令人咋舌的新式武器：战机、毒气、坦克、潜艇，比以往效能更高

---

① 刘戟锋. 军事技术论[M]. 北京：兵器工业出版社，1991：146.
② J·D·贝尔纳. 历史上的科学[M] 伍况甫，等译，北京：科学出版社，1959：194-195.
③ 刘戟锋，赵阳辉，曾华锋. 自然科学与军事技术史[M]. 长沙：湖南科学技术出版社，2003：69.
④ 尤瓦尔·赫拉利. 未来简史[M]. 林俊宏，译. 北京：中信出版社，2017：264.

的机枪、大炮、步枪和炸弹。"①大炮、巨舰、飞机、坦克的发明并用于战争，特别是导弹和原子弹的制造成功，使人类进入了军事技术狂飙突进的阶段。

工业革命之前，如果认为科技注定会到来，一定是荒唐可笑的，因为在当时，科技还是一种不可信的力量。在一支军队的将帅眼里，后勤对战争的影响仍然远大于科技。也因此才有"兵马未动，粮草先行"的说法。更有甚者，有些人认为打仗就是在打后勤，这听上去虽然有一些片面，但仔细思考起来也不无道理。拿破仑在 1805 年的奥斯特利茨（Austerlitz）战役中大破俄奥联军，但他所用的武器其实和不久前把路易十六送上断头台所用的武器并无太大不同。"拿破仑本人虽然是炮兵出身，但对新式武器的兴趣不大。科学家和发明家曾希望说服他拨款研发飞行器、潜艇和火箭，他仍然意兴阑珊。"②一直到工业革命登场，科学、产业和军事科技才开始成为水乳交融的关系。

两次世界大战释放了这种创造性的全部杀伤力，巩固了科技作为"迷人魔鬼"的名声。情况诚如 J·阿尔伏德所指出的："谁都希望持有技术上的优势，谁都害怕在军事实践中，武器被自觉地用最先进的科学技术成果加以武装。"③在这种背景下，军事技术自觉意识逐步走向成熟。特别是到了第二次世界大战时期，科学的重要性更是一日千里。"在政府合同资助以及既定目标指导下的科学家们，通过大规模的协同努力，取得了一系列惊世成果。其中既包括可输注血浆、青霉素等可大规模使用的抗生素、防止虫媒病的滴滴涕和抗疟疾药，也包括雷达、高性能飞机、用于引爆弹药的近炸引信。"④

罗斯福总统的科技顾问范内瓦·布什认识到，美国在二战的军事胜利，正是得益于科学所带来的弹药、药品和材料等成果，而要使科学能在和平时期产生类似的益处，政府就必须将大量的联邦资金投入到积极研究以及对精选研究者的培训之中。范内瓦·布什应罗斯福总统的要求而提交的报告《科学：无尽的前沿》，把发展科学技术作为美国战后建设的一个核心任务提出，为战后美国科技的发展指明了方向，成为美国科技政策的蓝图和里程碑，同时，也深刻地影响了美国经济、文化和社会的发展。直到现在，"每当美国科学技术发展遇到关键的挑战和危机时，人们总是会提起和引用这份报告，汲取新的思想力量，应对危机和挑战"⑤。布什所论述的科学与国家目标、政府在科技发展中的作用、基础研究的作用、科学人才的培养、自由探索精神等问题，具有普遍性，对世界上其他国家的科技政策也产生了深远影响。

在范内瓦·布什《科学：无尽的前沿》发表数月前，美国科学促进会的科学与社会委员会就科学的地位问题提供了一个更为广阔、更具哲学性的观点。和范内瓦·布什的报告

---

① 尤瓦尔·赫拉利. 人类简史：从动物到上帝[M]. 林俊宏，译. 北京：中信出版社，2017：246.
② 尤瓦尔·赫拉利. 未来简史[M]. 林俊宏，译. 北京：中信出版社，2017：248.
③ J·阿尔伏德. 新军事技术的影响[M]. 金学宽，叶信安，译. 北京：宇航出版社，1987：4.
④ 范内瓦·布什，拉什·D. 霍尔特. 科学：无尽的前沿[M]. 崔传刚，译. 北京：中信出版社，2021：16.
⑤ 范内瓦·布什，拉什·D. 霍尔特. 科学：无尽的前沿[M]. 崔传刚，译. 北京：中信出版社，2021：208.

一样，该委员会开宗明义地指出了科学的至关重要性。该委员会宣称，"科学研究政策同外交政策及国防政策一样，都是关乎国家存亡之必需"。该委员会总结说，"科学研究政策以及对科学与社会之间关系的理解，绝不能仅仅关乎器物或技术"，而是一个"运用批判思维和训练有素的有组织的智力工具的目的宣言"。[①]在这种思想观念的影响下，一大批科学家、科技政策制定者，甚至公众都意识到科技的重要性，开始更多地在公共事务中运用科学思维。如约翰·冯·诺依曼在1949年就敏锐地意识到，"不论是近期，还是遥远的未来，科技会逐渐从强度、物质和能量问题转变为结构、组织、信息和控制问题。"科技不再是一个名词，而是成为一股力量。美军更是将技术视为制胜的"根能力"，技术制胜渗入肌理，成为其重要的"标签"。美国国防部把美国在技术上压倒对手的各个时代称为"抵消"。美国于20世纪50年代提出了第一次"抵消战略"，试图利用核技术、洲际弹道导弹和间谍卫星等技术来抵消苏联的优势。随着苏联核技术的发展以及核均势的形成，这一次"抵消战略"并没有起到设想中的作用。

当苏联于1957年10月4日发射了世界上第一颗人造卫星——斯普特尼克1号时，这一壮举不仅宣告了人类太空时代的开始，还把全世界注意力的焦点吸引到了科学、技术以及科技工作者在冷战中的作用上来。"它使得包括艾森豪威尔总统在内的很多人意识到，一场'全面的冷战'已经打响，在其中科学、技术、教育和对国家威望的追求已经和军事和经济实力一道成为决定胜负的关键力量。"[②]这种震撼深刻地体现在作家李鸣生描绘的"苏联第一颗卫星上天，艾森豪威尔总统手中桥牌落地"的情节中。

越战后，美国不惜重金发展军事技术。美军通过重新设计、重新组织，用现代武器和现代战法把自己重新武装起来，成为一支强大的高科技队伍。第二次"抵消战略"是20世纪70年代时任美国国防部部长布朗和副部长佩里制定的，目标是将信息技术应用到武器装备和部队中提升精确打击能力，抵消苏联军队的数量及规模优势。美国依靠在技术和工业领域内的优势地位，大力投资研发新信息技术以实现"技术赋能价值"，通过运用卫星侦察、全球定位、计算机网络、精准制导等技术，大大提升已有武器平台的作战效能，开启了第二次"抵消战略"，同时也促进了科技创新。第二次"抵消战略"被认为成功加速了苏联的战略衰退，并导致苏联解体和冷战结束。

现在，美国开始公开谈论第三次"抵消战略"。2014年8月5日，美国国防部副部长罗伯特·沃克在美国国防大学发表演讲，提出美国需要制定第三个"抵消战略"以维持其技术优势。同年10月，美国战略与预算评估中心公开发布了《迈向新抵消战略：利用美国的长期优势恢复美国全球力量投送能力》的研究报告，详细阐述了新"抵消战略"的基本内涵、整体构想与具体措施。2014年11月15日，时任美国国防部部长哈格尔在里根国防论坛发表演讲时，明确提出以第三次"抵消战略"为内涵的"国防创新倡议"，该计划旨在

---

① 范内瓦·布什，拉什·D. 霍尔特. 科学：无尽的前沿[M]. 崔传刚，译. 北京：中信出版社，2021：31-32.
② 王作跃. 在卫星的阴影下：美国总统科学顾问委员会与冷战中的美国[M]. 金辉，洪帆，译. 北京：北京大学出版社，2011：13.

通过发展新的军事技术和作战概念"改变未来战局",在与主要对手的新一轮军事竞争中,占据绝对优势地位。同年11月,美国《国防》月刊2014年11月号,经专家和编辑讨论,确定了能让美国军队在未来保持决定性优势和领先地位的关键技术是:真正的自主式武器协同、变革性大数据工具、用于训练的全息地图、超音速导弹和太空飞机、定制无人机、像九头蛇一样战无不胜的车辆、用之不竭的电源、抗干扰且可靠的通信、革命性的隐形低成本军舰等。在这里,先进军事技术的重要性不言而喻。

2014年12月2日,美国智库兰德公司防务政策研究专家大卫·奥克梅内,在国会众议院军事委员会海上力量与兵力投送分委员会举行的听证会上,以"海空力量在第三次'抵消战略'中的任务"为题做证词,称中国"反介入/区域拒止"能力的快速发展是美国力量投送能力现代化的主要驱动力,建议国会支持国防部提出并准备实施第三次"抵消战略"。第三次"抵消战略"核心是发展颠覆性先进技术武器,主要抵消对象是中国和俄罗斯,手段是综合集成创新,从技术来源、技术孵化、体制机制和系统设计等四个方面多管齐下,全面破除大量快速低成本引入新技术的束缚,形成美军依托整个美国以及全球技术发展,持续不断地引入新技术、迭代提升战斗力的新常态,使美军对新技术的应用节奏领先于对手。

美军认为新"抵消战略"有助于恢复美军全球兵力投送能力。与此前两次"抵消战略"相同,该战略要利用美国现有的新兴技术优势。军事优势领域包括无人系统、远程隐形空中作战、水下战,以及复杂工程集成和作战系统等。这些优势领域是构成"全球监视与打击"网络的基础,可提供适应性强的全球响应兵力投送能力,以应对大批预期威胁。当威慑失败,"全球监视与打击"网络的力量可以快速对固定目标、移动目标、加固目标和纵深内陆目标实施打击,以挫败进犯者的战争目的,遂行非对称惩罚作战行动,必要时通过击败对手的侦察打击网络来为大规模多阶段联合部队作战做好准备。[1]

纵观人类历史上发生的两次科学革命与三次技术革命,以及美国的三次"抵消战略",可以清晰地看到,科技创新能力,特别是军事技术创新能力决定着大国博弈的成败,也关系大国军队的生死荣辱。当美国利益受到侵犯时,美国总统的第一句话往往就是,"我们的航母在哪里?"从20世纪50年代的朝鲜战争、60年代的越南战争、90年代的海湾战争、科索沃战争到21世纪初的伊拉克战争、阿富汗战争,到最近的俄乌冲突、巴以冲突,哪里有美国的利益,哪里就有航母游弋的身影。军事专家金一南因此说:"美国人走遍天下凭什么?凭有理走遍天下吗?美国人凭他的11支航母舰队、全球将近300个军事基地走遍天下,不是凭道理。"世界各主要国家纷纷调整安全战略、军事战略,加大科技创新投入,企图形成新的压倒性技术优势,抢占打赢未来战争的制高点。

正是科技创新成果在军事领域的广泛应用,推动着作战手段的急剧更新,催生作战思

---

[1] 姜春良. 现代及未来战争特点(下)[J]. 军事文摘, 2017 (1): 33.

想的激烈绽放，影响着作战体制的深刻变革，引导着作战模式的飞速演进。今日的战争正是科学的产物，许多科学研究和科技发展，正是由军事所发起、资助及引导的。科技进步是现代战争制胜机理发生变化的深层动因，人类科技创新拓展出新的作战空间，成为制胜未来战争的"枢纽""命门""根能力"。军事发达国家竞相发展人工智能、生物、信息、新材料、先进能源、海洋、空天、激光等技术，不断加强太空、高超声速、下一代战斗机、网络空间、深海、水下等战略重器，实验应用无人蜂群、无人潜航器、作战机器人等新一代武器。我们倘若不能在这些领域占得先机，就会成为受制于人的"阿喀琉斯之踵"。只有坚持科技强军，才能破解现代战争制胜机理，成为未来战争新规则的制定者、新范式的引领者、新领域的主导者，谋定未来、制胜未来而不是尾随未来，打败敌人而不是被敌人打败。

1.4 网络和信息主导驱动

从全球视野看，继农业社会、工业社会、信息社会之后，人类社会开始迈进网络化、数据化、智能化的新时代。网络和信息是这个时代的图标，它们和人类认知一起构成了信息环境。新一轮科技革命以网络和信息技术为基础，以万物互联为特征，包括新材料、新能源、人工智能、无人技术、生物技术、区块链技术、元宇宙技术等在内的技术与产业革命，可以融合物理世界和虚拟世界，由此引起无时不有、无远弗届的经济社会范式变革，使人类畅想的"地球村"几乎触手可及，个人的能力也得到了极大的拓展。17世纪英国诗人约翰·多恩"没有人是一座孤岛"的愿景已经走进人类的现实。"松散连接的个体所形成的网络能够以极快的速度完成任务。个体经过网络化连接后的一个显著特征是，他们能够攻克那些具有巨大空间障碍和复杂性的任务。"[1]当今国际安全最突出的趋势是网络和信息在竞争和冲突中的重要性日益增加并发挥着至关重要的作用，敌方的网信体系是现代战争中军事力量首要打击的对象。

如果说工业时代中，工厂成为军事权力的重要源泉，那么在网络信息时代中，网络和信息无疑是军事力量的源泉。以信息为例，"信息已在人类社会扮演了主要角色。但在今天，信息有了新的主导性地位，正促进现代战争和社会生活的方方面面。"[2]信息已经成为一种重要的战略资源和"武器"。美国和俄罗斯的军事战略和理论都将信息环境描述为未来对抗的核心，它主要包括电磁传输、电磁收发设备、计算机网络、计算机代码和人类认知，如图1-1所示。这些趋势表明，军事领域的下一次重大革命可以集中在管理自己的网络、信息和决策的能力上。

---

[1] 罗伯塔·乃斯. 走出思维泥潭：如何激发科学创新中的奇思妙想[M]. 赵军，黄正，陈以昀，译. 杭州：浙江教育出版社，2021：147.
[2] 文彻. 信息战[M]. 胡生亮，贺静波，刘忠，等译. 北京：国防工业出版社，2013：22.

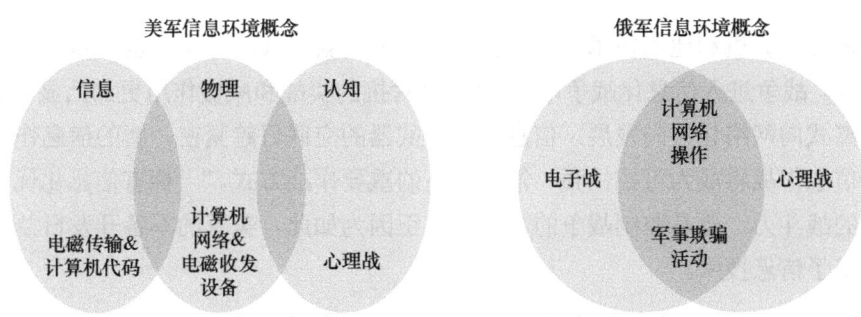

图 1-1 美军和俄军信息环境概念图

英国军事学者克里斯托弗·柯克在研究历史后指出:"虽然根据一些评论家的说法,我们可能已经进入了一个冷战后的'第二核时代',原子武器仍然无法被各国利用。对大多数未来战争思想家而言,信息技术和生物交叉技术才是 21 世纪最重要的。"应该说,柯克看到传统的能量杀伤已经走到极限,以至于大国之间,尤其是核大国之间的大规模物理毁灭的可能性日益降低,信息技术在 21 世纪战争中具有极端重要性,是极其敏锐的。数个世纪乃至千年以来,打击力、机动力、防护力、集结和后勤等一直是支撑军事力量的基本资源。但在网络信息时代,信息正在同时改变机动力和集结的概念,正在重新定义打击力,并且极大地简化后勤。从效果上看,在这些能力的"生长"过程中,信息都承担不可或缺的角色,成为各系统之间相互连接、融合和认知的媒介和纽带。在这个过程中,信息力、火力、防护力、机动力等被跨界关联起来,战斗力的生成模式中产生了除叠加之外的倍乘关系,展现成"信息×(火力+防护力+机动力)"的新方式。

当人类第一台通用电子计算机(Electronic Numerical Integrator And Computer,ENIAC)在美国宾夕法尼亚大学诞生时,没有人会意识到一个新时代即将到来。因为当时相互孤立的计算机所产生的影响是极其有限的。直到 20 世纪 80 年代初,当计算机接入电话线并与之融合为强壮的混合系统,计算的深远后果才被真正展开。在各种机构正在进行大量的去中心化工作时,将这些机构与进程连起来的则是便宜且无处不在的通信技术。每个人,甚至小学生和年迈的长辈都有移动设备。移动设备不单单表示你有能力在抖音、微信、博客等社交网站上传图片和音视频资料,"它还是一款强大的具有改变意义的新设备,有了它,你可以随时随地与任何人沟通"[①]。更准确地说,是长距离即时通信的技术手段促成了去中心化的时代。"也就是说,当我们用跨越沙漠、穿越海底的电缆无休无止地在地球上缠绕时,去中心化趋势就成为必然。"[②]没有网络和通信技术之前,人类无法构造一个包含很多混乱和不可控因素在内的系统。现在,我们则闯入了一个属于去中心化和共享不断扩展的可能性空间。此前由于技术的限制,我们从未能进入这个领地。"我们无法实时地协调上百万人,也无法召集成百上千的人员为一个项目一起协作一周。"[③]与人类社会一样,所有先进军队

---

① 姜涛. 影响你一生的耶鲁演讲Ⅲ[M]. 北京: 石油工业出版社, 2016: 23.
② 凯文·凯利. 必然[M]. 周峰, 董理, 金阳, 译. 北京: 电子工业出版社, 2016: 133.
③ 凯文·凯利. 必然[M]. 周峰, 董理, 金阳, 译. 北京: 电子工业出版社, 2016: 172.

都越来越依赖计算机和通信技术。信息技术成为人类新时代的标志，也为新军事变革提供了技术条件。战争进入信息化战争形态，"信息对抗的实战和威慑作用更加凸显，电子战装备正从分离式向网络化方向发展，信息系统与武器的交联日趋紧密，新的信息作战手段不断成熟，信息作战将成为可控性强、消费比高的重要作战方式。"[1]拥有信息化优势的一方具有较强的战斗力，更易控制战争的主动权，正因为如此，美军的军备开发日益明显地大量集成使用了信息技术。

朱光亚院士早在20世纪90年代就深刻指出："信息技术改变了过去单纯以计算有多少装甲师、航空联队、航母战斗群来衡量军事能力的做法，现在还必须考虑一些无形的力量，如计算能力、通信容量和可靠性、实时侦察能力等。"[2]军事组织总是利用信息资源来追求竞争优势，而信息对于一支军队的作用体现在提高打击效率与情报、协同等方面。当然，信息也并非越多越好，如果出现过载或饱和的现象，也会导致效率的降低。

1991年爆发的海湾战争是世人形成共识的第一场高新技术战争，网络和信息化的作用得到充分体现。在1991年海湾战争时，集成了信息技术的美"战斧式"巡航导弹与俄制的"飞毛腿"巡航导弹在战场上进行了一次较量。结果是，"战斧式"巡航导弹大大优于没有集成信息技术的"飞毛腿"导弹。在这之后的30多年里，计算与通信之间的技术融合逐步扩散、发芽、开花、结果。信息对战场的贡献不断增长，从信息系统成为"战斗力倍增器"到网络成为"战斗力决定器"，作战方式发生颠覆性的变革。[3]互联网已经从社会的边缘进入到现代全球社会的舞台中心。这也恰好与中国改革开放的时间大致相吻合。我们经历了以高度数字化为主要特征的第一次信息化浪潮的洗礼，正处在以高度网络化为主要特征的第二次信息化浪潮之巅，已经听到以高度智能化为主要特征的第三次信息化浪潮扑面而来的轰鸣。在过去的40年里，这种以信息化为根基的社会经济发展过程跌宕起伏，见证了这个时代中英雄的兴衰更迭。马克·扎克伯格没有家族人脉的积累，没有启动资金，甚至没有大学文凭，在20多岁就创办了社交网站——脸书（Facebook）；贾斯汀·比伯在2007年将自制视频发布在网上，从那时起他的唱片卖出了1500万张，获得了接近2亿美元的个人财富。这在以前都是不可想象的。通过网络的互联以快速传递信息的能力能够使小规模团队和IT精英迅速获得前所未有的资源和影响力。

网络空间是未来作战信息环境的重要组成部分，能够起到黏合剂和融通各域的作用。从域的"嵌入"角度出发，网络空间作战能力成为各军种作战能力建设的关键领域，目标是为了同时在物理域、信息域和认知域中投射作战能力。同时，利用网络空间，可以全面攻击对手几乎所有的关键军事目标。美国军事学家约翰·阿奎拉就认为，信息已从历史上的次要位

---

[1] 江泽民. 新时期我国信息技术产业的发展[J]. 上海交通大学学报, 2008（10）: 1592.
[2] 朱光亚. 当代工程技术发展趋势及应引起重视的几个问题（上）[J]. 知识就是力量, 1997（3）: 30-31.
[3] 林东. 现代战争形态的结构及演变趋势[N]. 光明日报, 2021-08-22（7）.

置上,发展到一个即使不是独立的也堪称出类拔萃的地位。①美国退役上将比尔·欧文斯在其著作《解开战争的迷雾》中指出,现代战争已经发生了明显的转变,即从重视军舰、坦克和飞机,转为重视诸如传感器这类东西的作用。把重点转向如何观察战场、怎样传递所观察到的战场情况、怎样运用能够攻击目标的那些性能优越的精确武器这类问题上来。②

  正是看到了网络和信息技术在现代战争中的巨大作用,美军参谋长联席会议(简称美军参联会)在1996年提出《2010年联合构想》,明确指出信息优势是指收集、处理和分发不间断信息流的能力,同时削弱和剥夺敌人相同的能力,并强调必须拥有信息优势。美军于1997年提出了网络中心战的思想。1998年1月,美国海军军事学院院长阿瑟·塞布罗斯基中将在《海军学院学报》上发表文章《网络中心战:起源与未来》,对网络中心战的概念、内容进行了较为详细的阐述。1999年,美国学者戴维·阿尔伯特等出版了《网络中心战:开发并利用信息优势》一书,系统阐述了未来战争的性质、信息时代的军事、美军转型策略、网络中心战基本理念与原理、网络中心战能力的实现、实现网络中心战的价值等。2000年,美国国家研究理事会海军研究部发布《网络中心海军部队:增强作战能力的转移战略》报告。该报告提出,网络中心行动是一种利用先进信息和组网技术的军事作战,它将广泛分布的决策人员、态势及目标锁定传感器、部队和武器,集成为一个具有高度自适应能力和综合的系统,实现前所未有的作战效能。2000年5月,美军在《2020年联合构想》中进一步指出取得信息优势的一个主要目的是实现更好、更快的决策。2001年7月,美国国防部呈交给国会的一份报告中,全面系统地介绍了网络中心战的概念、定义和术语,说明了网络中心战与美军《2020年联合构想》的关系,描述了从国防部到各军种及各级指挥机构协调开展网络中心战的指导思想和相关的计划。网络中心战是指将战场上所有侦察、监视、通信、指挥、控制、电子对抗和火力打击等系统,组成一个以计算机网络为中心的信息网络体系,各级作战人员利用该网络体系了解战场态势、交换作战信息、指挥与实施战斗行动的作战样式。

  网络中心战实质上是通过有效地链接作战空间中了解战场态势的实体,将信息优势转化为战斗力。对网络中心战的以上表述说明,网络和信息技术在推动发展方面比所有其他因素都更重要。网络提供实时的快速反应,为快速打击时间敏感目标奠定了基础。例如,2011年10月20日前利比亚最高领导人卡扎菲被枪杀,源于卡扎菲车队刚从苏尔特居民第二区出发,就被美军侦察卫星捕获到了,并传送到9600千米外美国内华达州沙漠中的空军基地。空军基地的联合空中作战中心内的时间敏感小组,只用几分钟就识别了目标,制定最佳攻击行动方案,通过指挥网络指挥引导在利比亚待命的"捕食者"无人机迅速起飞并锁定卡扎菲的车队,一枚地狱火导弹随后击中卡扎菲车队的领头车。与此同时,两架法国战机赶往现场,朝车队中部的车辆发射导弹,当场导致数辆汽车被毁,数十人死亡。这时

---

① 约翰·阿奎拉,戴维·伦菲尔德. 决战信息时代[M]. 宋正华,译. 长春:吉林人民出版社,2001:409.
② 同①。

候，反对派的士兵也赶到现场，再之后就是媒体上广泛报道的事情——卡扎菲被揪了出来，并被击毙。这就是美军屡试不爽的"发现即摧毁"或"信火一体"作战模式，该模式就是通过将信息贯穿"侦察—打击—评估"这一闭环产生的。通过情报侦察系统、通信系统、指挥控制系统和信息化武器平台系统间的信息交流（联通性的体现）和交互式支持配合（渗透性的体现），催生了新型的快速适应性作战模式。

网络中心战是相对平台中心战而言的。平台中心战是指作战部队依托火炮、坦克、舰艇、飞机等作战平台遂行战斗任务，运用平台特性介入战斗。而平台之间的信息交流有限，指挥所与所属各个部队之间以及指挥员与所属各个平台之间的联系是单线的，使得"观察—判断—决策—行动"过程的间隙多，时间长，难以形成一体化的作战能力。主要的几个关键节点被打断之后，各个平台或平台群将处于极其危险的孤军作战的境地。网络中心战则不同，它将部队和各个作战平台看成一个整体，它们之间的联系是靠灵活的、不绝对依靠节点的、标准的信息网络连接在一起。它不是以平台或平台群去感受敌方的威胁、去执行作战任务，而是以网络感受敌方的威胁和调动作战资源。它以"牵一发而全身知"来避免"牵一发而动全身"的低效率行动，同时保证"全身"以最有利的方式支援各个方面进行的战斗，指挥官可以始终洞悉各部队、各作战平台的行动情况。即使部队遭受较大的打击和损失，依靠网络也可以迅速调整部署，重新配置作战资源，最大限度地发挥各武器平台在全局中的作用和效能。

网络中心战的特点是，通过作战资源网络化，在分散的部队和平台上实现信息共享，增强战场感知能力，提高决策的正确率和时效性。指挥控制问题归根结底是信息优势的争夺。网络体系由侦察网、火力网和通信网组成，其中通信网是神经中枢，对侦察网和火力网起支撑作用，通过战场态势感知、指挥控制和软/硬打击等各作战单元的网络化，可加速信息的快速流动和使用，使各分散配置的部队共享战场信息，消除"战争迷雾"，把网络和信息优势变为决策和行动优势，从而最大限度地发挥作战效能。围绕网络中心战，美军各军种、各部门相继提出了自己的方案和计划，并通过大量的实验和相关概念的技术演示验证，丰富了美军网络中心战的作战思想和理论，促进了美军以网络为中心作战体系下的作战环境建设。美军还通过演习、实战双管齐下的方法对网络中心战理念的作战效能、优缺点等进行了一系列验证。在阿富汗战争和伊拉克战争中，美军有意识地对网络中心战理念进行了全方位验证。如通过情报系统和武器系统组网，让"传感器到射手"闭环时间从"小时"级缩短到"分钟"级；通过情报系统、指控系统和武器系统组网，实现了战区网络中心战；试验建立了一个极其快速的"从传感器到武器打击"的战术网络中心战系统，以提升对目标的打击能力。美军认为，在网络信息时代发展网络中心战，可以在不增加任何兵力、运输、指挥和武器平台资源的情况下大幅度地提高武装部队的作战能力。

2010年正式运行的美国网络司令部，"开展全方位的网络空间军事行动，以便在所有领域采取行动，确保美国盟国在网络空间的行动自由，并阻止对手采取同样的行动"，正是美国强推网络空间军事化、建设网络作战力量、提升网络空间安全为国家级战略的主要见证者和执行者。

长期以来，为达到美国政府情报收集目的，美国国家安全局（NSA，简称美国国安局）组织针对全球发起大规模网络攻击，从"维基解密"到"棱镜门事件"，美国一直在全球布局大规模"监听网络"并从事大量网络攻击行动。我国就是 NSA 组织的重点攻击目标之一。2022 年 2 月 23 日，北京奇安盘古实验室发布报告，发现隶属美国国安局的黑客组织"方程式"利用顶级后门，对中国、俄罗斯、日本、韩国、印度、英国、德国、荷兰、澳大利亚、泰国、埃及、巴西等全球 45 个国家地区开展长达十几年的"电幕行动"（Bvp47）网络攻击，行业涵盖电信、大学、科研、经济及军事领域，某些攻击还以日本为跳板。据了解，这是中国网络安全领域的实验室首次以详细技术证据链条公开曝光来自美国国安局的黑客攻击。2022 年 6 月 22 日，西北工业大学发布公开声明，称该校遭受境外网络攻击，随后西安警方对此正式立案调查，中国国家计算机病毒应急处理中心和 360 公司（三六零安全科技股份有限公司的简称）联合组成技术团队全程参与了此案的技术分析工作，并于 2022 年 9 月 5 日发布了第一份"西北工业大学遭美国 NSA 网络攻击事件调查报告"，调查报告指出此次网络攻击源头系美国国家安全局（NSA）下属的特定入侵行动办公室（TAO）。2022 年 9 月 27 日，技术团队再次发布相关网络攻击的调查报告，报告披露，特定入侵行动办公室在对西北工业大学发起网络攻击的过程中构建了对我国基础设施运营商核心数据网络远程访问的（所谓）"合法"通道，实现了对我国基础设施的渗透控制。

美国的相关情报法允许美国政府对全世界，包括其盟友进行大规模、无差别的信息和数据窃取。此前，斯诺登、"维基解密"都曾披露过美国政府在全球范围内的大规模窃听窃密行为。这次报告曝光的内容表明，除了中国及亚非拉的主要发展中国家，美方网络攻击的范围甚至包括其欧洲盟友、"印太四国"和"五眼联盟"的成员。

未来的战争从域的角度看将是全域作战，这一作战样式"为了获得全域优势，需要大量调度、协调全域作战资源、作战实体，为完成一个任务进行协同作战，这高度依赖支撑其信息传输的信息网络连通程度，以及其决策算法的智能化水平"。[1]在全域作战中，士兵是数据点的集合体，他们被连入远方的计算机，由计算机检测他们的健康情况和精神状态，确定他们武器弹药的状况，计算他们的表现对作战单位总体表现的贡献，并发布指挥命令。"美国陆军执行的称为'未来战士'的计划设计了 2030 年战士的装备。它包括对战士的能力、战士的保护、杀伤力、网络连接和传感器的设计。"[2]在未来战争中，依靠无所不在的网络和信息环境，实现信息快速获取、处理和共享，乃至信息全面掌控，各作战单元协同行动，能够实现各种作战要素、作战单元、作战力量的整体组合优化，形成更大的作战体系，执行全域作战任务。未来战争与传统战争样式相比，最大的区别之一就是单一的、孤

---

[1] 季明，许珺怡，程振宇. 全域作战概念研究与机理验证[J]. 军事运筹与评估，2022（1）：44.
[2] 罗伯特·H. 拉蒂夫. 未来战争[M]. 林华，译. 北京：中信出版社，2019：40-41.

立的个体或者小分队能够发挥作用,个人甚至具有彻底摧毁系统的潜力,或者通过他自己的行动来改变敌我力量的对比。当前,个人完全可以选择对一个公司、政治集团乃至国家实施网络攻击,建立自己的网络游击队,或者运用定向攻击有选择性地瞄准想要毁坏的公司、政治集团或者其他组织机构。

1.5 战争呈现出全新面貌

当今世界正处于百年未有之大变局中。时代在变,武器和战争何尝不是?在当今前所未有的大变局中,军事和战争领域发展变化广泛深刻,是世界大发展、大变革、大调整的重要内容之一。作为生产力标志的生产工具的演化方向,是由石器、铜器到铁器;冷兵器的发展,也同样是由石兵器、铜兵器到铁兵器。冷兵器的发展在材料上不断更新,而且种类繁多,如中国古代就有"十八般兵器"之说。进入现代,武器装备的发展更是琳琅满目;按照任何衡量标准,技术的发展和应用都在加速,给社会,也给军队和战争带来了令人瞠目的变化;军事理论创新和技术进步驱动融合催化,世界新军事变革进入了关键性的质变阶段;战争的制胜机理正在发生前所未有的嬗变,战斗力生成的重心正发生历史性的位移。表 1-1 体现了不同时代人类战争的这种显著变化。

表 1-1 不同时代人类战争比较表

项　　目	农业时代	工业时代	网络信息时代
战争主导要素	材料	能量	信息
战争中介系统	材料中介	机器中介	信息中介
战争比拼	体能	技能	智能
战争模式	自然中心战	机器中心战	网络中心战
战争形态	冷兵器战争	热兵器战争、机械化战争	信息化战争、无人化战争、边缘战
战争空间	陆地、海洋	陆地、海洋、空中	陆地、海洋、空中、太空、网络等全域
主要作战方式	基于自然的阵式作战	基于机器的线式和散兵作战	基于网络的分布式作战
军事运动基本形式	防御+进攻	进攻+防御	防御进攻不断转化
攻防不对称律	攻难而防易	攻易而防难	攻难防亦难
内部战争主体关系	独立作战	协同作战	联合作战中的独立作战
战争周期	长	较长	短
战争边界	清晰	比较清晰	模糊

战争是千变万化的,无法简单地用一句格言来加以描述。其实,战争的变化甚至要快于时代,正如小米公司联合创始人刘德所言:"一个时代,最先锋的理论一定是军事理论,而不是商业理论。因为商业的输赢要钱,而军事的输赢则要命。显然,军事理论比商业理论更具有先锋性。"[①]这一点其实也早已为军事理论家所感触。《孙子兵法·虚实篇》说:

---

① 小米生态链谷仓学院. 小米生态链战地笔记[M]. 北京:中信出版社,2017:75.

"战胜不复,而应形于无穷",告诫将领每一次作战取胜所采用的战术都不能简单地重复,必须针对不同的敌情灵活运用、变化无穷。"战争一直是条变色龙,它是不断变化的,适应新的环境和伪装自己。"这是克劳塞维茨的著名论断。我们已经看到19世纪中叶以来科学技术的发展给战争带来了多么巨大的变化。毛泽东在《中国革命战争的战略问题》一文中明确指出:"不了解中国革命战争的特点,就不能指导中国革命战争,就不能引导中国革命战争走上胜利的途径。"[1]同样的道理,不了解网络信息化时代战争的特点和规律,就很难打赢网络信息化条件下的战争。随着社会进步和科技发展,战争形态的演变还将持续下去。人类将在武装对抗中不断地推出新的技术,这些技术一方面还会继续增强传统武器的作战威力,另一方面将会推动军事理论和作战方式的发展。在未来,贯穿战争发展的灵魂和主线是快速、全域、敏捷、无人等,新的作战样式将会极大地改变国与国、组织与组织之间的对抗形式。

1.5.1 杀伤链高度压缩

"兵之情主速",快速和高效率,一直是军事指挥员孜孜追求的目标。恩格斯指出:"军队在运动中要比停驻时有四倍的价值。"[2]传统战争中,运动和速度主要体现为军队的机动性。速度快、机动性强的军队效率高,易于取得战斗、战役乃至战略主动权,因而获胜的可能性相对较大。然而,古代战争受自然条件、信息传递和科技手段等制约,行军和机动速度慢,战争持续时间普遍较长,"典型的战役和战术行动,以周、月甚至以年为单位来计算。"[3]

历史上,骑兵之所以受到重视,很大程度上在于其优良的机动性。一匹战马在冲锋时的冲击力量与机动性使得步兵几乎没有招架之力,凭借骑兵力量获得胜利的战例比比皆是。近代,胡林翼的军队在与太平军交战中能占据优势地位,与他认识到"有马队则贼颇怯"[4]不无关系。胡林翼将北岸军中的东北马队与以步兵为主的南岸湘军长短互补,形成马步协同的兵种优势局面。太平军基本无骑兵,水师屡战屡败,这是造成太平军失利湖北、安徽战场的原因之一。左宗棠因之赞叹:"以目前论之,官军之精,以鄂为最,盖合马、步、水三者而皆拔其尤也。"[5]恩格斯正是因为看到了骑兵相对于步兵突出的机动性而断言:"以骑兵猛追溃敌,在任何时候都是彻底巩固战果的唯一的好办法。由此可见,无论步兵在会战中起多大作用,骑兵仍然是,而且将永远是一个必然的兵种。现在,像过去一样,任何军队如果没有一支能骑善战的骑兵,就不能指望作战胜利。"[6]

---

[1] 毛泽东. 毛泽东选集:第一卷[M]. 北京:人民出版社,1991:187.
[2] 马克思,恩格斯. 马克思恩格斯军事文集:第1卷[M]. 北京:战士出版社,1981:172.
[3] 吴明曦. 智能化战争:AI军事畅想[M]. 北京:国防工业出版社,2020:26.
[4] 胡林翼. 胡林翼集:第2册[M]. 长沙:岳麓书社,1999:131.
[5] 左宗棠. 左宗棠全集:第10卷[M]. 长沙:岳麓书社,2009:249.
[6] 马克思,恩格斯. 马克思恩格斯军事文集:第一卷[M]. 北京:战士出版社,1981:474.

边缘战及边缘指挥控制

纵观世界军事史,任何一支留下光辉印记的军队,无不在快速机动性和指挥控制方面给人以深刻印象,这种运用之妙的机动性使其能够迅速实施军队部署并在作战中转换方位,令对手望而生畏。历史在记下缔造光辉的军队名字的同时,也让我们目睹了指挥控制和机动性水平一波高过一波的浪潮,见证了指挥控制水平和包以德循环(常称OODA循环)的创新发展。可以说,指挥控制和机动力是军队的生命。历史上强大的一流军队,往往是指挥控制水平和机动性更高的军队。

近代以来,拿破仑是把机动作用发挥得淋漓尽致的伟大军事家。通过机动,即便处于兵力上的劣势,"他也能在局部的关键性战场上集结起优势的兵力"[1]。从第二次世界大战时期德军"闪击"欧洲多国,到朝鲜战争时期我志愿军某师"三所里穿插"等典型战例,都以快速机动性而著称于世。机动力的提高实质上是杀伤链闭环和指挥控制过程的高度压缩。从杀伤链和指挥控制过程的视角看,失败一方往往也是机动性较弱的一方,由此导致杀伤链周期相对过长。

在海战中,速度发挥同样重要的作用。在希波战争中,船只的高机动性成为雅典获胜的重要因素;西班牙制海权的丧失很大程度上归因于自身舰艇机动性差,在英国舰队机动灵活的远射程炮火打击下陷入被动,并因此不得不将海上霸权拱手相让;在1840至1842年鸦片战争的几次战役中,清军水师的机动性与英国海军不可同日而语。[2]甲午战争中后期北洋水师消极避战,结果全军覆没;对马海峡之战,"日本取胜的原因在于速度快、机动性强,装备着有效射程远达一万码的重炮"[3];马汉直截了当地认为:"正如大家都承认的那样,时间是战争中一种最重要的因素。"[4]

1996年,美国国防大学国家战略研究所出版了《震慑:获得"快速主宰"》一书,首次提出了"快速主宰"概念,为美军后来制定"快速决定性作战"理论奠定了基础。2001年,美军联合作战实验室根据国防部《2020年联合构想》,提出了"快速决定性作战"新概念,该概念的基本模式是"以快制慢",手段在于谁能以更快的速度完成OODA循环。[5]作为未来作战的"发展之路",这一概念被美国防部选定为实现《2020年联合构想》的主要作战样式。快速,就是要尽可能快地实现作战目的;决定性,就是要同步运用国家乃至盟国的各种能力,及时、猛烈地击败对手的抵抗,将美国的意志强加给别国。在伊拉克战争中,美军以知识为中心,以效果为基础,高度联合,高度网络化,频繁运用卫星、侦察机、电子侦听等高技术设备,动用数以万计的特工、内线和特种兵等各类人员,直接锁定萨达姆,瞄准巴格达、共和国卫队和复兴社会党穷追猛打,就是为了以快速和决定性实现其作战企图。

---

[1] 刘戟锋. 哲人与将军——恩格斯军事技术思想研究[M]. 长沙:湖南教育出版社,1997:117.
[2] 保罗·肯尼迪. 大国的兴衰[M]. 王保存,等译. 北京:求实出版社,1988:184.
[3] 小戴维·佐克,罗宾·海厄姆. 简明战争史[M]. 军事科学院外国军事研究部,译. 北京:商务印书馆,1982:225.
[4] A.T.马汉. 海权对历史的影响[M]. 安常容,成忠勤,译. 北京:解放军出版社,2006:62.
[5] 朱江,沈寿林. 智能时代的指挥控制:任务共同体机制和模型研究[M]. 北京:电子工业出版社,2018:69.

信息网络、智能感知、自主决策、高超声速等技术的狂飙猛进，给作战体系超出人类自然能力和现有技术手段瓶颈的"快"提供了可能，时间的重要性进一步凸显。小米科技创始人雷军将小米公司成功的很大程度上归结为效率，他认为，互联网思维的本质其实就是提升效率。时间是效率，时间更是胜利。随着现代侦察技术的发展，能否"看得清"的问题相对来说已不再突出，而战争力量能否在预定的时间内"达得到"的问题已凸显在各国军队面前。所以把部队迅速调到出事地区的能力，是抵抗决心的表示，也是快速反应能力的检验，从而有利于在任何一方把更大的力量投入以前重新建立均势。

正如托夫勒所言："第三次浪潮的战争形式更加重视时间而不是空间。"[①]战争的指挥控制过程周期也在缩短，与此相对应，杀伤力链闭环的时间也在大幅缩短。杀伤链这一概念最早由美国空军前参谋长罗纳德·福格尔曼在1996年的空军协会研讨会上提出，指的是"在打击一个目标的过程中各个相互依赖的环节构成的有序链条"。从杀伤阶段来看，杀伤链可分为发现（Find）、定位（Fix）、跟踪（Track）、瞄准（Target）、交战（Engage）和评估（Assess）6个阶段，即"F2T2EA"，后来进一步简化为"5F"模型，即发现（Find）、定位（Fix）、攻击（Fire）、完成（Finish）和反馈（Feedback）。2018年5月，美国国防部高级研究计划局（DARPA）进一步提出了杀伤网（Kill Web）的概念，强调陆地（简称陆）、海洋（简称海）、空中（简称空）、太空（简称天）、网络（简称网）、电磁（简称电）等各领域指挥控制、情报信息和武器系统之间的跨域融合和协同，并在同年7月发布了自适应跨域杀伤网项目公告。

在现代战争中，胜利的一方往往制人而不受制于人。从某种程度上看，信息化智能化就是利用强大的感知、信息收集分析和快速打击能力，拉长对手的杀伤链闭环时间。美国学者克里斯蒂安·布罗泽在《杀伤链：在未来高科技战争中保卫美国》一书中提到，军队完成和打破杀伤链的速度、频率和效果，决定了其在战争或竞争中能否取胜，提出美国威慑对手、制胜未来的关键在于建立一个能够更迅速了解威胁、做出决策并采取行动的高效杀伤链。"换言之，能够决定战争胜负的工具并非武器平台，而是杀伤链。虽然杀伤链概念提出的时间较晚，但事实上从古至今的战争都遵循着杀伤链的几大关键环节——观察、判断、决策和打击。"[②]杀伤链的工作机理主要包括三个步骤："第一步，感知正在发生什么；第二步，决定做什么；第三步，采取有效行动以实现目标。"[③]杀伤链与OODA循环有着紧密的联系，实际上，杀伤链工作机理的三个步骤其实是OODA循环的压缩版。"核心逻辑依然是'感知、传输、处理、对抗'。"[④]

海湾战争以来，美军从发现目标到实施精确打击，完成OODA链条的时间越来越短：海湾战争时杀伤链闭环时间是80～100分钟；科索沃战争时缩短到40分钟左右；阿富汗战

---

① 阿尔文·托夫勒. 第三次浪潮[M]. 黄明坚，译. 北京：中信出版社，2006.
② 龙坤. 杀伤链视域下的算法战审思[J]. 军事文摘，2022（21）：27.
③ 杀伤链：美军制胜未来战争之道[J]. 军事文摘，2021（3）：6.
④ 刘江桂. 以新发展理念引领新发展格局[J]. 国防科技，2022（1）：3.

争时缩短到20分钟左右；伊拉克战争时则缩短至10分钟左右。到了2020年，美军完成跨域杀伤链闭环时间已经缩短至惊人的20秒。在美国空军2020年8月开展的第二次先进作战管理系统（ABMS）"跨越2号"演示实验中，由多个作战司令部参与，跨越了从佛罗里达州埃格林空军基地到内华达州内利斯空军基地，从亚利桑那州海军陆战队尤马试验场到新墨西哥州陆军白沙导弹靶场等30个不同地点和4个国家试验靶场，开展了分散地域的大跨度演练，系统利用"星链"卫星，首次近实时地连接多个传感器和多个"射手"，实现快速探测和摧毁模拟的巡航导弹，验证了ABMS在地理分散的部队之间即时收集和融合数据，及其基于云的多域态势感知的数据共享与人工智能软件辅助指挥官决策的能力，通过4G和5G网络以及云计算，"从传感器到武器"的完整杀伤链闭环时间已经缩短至20秒以内。本次演示试验所验证的技术与能力以及获得的经验与发现的不足，将积极推进美军联合全域指挥控制（JADC2）向前发展。

军事发明以及新兵器研制改进的步伐，随着科学技术的发展也同样加快了。重要技术成就发明时间及用于军事时间如表1-2所示。公元前8500年左右，轮子首先出现在苏美尔地区。但是，轮子被普遍用在动物拉的车和犁上，用了大约3000年的时间，用在军事上的时间也差不多隔了这么久。而如今的星链卫星从一开始发射就被应用于军事，SpaceX在2019年5月发射首批60颗星链卫星，尽管星链卫星被定义为商业卫星网络，但其军事用途也不可忽视。星链卫星的应用范围包括通信传输、卫星成像、遥感探测等，这些应用同样适用于军事领域，并能进一步增强美军作战能力，包括通信水平、全地域、全时空侦察能力，空间态势感知能力和天基防御打击能力等。实际上，同年星链卫星就开始为美军战机提供加密的互联网服务，并从美国空军那里获得高额的资金支持。2020年，星链卫星和美国陆军达成合作，为美军提供跨区域的数据传输。在俄乌冲突中，我们看到星链系统得到了广泛应用。据报道，星链在乌克兰的平均下载速度达到136 Mbps，上传速度达到24 Mbps，几乎是当地平均网速的5倍。除提供便捷通信、高速上网功能外，其卫星群低轨道运行，重访周期短，空间传输损耗小，可确保更宽的通信带宽、更快的传输速度和更高的侦察效能，可提供对人脸识别、社交网络连接、多维信息传播等的支撑，具有显著的军事应用价值。新的通信方式、新的连接模式重新塑造了新的战场形态——"冲突在本地、通信在天上、数据在西方"，也很可能将重塑技术和应用的形态。此外，SpaceX还多次帮助美国军方发射军用卫星。如果其总规模达4.2万颗的卫星系统完成了部署，那么可以时刻监视全球每一个角落，为美军开启"上帝视角"，让美军在未来战争中占据主动权。

表1-2 重要技术成就发明时间及用于军事时间表

技术成就	发明时间	用于军事时间	时间间隔
轮子	公元前8500	公元前5500	约3000年
火药	公元8世纪	公元10世纪	约200年
潜艇	1620	1727	107年
蒸汽轮船	1788	1815	27年

续表

技术成就	发明时间	用于军事时间	时间间隔
无线电通信	1896	1914	18 年
螺旋桨飞机	1903	1911	8 年
喷气式飞机	1939	1945	5 年
现代火箭	1939	1942	3 年
核能人工释放	1942	1945	3 年
电子计算机	1945	1945	—
人造卫星	1957	1958	1 年
集成电路	1958	1961	3 年
激光	1960	1961	1 年
生物传感器	1962	1963	1 年
阿帕网	1969	1969	—
光纤通信	1976	20 世纪 70 年代末	小于 4 年
物联网	2005	2005	—
星链	2019	2019	—

未来战争，时间价值更加突出，"快"的意义尤为重要，将以秒级、毫秒级甚至更短的时间为单位，来计算战争智能感知、目标识别、网电攻防的速度，高超声速和集群打击、防御的时间，以及基于 AI 的自主决策效率。历代指挥员孜孜追求的"发现即摧毁"理想状态已经成为现实。交战双方更多在网络信息条件下，实施基于信息系统的、多维空间的非线式体系对抗作战。作战要素间耦合度好，从体系内部战力的聚合到外部能量的释放都比对方更快，单位时间内创造的作战效益更高。

1.5.2 对抗领域转向多维全域

军事实践从形式上讲，无非是扩大的搏斗，但在搏斗扩大的过程中，随着各种力量的加入，如同天体力学中的两体问题变成了三体乃至多体问题，尤其是伴随科技手段的应用，战争的空间不断扩展。近代战争与古代战争的最大区别，是物理空间陆、海、空的"三位一体"取代了陆地和海洋的平面维度。随着时代的发展，人类军事实践面临的环境日益复杂，从陆地、海洋、空中等物理维度，拓展到信息、电磁、认知等虚拟空间和高维度空间，单一较量进化到混合较量，如"黑客、病毒、电磁污染等高维度攻击手段武器化，演化出经由网络与卫星连通各国经济社会的高维度进攻样式"。[1]同时，传统意义上的战争有明确交战区、明确的时间限制、明确的对手，但高科技改变了战场，拓宽了战争行动的"频谱"，战争呈现出不受地理限制、具有开放性、平战界限模糊等特征，现代战争战场空间的全域性更加明显。

20 世纪 80 年代初，美国退役陆军中将丹尼尔·奥·格雷厄姆在阐述他提出的"高边

---
[1] 林东. 综合战争重构战争冲突形态[N]. 光明日报, 2022-07-24 (7).

疆战略"新概念时，说了这样一段话："眼前的威胁迫使我们开发空间技术，但是，大跨步地迈向空间舞台还有其不可避免的历史必然性。在整个人类历史上，凡是能够最有效地从人类活动的一个领域迈向另一个领域的国家，都取得了巨大的战略优势……今天，当人类对空间进行史诗般的载人和不载人的探索之后，我们将会看到，总会有一个国家，能把与英国商船队和海军舰队相匹敌的东西送入太空。我们敢让鹿死他人之手？"太空域的价值在于能以无与伦比的覆盖范围、持久性和响应能力开展活动，理论上能够俯瞰、侦察和打击地球上任何一点。因此，太空不仅互联互通，更有太空侦察、电子对抗、太空作战攻防。以侦察和打击为例，为降低网络构建和运维成本，美军构建以大量低轨星座卫星为骨干的网络系统，形成一个稳定的卫星网络，依托去中心化结构和规模数量优势，最大限度提升太空体系弹性，提高体系的抗毁性与韧性。

在社会领域也是，所谓"领域"就是某一类别的活动。有些人可以在某一领域，比如医疗领域，很好地理解某一想法；但在另一领域，比如社会、经济、生活领域，未必能理解同一个想法。或者他们虽然在课堂上理解了某一想法，但在更为复杂的社会大课堂中不能理解。人类通常喜欢待在舒适区，不愿脱离他们熟悉的领域来理解事物，正如一个人很难将一种语言环境下的概念迁移到另一种语言环境来理解。因为，学习每一种新语言，我们就需要把"苹果""书""思想"等概念重新学习一遍。一般而言，一个人没法同时认出"house"（英语）、"casa"（西班牙语）或"byt"（古闪米特语）。在某种程度上，我们都有类似的障碍，当同一种思想在不同的背景中出现时，我们就无法辨识了。这种无法跨越领域理解事物的情况是人类固有的缺陷，只有当我们努力克服和突破域与域之间的障碍，实现域与域的融会贯通，我们才能更好地获得新知和智慧。领域独立其实质是领域依赖，多域其实质就是联合，这就涉及跨域和临时的配属。因此，在现代社会和现代战争中，临时组织会大量出现，这些组织是基于使命、任务，以及突发性事件的，不是集约式的。

除了陆、海、空、天等实体域，虚拟域的重要性也与日俱增。今天，网络把世界连成一片，前沿生物科技也必将把人与物紧密连在一起。在未来的后人类时代，随着人与人、物与物、人与物互联互通，人类社会进入的是一个复杂巨系统。人工智能与生物交叉技术充分融合，催生的后人类主要有四阶类型。

一阶：仍然保留碳基生命形式，利用生物交叉技术与人工智能增强的人。

二阶：全部或部分放弃碳基生命形式，仅保护人类大脑，将人类改造为"生物—机械—电子"复合体。

三阶：利用生物交叉技术与人工智能增强人脑机能。

四阶：将人类意识上载到电子空间。

战争就是做破坏功，在这样一种社会形态与人的存在状态大背景下，战争必将把战场拓展为全域作战空间。[①]

当前的作战很难想象只在单一作战域内进行，特别是大国之间的战争，即便是一场小规模的冲突也会囊括多个域乃至全域。可以从陆地、海洋、空中到太空、网络空间，也可以从物理域到认知域，从实体域到虚拟域，其中网络空间的作用不可或缺。可以说，在网络空间，谁掌握关键技术，谁拥有核心资源，谁就具备"卡脖子"的强大能力，谁就能赢得这场"新战争"。无论是信息主导、体系支撑，还是分布式作战、任务式指挥、联合制胜，都越来越依赖于网络信息技术。

2007年9月，以色列对叙利亚的几处军事设施发动了空中袭击，虽然执行任务的战机并没有隐身性能，但是它们从叙利亚强大的防空体系中全身而退。据披露，正是由于以色列对叙利亚采取了网络攻击手段，才导致叙利亚的整个防空雷达网络崩溃，使得以色列空军得以完成空袭任务。2011年，利比亚国内的政治危机演变为战争仅用了8周时间，美国"推特""脸书"等网站兴风作浪，成为影响事态恶化的重要推手。美国在发布的《网络空间国际战略》中，高度评价了网络认知战在利比亚事件中的作用，并明确提出今后要将网络自由和为冲突地区提供不受干预的网络信息支援作为美国网络战力量的重要任务。2016年2月，为配合正面战场对"伊斯兰国"作战、检验网络作战能力，美国公开宣布对"伊斯兰国"发动网络攻击行动，代号"发光交响乐"。在多国联合特遣部队夺取萨达迪的作战行动中，美国网络司令部指挥网络任务部队对"伊斯兰国"控制区内的军事网络进行高强度、集中性的战场网络攻击，使其战场通信网络过载和失能，进而扰乱其指挥、控制与通信体系，毁瘫其网络体系。

近年来的重大军事行动一再表明，要捕捉战机就必须跨域联动，谁掌握跨域联动和战机捕捉优势，谁就掌握未来战争的主动权。网络空间的先行攻击并获得成功，使人更加意识到，现代战争不一定要彻底毁灭对手，也不必限于热战，网络空间行动能跨越从平时到战争这样较大的范围，在平时、危机和战争期间都可以起作用。在平时，网络空间行动通常表现为认知领域的揭示、军事领域的演习、政治领域的封锁、经济领域的制裁等；在危机管理中，网络空间行动充当"双刃剑"的角色，可以起到"助燃剂"和"冷却剂"的作用；战时，网络空间作战形式通常表现为利用信息获取与传递的优势，通过形象展示强势作战行动的效果，直接表达意志决心，实现作战效果的认知强化，达到不战而屈人之兵的目的。

美军参联会前副主席约翰·海顿就明确提出，全域作战将涵盖陆、海、空等全部作战领域，融合太空、网络和电磁频谱等各种能力。未来，人类战争的战场必然是全域性的，所有作战领域的行动也都变得越来越相互关联和相互作用，作战空间进入多域，乃至全域阶段。所谓的多域，就是现代的战争不再局限于某一个作战空间，而是陆、海、空、天、

[①] 石海明，贾珍珍. 人工智能颠覆未来战争[M]. 北京：人民出版社，2019：105-106.

网、电等领域无所不包，可以从陆地、空中、海上、天基等物理域打击目标，也可以从网络、认识域等虚拟空间发动攻击，不存在"真空地带"。未来战争的战场会更大，战场将扩及全球，涉及领域更广、更分散，作战的是高度专业化的小股部队。同时还面临着混合战争，即"灰色区域"冲突。根据美国特种行动指挥部的定义，"灰色区域"冲突的特点是"冲突性质不明确，冲突方身份模糊，政策与法律框架不确定"。这样的冲突和业已确立的各种战争与和平的模式格格不入，完全突破现有的认知，使未来战争成为完全意义上的全天候、全方位战争。

2020年2月18日，美军参联会前副主席约翰·海顿提出，全域战将是未来美军全新的战争样式。2021年4月30日，美国国防部长劳埃德·奥斯汀（Lloyd Austin）在其首次重大政策讲话中称："下一场重大战争的作战方式将与以往截然不同。"他进而指出："飞速发展的技术，意味着在潜在冲突的所有五个领域（不仅是空中，陆地和海洋，还有太空和网络空间）中为确保安全，美国所做工作的变化。"这意味着需要新的能力和灵活性操作来应对未来的战斗。他敦促军方朝着更快、更具创新能力的方向迈进，以"战争速度"行动。

未来的战争不一定在我们所知的战场上进行，它也许会发生在城市里、"三不管"地区、网络空间和电磁频谱领域，就连外层空间也将成为竞争的场所。同时可以跨域打击，深海潜艇可以打击海上目标，也可以瞄准空中和陆地目标，陆军小分队可以呼叫空军战机的支援，也可以跨域打击海上目标，不但需要陆、海、空、天、网等力量，还需要不同层次和多个领域共同发力，争取"全""融"和"跨"的效果。层次主要包括战术、战役和战略层次；领域则包含政治、经济、军事和外交等。所有的这些都是相互联系的，某个领域或层次的效果决定着其他领域或层次的效果成功与否。"从本质上讲，只有通过政治、社会和经济手段，而不是通过军事手段，才能持久有效地解决全球化所带来的动荡局面。"[①]因为造成不稳定的真正根源是政治、社会和经济自身，军队的作用并不在于解决政治、社会和经济上的所有难题，而在于为解决这些难题争取时间。"最重要的军事作用可能并不是处理动荡局面的前兆，而是作为一种前沿威慑力量担当起维护社会长期稳定的职责，即它的存在和能力能够保障一种持久和平，使得变革能够顺利进行。"[②]在近几场高技术战争和重大危机处理中，包含着大量的政治、经济和外交活动。这也充分证明了所有层次和领域的作用和效果是相互联系的。

1.5.3 军事组织转向追求敏捷

自工业革命以来，科层制组织已经深入人心，追求效率成为首先考虑的问题，以至泰勒的科学管理组织达到一个巅峰。泰勒认为科学管理的核心就是在企业采用高度集中、自

---

① 史密斯. 基于效果作战[M]. 郁军, 贲可荣, 等译. 北京: 电子工业出版社, 2007: 4.
② 史密斯. 基于效果作战[M]. 郁军, 贲可荣, 等译. 北京: 电子工业出版社, 2007: 5.

上而下的管理体制，通过严格的还原化、标准化，将其应用于每个工人，能够将技术潜力极大地发挥出来，成为实际的生产力。他认为："每个工人的工作都必须由管理层至少提前一天确定完毕，大多数情况下，每个工人会收到一份书面的具体工作指南，明确其所要完成的工作和完成的方法。不仅仅是告诉工人要做什么，还包括具体的工作方法和完成工作的准确时间。"

泰勒对越来越多的因素进行测量，揭示了物质加工链和提升机器效率的瓶颈所在。泰勒的还原论自然地形成了上下级分明的等级制度，在每一个层级中，管理者会检视目标，将目标分割成互相剥离的任务，并且将任务打包分派出去。工人只是严格执行从上层得到的指令，并作为最底层的执行者用最有效的方式实现产出的最大化，而从不质疑所服从的权威。泰勒科学管理原则很快就从工厂和企业传遍了美国的每个角落，使效率变为新兴工业时代最重要的价值理念。从此以后，以最小的时间、劳动力和资本投入获得最大的产出就成了指导当代社会每一方面的基本准则。[1]公立学校是泰勒科学管理原则实践的一个缩影。"学生们所学到的就是永不挑战教师的权威，他们每天要做作业，同时老师还会为其制定标准。学生的测验也是标准化的，表现则是根据反应的时间和效率来评估。学生被孤立在一个个单独的单元中，并被告知与同学交换信息是一种欺骗行为，会受到惩罚……。这样的教育模式时至今日仍在发挥作用。"[2]

根据泰勒的效率理念，理解一个体系内的初始条件以及体系内起作用的各支力量，就能让管理者计算出最终的结果。人们所看到的是一个"发条型宇宙"，所有的规律都是恒定的，所有的因果都是可以预见的。如果知道规律、知道输入条件，你就可以预见并且操纵结果。挑战在于你要把"发条"拆开，搞清楚这"发条"是怎样组装起来和运行的。

在一战前的几年里，欧洲为动员和部署规模庞大的军队制订了复杂的计划，其基础在于时间精确的铁路运输线。那些战争计划的制订者把进攻行动拆解，规定每支部队每个小时应当前进几英尺几英寸。指挥链的下层会接收到如同"泰勒指导卡"那样的命令。当美国加入第一次世界大战时，整个国家试图运用还原论办法把枪炮、炸药以及军装的产量提升到前所未有的高度。当第二次世界大战爆发时，还原论办法使得未经训练的佃农在几个月里就成为服务于军队的焊接工和造船匠。

在日常工作中，我们接受的都是一种树状结构的科学管理思维，那是在一个相对静态的环境中，管理的核心是效率最大化，也就是要以最小投入获得最大产出，实现的方式就是科学管理提出的标准化、专业化；而在一个高度不确定性的环境中，管理的首要目标是保持快速、灵活的应变能力，实现的方式就是向员工赋能。

追求效率也是还原论和决定论的理念。初始条件将完全决定事物的结果：球被抛出的

---

[1] 杰里米·里夫金. 第三次工业革命——新经济模式如何改变世界[M]. 张体伟，孙豫宁，译. 北京：中信出版社，2012：114-115.
[2] 杰里米·里夫金. 第三次工业革命——新经济模式如何改变世界[M]. 张体伟，孙豫宁，译. 北京：中信出版社，2012：115.

速度，将决定球的运行轨迹，行星的轨道就是据此而产生的。在整个19世纪，自然现象曾经被写成落入人类控制下的、上帝所进行的工作。如果知道规律、知道输入的条件，你就可以预见并且操纵结果。决定论认为可以系统性地消灭可变化因素，研究所有劳动工序并最终把这些劳动的里里外外都搞清楚，然后将其效率推到最顶点，确保在大范围中所有的精确流程都被遵循，依赖于中央指挥部发出的命令行事。

当泰勒的思想被运用于解决人类组织的一些问题时，就会产生教条。在一个互动密集、错综复杂的系统里，许多事情通过如此多或直接或间接的线路彼此连接，这使得结果在实际上无法预测。21世纪这种规则面临改变，世界变化的速度超过了我们执行的速度。当我们提出一个计划并且等待批准时，这个计划所针对的战场态势已经发生了改变。无论这个计划在最初设计出来时有多么天衣无缝，到了执行的时候，它或许变得不合时宜了。获取成功的办法更多的是应对持续变化的环境，而不是根据一堆已知的或者相对稳定的变量进行选择。在这样的环境下，敏捷性成为军队首要的素质，而不是效率。

实际上，当今管理者面对的世界，早已不是当年泰勒可以通过精确到秒的线性管理方式能够大幅度提高生产效率的扣针工厂了。无论是个人、传统组织还是新创企业，首先需要的是"韧性"，不断进化，重新布局以应对未知的世界，而不是纯粹为了追求效率而限制敏捷性和灵活性。"在一个迅速变化的环境里，保持身体灵活可塑是首选的折中方案。灵活的身体能够预见，或者更确切地说，尝试出各种可能的基因改进，然后就像猎狗追踪松鸡一样，紧紧地盯住这些改进。"[①]敏捷、适应力强在正常情况下是边缘团队和小型团队才具有的特质。因此，必须按照快速重组、信息分享等原则重新进行组织设计，发挥边缘组织在应对不确定性中的独特作用。

韧性一词起源于拉丁语"resilire"，意思是"反弹"。其常见定义是指一个实体或系统在被破坏之后恢复正常状态的能力。在社会经济问题上，韧性就是保持灵活和敏捷，承担适当的风险以推进创新和发展并从风险导致的损失中复苏的能力。一个系统要想进化成某种新的东西，唯一的途径就是要有一个韧性结构。

德国经济学家马库斯·布伦纳梅尔用17世纪法国作家让·德·拉·封丹的著名寓言诗《橡树与芦苇》来形象地说明他所理解的韧性与坚固性的区别。橡树和芦苇这两种植物都能经受住平常的风吹雨打：橡树在风中岿然不动；芦苇相较之下显得有些柔弱，会随风摇摆。但如果极其狂烈的风暴来袭，橡树因过于僵硬，当它到达稳健性的边界，即临界点时，可能会折断，以至于无法复原；芦苇则能弯而不折，继续生存。一味追求最小化风险，就好比寓言中橡树的生存策略，平时无比稳定，在别人承受波动时"风景这边独好"，但其实已经走上了僵化停滞的道路，放弃了与较小的风险伴生的潜在收益，甚至可能在无法规避的重大风险降临时被彻底击倒，没有东山再起的机会。"让一座摩天大楼在任何风暴中不动如

[①] 凯文·凯利. 失控：全人类的最终命运和结局[M]. 张行舟，等译. 北京：电子工业出版社，2016：553.

山，这需要数量极其庞大的材料，其造价极其高昂，甚至可能沉重到无法支撑起来。反过来，一座有韧性的大楼则会在风中略微摇摆，例如芝加哥的威利斯大厦在大风天两端摇摆幅度可以达到 3 英尺（约为 91.44 厘米）。"[1]类似地，组织或社会不时经受小规模冲击，便有动力灵活调整规划或结构，从无效的活动中释放资源，发现并治理陈腐弊病；长久不经风浪，就缺少这样的学习机会。

组织是复杂的适应性系统，就像生物体一样，它们能自然而然地适应环境，否则就会走向死亡。但在这个瞬息万变的环境中，这种适应性充其量也只是暂时的。为了确保持续成功，组织必须通过一种与环境变化始终保持一致的方式来进行变革，换句话说，组织自身必须是敏捷性的。在生活中我们往往发现，最强壮或最聪明的个体并不容易生存下去，而是那些能够应对变化的个体才更容易生存。能够应对变化的组织就是具备敏捷性的组织，它善于从外部事件中学习，能够迅速适应不断变化的环境，并在未来蓬勃发展。以汽车企业为例，那些具有多种能力和知识的企业更容易提升自己的竞争力和应对挑战。《产品开发力》的作者克拉克和藤本隆宏认为，随着产品架构模块化程度的提高，产品设计和生产外包的程度越来越高，供应链协调能力成为整车集成企业的重要能力。为了加强组件，特别是专用型零部件的设计能力，整车集成企业不仅要掌握架构知识，而且要掌握相关的组件知识。[2]美国工商管理领域著名学者鲍德温和亨克尔认为，提升产品设计的模块化程度是企业保护自身核心技术的重要战略手段。[3]

个人或社会如何获得相应的能力和知识，以实现快速调整和恢复？我们该如何提升韧性，增强灵活调整与应对冲击的能力？韧性的首要促进因素来自自适应性和灵活度，即敏捷性。我们需要适应新环境的能力，保持敏捷，快速学习。敏捷是一个可以采取多种形式的复杂概念，源于满足现代企业即使在极端复杂的情况下也能以可预测的方式发展的需要。在当今这个日益动荡和高度不确定性的时代，组织需要迅速行动来跟上发展的步伐，抓住机遇或避免灾难。"在一个新思想、新技术和新服务不断涌现的世界里，那些不能快速满足客户需求，不能抓住机遇、创新、削减成本和避免重大错误的企业很快就会倒闭。"[4]小蝌蚪可以变成青蛙，而一架空客 A380 即使只增加几英寸的长度，也会变成残品。一个分散化的韧性组织能够在功能不受影响的前提下收放自如，因此它能够适应变化，控制变化，也就能够"成长"。

敏捷性的实质是快速、果断、有效地预测、启动和利用变革的能力，快速决策和灵活

---

[1] 马库斯·布伦纳梅尔. 韧性社会[M]. 余江，译. 北京：中信出版社，2022：14.

[2] CLARK K B，FUJIMOTO T. Product development performance:strategy, organization, and management in the world auto industry[M]. Boston: Harvard Bussiness School Press, 1991: 31-46.

[3] HUENTELER J, OSSENBRINK J，SCHMIDT T S. How a product's design hierarchy shapes the evolution of technological knowledge-evidence from patent-citation networks in wind power[J]. Research Policy, 2016, 45(6): 1195-1217.

[4] 琳达·J. 霍尔比契. 敏捷组织：如何建立一个创新、可持续、柔性的组织[M]. 刘善仕，眭灵慧，等译. 北京：机械工业出版社，2020：6.

执行，以及在遭受冲击后快速恢复等是敏捷的题中应有之义。要想获得成功，领导者必须在人员、流程、技术和结构上不断变化，这就要求决策的灵活性和快速性。在军事领域，敏捷的意思就是指在VUCA[Volatility（易变性）、Uncertainty（不确定性）、Complexity（复杂性）、Ambiguity（模糊性）]环境中能够快速反应。VUCA这个概念最早就是由美军提出的，用于描述新时期的战场局势。工业时代的战争，指挥节点或者枢纽点被打掉后，很可能就瘫痪了。建立在强大的网络信息体系下的部队，一个节点被打掉，对它的影响可能非常小，这些节点临时产生也没有问题，会出现"野火烧不尽，春风吹又生"的现象。

军事领域十分重视韧性的研究。中国工程院院士费爱国认为韧性指挥控制系统指在发生故障或人为干扰的情况下，通过持续监控自身状态、感知环境变化以及建立主动调整的适应机制，仍可保证主要作战任务能够按时完成的系统。中国工程院院士蓝羽石等认为韧性指挥信息系统指在外界环境发生扰动和变化的情况下，仍然能够调整自身状态完成指定任务的系统。在网络信息条件下的现代战争已经演化为作战体系之间的对抗，作战体系所处的内外环境瞬息万变，战场态势具有极强的实时性。

《赋能：打造应对不确定性的敏捷团队》一书利用丰富翔实的史料和案例讲述了管理学发展的历史，回溯了泰勒、福特等在工业化时代提升了工厂的效率，造就了美国的繁荣；与之相反的则是近年来严格遵照泰勒式层级管理制度的通用汽车一步步走向衰落。贯穿全书的案例，是主要作者担任联合特种作战司令部司令期间，如何与以扎卡维为首的伊拉克"基地"组织作战的故事。

当扎卡维在伊拉克以罕见的速度组织起"基地"组织的恐怖网络并进行恐怖袭击之后，美军发现传统的军事组织和军事战法对于这样一个无中心、网络化的恐怖组织很难发挥正规军应有的作用。换句话说，面对"基地"组织，美军奉行的集中指挥、层级式管理等原有规则失效了。事实证明，伊拉克"基地"组织形态是符合"错综复杂"的新世界生存游戏规则的，它看似缺乏中心，但谁都可以随时成为恐怖袭击的中心；它缺乏资源，但通过网络化的方式造成让人难以理解和不可想象的破坏。"全球性的恐怖活动，非职业化战士和非国家组织正在对主权国家构成越来越大的威胁，这使得他们成了一切职业军队分量越来越重的对手。与他们相比，职业军队就像硕大无朋但在新时代面前缺乏适应力的恐龙，而这些人则是生存力极强的啮齿类，能用他们尖利的牙齿啃掉大半个世界。"[①]事实的确如此，与之对应的美国军队，则是严格执行泰勒开创的科学管理经验，通过层层授权的严密组织来整合遍布海外的军事力量，高效运转每一次军事行动以实现早已精心设计的目标。对此，作者在书中说道："为了取胜，我们不得不将上千年的许多军事行动中的经验教训放到一边，并且抛弃一个世纪以来为了优化效率而学到的东西。"为了提升敏捷性，需要采取集中设计的组织形式和分散化的自发组织形式两者结合的策略。其实在俄乌冲突初期，俄军很大程

---

① 乔良，王湘穗. 超限战[M]. 北京：解放军文艺出版社，1999：47.

度上是传统的集中化指挥，但面对乌军小分队的战术，俄军也做出了调整和改变：大部队集中的地方更少了，后勤中心更小更分散了，仓库也更小更分散了。

1.5.4 无人作战深刻改变战争面貌

21世纪以来，随着无人系统技术的快速发展，以及计算机处理能力的大幅提升，无人系统的可靠性、可维护性、自动化程度和操作界面不断改进，新域新质作战力量的平台装备已经突破有人为主的常规操控模式，加速向智能化无人化形态转变。以民用无人驾驶为例，2024年7月，作为百度旗下的自动驾驶出行服务平台的无人驾驶出租车——"萝卜快跑"凭借超低的价格和新奇的体验，迎来了订单量的爆发式增长。在军事领域，大量使用无人系统和机器人系统取代有人平台成为新型战争的重要特点。战争不再是人类的"独角戏"。有学者认为，战争已由肉搏厮杀演变成一场"不见面"的游戏。

无人作战系统特指应用于陆、海、空、天、电、网等多维战场空间的军用机器人，它是当代以信息化技术为核心，以远程精确化、智能化、隐身化、无人化为特征的新型作战力量建设的典型武器装备之一。经过近半个世纪的发展，无人作战系统已经形成一个庞大家族，能够用于执行多种作战任务和支援保障任务。[①]

在最近20余年的军事冲突中，无人系统发展速度最快。"空中无人系统是智能化无人系统发展的首要领域，各国最为重视，投入最大，竞争也最为激烈。"[②]特别是近10年来，"以新型无人机、自毁式无人机、无人机蜂群、巡飞弹等为代表的智能化、蜂群化、普适化技术成为武装无人机技术发展的主流"，[③]无人作战也由小规模使用转向常态化运用。2020年伊朗指挥官苏莱曼尼被MQ-9"死神"无人机携带的导弹精确定点刺杀，纳卡冲突和俄乌冲突中无人机表现出色，2021年以色列宣称其与巴勒斯坦的冲突是"第一场人工智能战争"等，以无人作战系统为基础的智能化战争初露端倪。可以毫不夸张地说，自主无人系统对于赢得高科技条件下的战争已发挥着越来越重要的作用，一场新军事革命正发生在我们身边。

无人作战系统的结构决定了其拥有一系列与生俱来的优势。无人系统作战持久、功能多样、生存力高、能避免人员伤亡。在许多情况下，特别是执行枯燥、有污染和危险的任务时，无人系统是更好的选择。事实证明，无人系统可以在同等甚至削减费用的情况下增强态势感知能力，减轻人员工作负担，提高任务完成质量，降低人员危险。可以预见，无人系统会越来越普及，应用范围会进一步扩大，无人作战平台也会扮演着越来越重要的角色，正在深刻改变战争形态，特别是在有人作战力量执行任务比较困难的场景下更能发挥

[①] 孙振平. 无人作战系统[M]. 长沙：国防科技大学出版社，2023：1.
[②] 庞宏亮. 21世纪战争演变与构想：智能化战争[M]. 上海：上海社会科学院出版社，2018：111.
[③] 侯娜，潘婧，于艳丽. 武装无人机袭击对全球冲突的影响[J]. 国防科技，2024，44（3）：113.

作用,如"斩首"行动、无人海岛值守、远海空域管控、高原边境线监测等任务场景。

2003年3月,美军进入伊拉克的时候,一开始并没有无人系统参加军事行动。但三年之内,仅参与地面行动的无人设备就突破了5000台大关。近年来,以战场机器人、无人作战飞机、无人潜航器等无人技术为主导的新型武器平台迎来爆发性增长,逐渐走向战争舞台中央,用无人平台取代有人平台,用蜂群战术取代人海战术,用分布式杀伤取代集中式杀伤,在现代战争中将发挥支撑作用,带来的将是颠覆性变化,并将引导未来作战发展的方向,与其他新型技术装备一道改变信息化战争的战争形态。正因为如此,美国陆军即便在预算日益紧张的情况下,也一直为无人机系统的改进提供足够的资金。美国空军和海军都将部署陆基和舰载无人机系统作为工作重点,以便从陆地、海上实施监视、侦察和打击活动。美国海军正在开发低成本、可大范围使用的智能战术无人系统。2001年以来,美国国防部已经发布8份《无人系统一体化路线图》,以此作为美军无人系统的总体战略指南,美国各军种也不断迭代发布相关规划。这使得美军牢牢掌握智能化无人系统发展的前沿制高点。

其他军事强国也不甘落后。英国一直秘密推进无人机计划,计划实现一架有人机能够同时指挥5架无人机的目标;由法国牵头开发研制的"神经元"无人机科技含量非常高,是目前欧洲拥有的性能最先进的隐身无人机,计划实现"阵风"战机与"神经元"无人机混合编队的作战目的。有军事家甚至预言,21世纪将是无人机发展的"黄金时期",无人机势必将全面取代有人战机,并成为21世纪的"战场主角"。

俄罗斯也制定了一系列规划,把无人系统和无人装备发展放在突出位置。俄罗斯已经批准执行《2025年前发展军事科学综合体构想》,强调人工智能系统不久将成为决胜未来战场的关键因素,注重武器装备的智能化改造,开发作战机器人以及用于下一代战略轰炸机的人工智能导弹,计划到2025年,将无人作战系统的装备比例提高到30%。报道称,俄军不仅加快研发新技术、加紧作战测试,还加大了无人机部队指挥官的培养力度。

无人机在最近的武装冲突中无疑扮演了重要角色。2015—2018年,俄罗斯派兵参加叙利亚战争,除大量传统武器装备外,还使用了大量无人平台和作战机器人参加了实战,其中,战斗机器人首次参与了地面攻击,同时俄陆军在叙利亚还使用单兵扫雷装备和"金鬼子"、球形侦察机器人、"天王星-6"扫雷机器人等,配合完成了大量扫雷任务,有力保证了部队安全。在2020年爆发的纳卡冲突中,阿塞拜疆与亚美尼亚都大量运用了无人机来执行侦察、攻击与战果评估,向世界展示了无人机主宰战场的方式和威力,"实现了从单一平台作战到多机协同作战的战术升级,从战争辅助工具转变为可以单独发挥效能的杀伤性武器,其战场作用日益凸显。"[①]纳卡冲突充分展示了无人机在战场上已经开始重新定义作战模式。因此,这场战争又被称为"武装无人机战争"。特别是阿塞拜疆放弃以往地面部队长驱直入的传统方法,综合运用哈洛普自杀式无人机、安-2改装无人机与"旗手"TB-2察打

---

① 于威,侯学隆. 从纳卡冲突看无人机作战运用[J]. 舰船电子工程,2022(10):11.

一体无人机等多型无人机协同作战，摧毁亚美尼亚防空系统，并将众多坦克、火炮、战车、卡车等装备一一清除，牢牢掌握了战场制空权和制电磁权，占据了战场主动权，成功摧毁对手的武装部队和重型装备。

在俄乌冲突中，双方以前所未有的规模将无人机投入战场，察打一体无人机、无人战车等无人装备被广泛使用，在敌情侦察、情报信息支援、目指、火力打击、智能决策支撑等方面发挥了重要作用。对比俄乌双方的作战成果可以看出，中小型低成本察打无人机非常适合于在局部战争中使用，相比价格较为昂贵的高端大型无人机，中小型低成本察打无人机的主要优势在于其使用灵活方便、成本低、具备可消耗的特性。[1]特别是乌方以察打一体无人机为突破点，运用了智能化游击战法并达到作战效果。2022 年 3 月 15 日，乌克兰无人机发现多辆俄军台风装甲车等停靠在一栋楼房前，随后乌军在无人机引导下对俄军设立在楼上的指挥部进行炮火急袭，导致俄军第 150 摩步师师长米捷耶夫阵亡。乌军发展出了成本极低、打击力度非常强的小型无人艇，对俄罗斯黑海舰队的水面舰艇、沿海的海军基地，以及沿海区域内具有战略属性的基础设施发动攻击。乌克兰无人艇在黑海的成功作战已经引起了世界的关注。俄罗斯也大规模部署 Zala Aero 公司生产的无人机，它具有自主作战的能力，这也是在战场上首次部署了致命性的 AI 赋能的无人机，广泛用于对抗乌克兰武装部队的火炮和防空系统。

未来军事强国之间的战争必然是高烈度、高技术水平的对抗，无人机也逐渐从战争辅助支援工具转变为可单独发挥效能的杀伤性主战装备，从单一平台作战转变到多机协同作战模式。蜂群作战、狼群作战、忠诚僚机等新型作战概念也在大力推进中。传统有人高价值平台逐步退出战斗前沿，转变为携带大量无人装备的"母平台"和控制中心，追求以零伤亡或少伤亡的代价实现战争目的。美军设想的未来地面战斗群，一改人力密集状态，人机混合编成，动态变换角色，谁有利，谁就第一时间和作为"第一责任人"行动，打造人机混合作战优势。目前一些军事发达国家如美国、英国、以色列等，已经开展探索无人"蜂群"战法，以网络化信息系统为依托，精确选择目标，快速机动，多维攻击，体现了动态聚能、以量取胜的制胜思想，打通了"侦察—控制—打击—评估"链路，融合了相关作战要素，形成敏捷、高效、精确的新型无人化作战体系。无人机在战场的作用日益凸显，无人机作战能力的发展将直接影响整体战场的作战战略布局。特别是美国，一直以来都将无人系统作为其长期占据军事优势的重要技术手段之一，并始终确保自己处于研发和应用的最前沿地位。"美军'全球鹰''捕食者'等无人机已大量投入实战，F-35 与无人版 F-16 通过'忠诚僚机'计划不断强化有人无人协同。美军规划未来无人机将占到其空军飞机装备量的 90%。"[2]

当前，美国依照计划和路线图开展无人系统研究和实践，一是加快通用开放体系架构、

---

[1] 冯杨, 蒋超, 崔玉伟. 俄乌冲突中无人机作战运用及启示[J]. 中国军转民，2022（23）：37.
[2] 刘海江. 新域新质作战力量"新"在哪里[N]. 解放军报，2022-11-29（7）.

部件模块化及试验鉴定验证等进程，提升无人系统的互用性及体系作战的融入；二是基于人工智能发展不断增强自主作战能力，提高无人系统作战效率和效能；三是强化网络防御、信息保障和电子战防护建设，确保无人系统作战的网络安全。经过多年的发展，"其衍生的各类无人作战系统已具备较强的实战能力，逐渐成为信息化、智能化战争的重要节点，悄然地改变战争模式。"[1]在美军当前大力发展的联合全域作战中，就广泛运用自主化无人作战平台，"使得指挥与控制方式发生变革，任务式指挥和事件式指挥方式更加符合分布式跨域联合行动控制的要求，这就使得联合行动控制更加注重底层要素级的控制粒度。更进一步说，为了使遂行联合行动的各参战部队在计划层面上达成协调一致，需采取非传统指挥方式和 AI 技术辅助来制定方案和决策，以最大限度地减少人为因素影响。"[2]随着人工智能、自主控制、高精度导航、自组网抗干扰通信等技术的发展，以及这些技术广泛运用于装备研发和制造，无人系统在战争中的适用范围不断扩大，将在军事作战中承担更多重要任务。

1.5.5 体系制胜取代平台制胜

在机械化战争以及之前的时代，作战要素、单元、系统相对独立，作战行动主要以武器平台为中心来组织，整体作战效能基本等同于单个武器平台作战效能的线式累加。[3]在这种情况下，孤立的平台显然都是有价值的，哪方能更好地发挥武器平台的作用，哪方就能最大限度地释放整体作战效能，往往就更能占据有利地位。因此，我们看到平台也越做越大，发展出的大炮巨舰就是这种思维的产物。

随着时代的发展，这种状况已悄然改变。其实，早在 20 多年前，军事专家乔良、王湘穗就认识到，单个武器在战争中的作用正在消解，哪怕是那些标志性的武器。"以往只需要数件武器或装备的发明，像马镫、马克沁机枪，就足以引起战争样式的改变，现在则需要上百种武器构成若干个武器系统，才能从整体上影响战争。"[4]这一观点和美国指挥控制领域专家阿尔伯特和海斯不谋而合，后者同样认为："孤立的平台将会变得越来越不重要，这是因为在网络中心战中平台的价值并不是由平台的独立运作能力决定的，而是由作为一个团队的部分而进行运作的能力所决定的。"[5]在信息时代能力迅速增长的条件下，很难对那些高价值的平台进行隐蔽和防卫，因此现在的平台已成为易损的和易受攻击的目标，所以将来的平台应当更为小巧、更为隐身和更为便宜，这样就可以大批量地更新换代并且有效部署。

1971 年，美国管理学家罗素·艾可夫在"Towards a system of systems concepts"一文中最早使用了"体系"一词。该词刚提出时并没有引起人们的重视，也未得到广泛使用。

---

[1] 丁鑫鑫，姜楠，何松泽，等. 美军无人作战的发展与概况[J]. 军事文摘，2021（11）：12.
[2] 王小军，张修社，胡小全，等. 跨域作战要素协同中的联合行动控制概念浅析[J]. 现代导弹，2021（4）：236.
[3] 何雷. 探寻制胜之道的"三维"视角[N]. 解放军报，2014-07-08（6）.
[4] 乔良，王湘穗. 超限战[M]. 北京：解放军文艺出版社，1999：11.
[5] 阿尔伯特，海斯. 信息时代军事变革与指挥控制[M]. 郁军，朱建冲，等译. 北京：电子工业出版社，2005：19.

20 世纪 90 年代，体系的概念才真正流行起来，大量的研究成果不断涌现，目前体系被广泛运用于政治、经济、军事、科技、社会、管理等多个领域。对于体系，很多专家基于自身的科学背景给出了定义，但目前还没有一个公认的定义。我们认为，体系是为实现特定功能，由若干独立运行与管理的系统按照一定的秩序和内部联系组合，并能动态演化和发展，以满足复杂环境需求的系统。首先体系是系统，许多体系就是以某某系统命名的，但系统不一定都是体系。体系是一类特殊的系统，是人化的系统，即只有能够充分反映"人"的意志、体现"人"的目的和企图的系统集合，才能称为体系。"'人在回路'、'边界不确定'和'合目的演化'，组成了体系区别于一般系统的三个特征，其中'人在回路'为核心特征。"[①]

传统的还原论观念认为复杂的系统可以将其化解为各部分之组合来加以理解和阐述，个体是系统和整体的基础，没有个体也就没有了系统和整体；但网络是反过来的，整体才是个体的基础。作战体系是一个整体，类似网络，作战平台类似个体。网络信息时代，系统就是一张巨大的网，跨域铰链和关联关系是核心，战争系统的各种关系，将会在运行中起到关键作用。网络的链接比节点更重要，因为链接才是网络最核心的要素，才能使作战体系从中心化状态下一招毙命的"蜘蛛"，变成更多资源失效都打不死的"九头蛇"或"海星"。网络的一个突出特点是"梅特卡夫定律"，即网络价值与网络内节点数的平方成正比。网络化的目的很大程度上就是系统化，网络中心战的核心就在于形成作战体系。

作战体系是作战平台能量聚放的基本依托和发挥作用的基础。体系的结构力决定着军队的战斗力，作战体系成为制胜的基础条件。"战争越来越不再依赖单个系统、单个武器独立发挥作用，要求各作战要素、作战单元、作战系统高度集中成为一个有机整体，形成一体化的作战体系。"[②]要想赢得一场现代战争，已不是单靠某一类武器装备就能完成的，陆、海、空、天、网等各型武器装备需要结合成完整的体系才能发挥出功能。平台将不再属于某个特定的组织，而是完全联合的、依据任务需要来协调它们的资源。作战平台乃至作战要素凭借网络得以连成相互支撑的有机整体，各武器平台需要依赖作战体系发挥作用，反过来又能提升作战体系的综合效能；而那些孤立的平台将会变得越来越失去军事价值。为了保持相关性，今天的平台就需要成为完全的"网络就绪"和"泛在网络"，将其搜集的信息与其他平台共享，以及基于指挥意图将其活动与其他网络节点达成自同步。

在阿富汗的军事行动中，美军靠的同样是陆、海、空、天、网的支撑，美军为进行这场战争，先后进驻中亚多国军事基地，航母战斗群进抵阿拉伯海，发射数颗侦察、通信卫星于太空，联合众多国家军队。一支 12 人的小型特种部队及其行动的背后，有庞大的战争机器在直接支撑着。在 2006 年 9 月美军组织的"美杜莎"大规模清剿行动中，塔利班虽然将北约第 31 特遣队一百余人逼进了斯皮万加尔高地，但就在塔利班企图全歼特遣队时，美军突然派来 B1 轰炸机进行轰炸支援，又用两个螺旋桨的支奴干直升机把弹药补给送来，

---

① 徐振兴. 科学技术与体系作战能力建设[D]. 长沙：国防科学技术大学博士学位论文，2012：19.
② 薛贵江. 正确认识信息化战争的制胜机理[J]. 国防科技，2017（5）：4.

再把伤员带走。……美军是一个大的作战体系在运转,而不是仅仅只有地面这一支部队在作战。美军利用的就是它的整体联动能力,强也是强在体系整体上。[①]不出所料,塔利班企图全歼这支地面部队的愿望落空。"在击毙本·拉登行动中,美军前方仅动用4架直升机、24名海豹突击队队员,但天上有十几颗卫星保障,海上有航母舰队接应,陆上有军事基地支援,其最高决策层则在万里之外通过视频实时指挥控制作战。这是一场典型的战略体系、信息系统支撑下的精兵战术行动。"[②]没有作战体系的支撑,海豹突击员就是"聋人""盲人",其能量是极其有限的。

纵观美军近年来层出不穷的作战概念,体系制胜一直是其孜孜追求的一个目标,从多域战到联合全域作战,从分布式杀伤到"马赛克战",无不强调体系的重要性,制造战争"迷雾",强调打让对手看不清、猜不准、摸不透的体系作战,企图以较小的代价快速达成作战目的,甚至不战而屈人之兵。"兵无常势,水无常形。"美军认为,以传统少量高价值平台为核心的作战体系难以适应网络信息条件下现代战争的要求。美军提出的分布式杀伤、"马赛克战"等概念就是通过化整为零和疏解中心职能,提升子系统作战能力,增强系统抗毁伤能力,体现了体系制胜的思想。

美军当前正在大力推进的联合全域作战,其制胜机理主要就是通过弹性网络实现各类作战单元的逻辑连接、信息交互、敏捷协同与灵活编组,构建分散部署、形散神聚、重心动态变化的柔性作战体系,以信息感知和利用为主线,通过综合集成的方法,将各域的作战平台、武器系统、情报侦察和指挥控制系统,以及后勤保障系统等作战要素,集成、整合为一体化、智能化的大系统。战场对抗表现为体系与体系对抗,打击信息系统、瘫痪作战体系成为战场对抗的焦点,重塑重心与边缘、集中与分散、成本和能力等新平衡,最终实现"你中有我、我中有你"的协同"多体""融体""共同体"对抗"孤体""散体""单体"的体系制胜优势,以较小的代价快速达成作战目的。单一武器平台既要依托作战体系来发挥作用,反过来又能提升作战体系的综合效能。因此,战场上哪方的作战体系运行更稳定、更敏捷、更高效,哪方就更有可能获取胜利。"作战和支援体系中某些重要组成部分功能受损,但仍存在直接或间接影响其他组成部分发挥正常功能的可能,从而导致整个体系无法正常运转、作战效能呈非线性陡降,产生所谓的体系作战效能崩塌现象。"[③]因此,未来作战中,必须牢固树立信息化战争就是体系作战的观念,整个作战体系就是一个由各作战要素"子系统"集成的"大系统",各个"子系统"应该开放、兼容、互动,形成《我侬词》中两块泥巴"一齐打破,用水调和"后的"我泥中有你,你泥中有我"的深度融合关系,应该革除偏重发挥军种专长和追求单一军种利益的弊端,使作战力量形成"系统的系统"或"系统的集成",从而能够充分发挥整体效果。

---

① 胡晓峰. 战争科学论:认识和理解战争的科学基础与思维方法[M]. 北京:科学出版社,2018:230.
② 何雷. 探寻制胜之道的"三维"视角[N]. 解放军报,2014-07-08(6).
③ 常逸昆,刘潇潇,彭亚平. 关于现代战争制胜机理问题的几点思考[J]. 国防科技,2019(10):77.

1.5.6 战争朝可控制性增加的方向发展

控制战争是古今中外军事家们孜孜以求的目标。《孙子兵法》中有一系列战争控制的思想:"安国全军",强调从国家安全战略的全局控制战争;"暴师勿久",强调从时间上对战争进行控制;"慎计审算",强调战争决策过程中的计算与控制;"非危不战",强调对战争频率的控制;"制怒修功",强调参战将领主观情绪的控制。控制的本质就是确保在军事行动运行环境下战场态势的变化大致保持在战争指挥者确立的范围内,防止多线作战、被动作战和持久作战。

农业时代和机械化条件下,战场透明度低,人类对战争的时间、规模、样式、结果等,都无法实施有效的控制,"山的那边的情形难以准确把握",战争一旦爆发,犹如脱缰的野马难以驾驭,往往由局部冲突演变成全面战争、"总体战争"和"持久战",古代西方的布匿战争、中国隋唐的征辽战争如此,近代的拿破仑战争如此,现代的第一次世界大战、第二次世界大战和越南战争也同样如此。①这些战争不但伤亡巨大,而且进程往往超过预期,动辄数年甚至几十年,与最开始的准备和设想都相去甚远。前秦君主苻坚率兵 80 万试图一扫江南,然而被东晋以少胜多,落得铩羽而归;曹操统兵数十万下江南,当然是指望胜利而去的,同样却事与愿违,大败而归;公元前 150 年,罗马和迦太基之间爆发的第三次迦太基战争就是一种全面战争的原型,是十分极端的消耗战。在那场战争里,罗马军队打败了迦太基军队,以毁灭之势在地图上抹掉了他们的城市,对其平民进行大屠杀或者把他们贩卖为奴。通过一系列措施,罗马消除了迦太基人发动战争的所有物质条件:男丁、武器以及农业基础设施。无论幸存的迦太基人多么想报仇雪恨,都因缺乏物质实力而无法进行。导致这种毁灭性破坏的主要因素是罗马和迦太基之间的世代仇恨。由于一系列的战争,这两个国家的平民军人之间的仇恨变得不可调和,变成了你死我活,正如罗马元老院议员加图(Cato)所一直坚持的那样,除了把迦太基彻底毁灭,我们别无选择。

这种战争的思路就是抵消,重点考虑如何摧毁对方进行战争的物理能力。战争的每一方都用机动战、攻击、突击、消耗战和其他的战争方式来争取一些优势,以取得基于消耗的战略目标。第一次世界大战和第二次世界大战则将这种消耗战推向了顶峰。1914 年 8 月,作战的双方都想以闪电战来迅速瓦解对方的意志。但到了 1914 年 10 月,双方发现他们在固定的战场上陷入了阵地战,其战线从欧洲的北海一直到瑞士,从波罗的海一直到罗马尼亚,他们的战略随之变成了消耗敌对方的军事实力。②二战中德军宣称 3 个月拿下莫斯科,结果打了近 4 年,最后惨败投降。同时,早期的战争受自然条件的影响很大,是所谓的自然中心战。实际上,人类历史在过去一直由两大周期来主导:植物的生长周期,以及太阳能的变化周期(白天和黑夜,夏季和冬季)。在农业时代,阳光不足、谷物尚未成熟的时候,

---

① 刘戟锋,石海明. 虎狼之翼——关于科学技术与军事变革的对话[M]. 北京:解放出版社,2011:20.
② HAYES C J. A Brief History of the Great War[M]. New York: Macmillan Company, 1925: 41-55.

人类几乎没有能量可用。这时士兵无力行军或打仗，统治者也普遍觉得以和为贵。但等到阳光充足、谷类成熟，农民的收获堆满了谷仓，收税员四处忙着收税，士兵频频操练、磨刀利剑，统治者便开始召集幕僚，计划下一场战事。事实证明，在网络信息化时代到来之前，传统的战争很难做到可控。

网络信息化条件下的战争既是全域作战、体系作战、无人作战、边缘战、智慧行动，某种程度上看也是可控战争，由传统的概略控制向精确控制转变。21世纪以来，随着态势感知、信息共享、精确打击能力的提升，对战争局势控制的能力得到进一步提升。信息中介革命及其虚拟空间的出现，为控制成为独立的军事运动基本形式提供了可能，打破了传统的进攻与防御的二元对立，控制已经成为与进攻、防御并列的三大军事运动基本形式之一。[①]

随着科技的发展，人类逐步实现了对能量、物质和信息的可控。人类自动控制的道路上有三大标志性的进步，为战争的可控奠定了科技基础。

第一个阶段是由蒸汽机引发的能量控制。瓦特借鉴米德的磨坊调节器，把它改良成一个纯粹的控制回路。他这个在当时而言完全称得上"现代"的飞球调控器，可以自动让当时变得颇为暴躁的马达稳定在某个由操作者选定的恒定速度上。通过调整调速器，瓦特就能够任意改变蒸汽机的转速。蒸汽机所释放出的巨大能量，不仅取代了奴隶，还引发了第一次工业革命。

第二个阶段是对物质的精确控制。采用更高级的反馈机制给物质灌输信息，就像计算机芯片的功用那样，使物质变得更为有力，渐渐地就能用更少的物质做出没有信息输入的更大数量物质相同的功。正如美国著名未来学家乔治·吉尔德所言："20世纪的核心事件，就是对物质的颠覆。"

第三个阶段则是对信息本身的控制。基因工程，以及电子图书馆所需的各种工具，预示着对信息的征服。进入信息时代后，"新的信息作战手段不断成熟，信息作战将成为可控性强、效费比高的重要作战方式。"[②]人类在发展道路上，不断实现对能量、物质和信息的控制，也使人类对战争的控制由以前的几无可能变得相对可控。

在"老三论"中，系统论是方法，信息论是手段，控制论则是结果。这也是实现战争控制的科学依据。信息论、控制论集中诞生于20世纪中叶，绝非偶然。由此开始，信息感知技术、加工技术、传输技术、人工智能技术等狂飙猛进，掀起了军队信息化建设的热潮。精确制导武器、电子战武器、模拟仿真技术及C⁴ISR[③]技术的出现，客观上为可控性战争提

---

① 董子峰. 信息化战争形态论[M]. 北京：解放军出版社，2004：14.
② 江泽民. 新时期我国信息技术产业的发展[J]. 上海交通大学学报，2008（10）：1592.
③ C⁴ISR 是军事术语，意为自动化指挥系统。它是现代军事指挥系统中，7个子系统的英语单词的第一个字母的缩写，即 Command（指挥）、Control（控制）、Communication（通信）、Computer（计算机）、Intelligence（情报）、Surveillance（监视）、Reconnaissance（侦察）等系统，C⁴代表指挥、控制、通信和计算机的英文单词开头字母均为"C"，所以称"C⁴"。

供了物质条件,如无线电-惯性复合制导系统开始对能量释放的方向性实施控制。信息化兵器的实质是要实现对能量的控制,因为武器发展不再需要盲目追求能量极大化,更现实可行的是探索能量的控制性使用。

虽然人类从某种程度上对能量和物质的控制早已实现,但随着科技的发展,尤其是20世纪80年代以来,人们对能量和物质的控制更为精确。随着各种精确制导技术的发展,使用不同的制导手段,如无线电制导、红外制导、激光制导、雷达制导、电视制导等,通过自动化控制系统和侦察设备,对能量释放的方向性进一步实施精确控制。精确制导武器利用目标的各种物理特征,通过探测器、传感装置和通信设施等捕获、传送目标的特征和位置信息,从而完成发现、识别、跟踪、定位、摧毁目标的任务。因此,精确制导武器就是兵器的信息化,实现对目标信息的准确识别、传送、接收,最后使能量精确释放于目标,准确破坏和摧毁敌方战斗力,实现了目标的可控。在发展控制能量释放方向性武器的同时,人们也在寻求对能量效应的有效控制,也就是控制能量以何种效应释放。

所谓的战争或战局的可控,从其机理上说,具有四个方面的意义:一是时间可控,避免"马拉松"和"持久战",力求速战速决;二是规模可控,按照战前的筹划,限定作战空间,使其不超过预定规模;三是目标可控,选择性杀伤有限目标,不伤及平民,不耗费弹药;四是结局可控,不节外生枝,确保作战达成预期目的。[①]

首先我们来看时间可控。严格地讲,过去人类历史上的战争在时间上是不可控的,往往超出战争发动者的控制范围。据统计,17世纪发生的战争中持续时间超过5年的战争占40%,18世纪占34%,19世纪占25%,20世纪则占15%。随着通信技术和精确打击手段的发展,战争的持续时间越来越短。[②]特别是海湾战争以来,由于计算机和通信技术的发展,精确打击、模拟仿真成为可能。现代战争的搏杀从实验室打响,为战争提供了更多的预先检验手段。经过兵棋和机器推演,加上人工智能辅助决策,战争进程在某种程度上得到了控制。"充分运用计算机仿真技术而建立起来的作战实验室,开始在各国军队不断发展壮大,尤其是在军事转型过程中扮演着极其重要的角色,往往是新型武器装备的试金石、复合军事人才的孵化器及创新作战理论的演练场。"[③]自海湾战争以来,美军之所以没有遭遇此前朝鲜战争、越南战争那样的失败结局,一个重要的原因是美军事先都进行了周密的作战模拟推演,依据现代战争制胜机理,把握战争节奏,进行战争设计和作战实验。同时,采取间接行动和非军事手段,配合政治、经济、信息、文化及其他一切措施来瓦解对方意志,从而使得战争控制由理想逐步变成现实。现代战争费用飙升,也使得国家难以承受旷日持久的战争消耗。据统计,在第一次世界大战中,美军每天平均消耗费用为1.94亿美元;越南战争时为2.3亿美元;第四次中东战争,阿以双方每天消耗费用为2.7亿美元;英阿马岛

[①] 刘戟锋. 浅议战争的可控机理[N]. 解放军报,2013-12-27(7).
[②] 朱小宁. 打通军事理论创新"最后一公里"[N]. 解放军报,2018-09-13(7).
[③] 贾珍珍,石海明,陈梓瀚. 元宇宙与未来战争[N]. 光明日报,2022-07-10(10).

边缘战及边缘指挥控制

战争双方共消耗 638 亿美元，日均消耗为 8 亿美元；海湾战争中，以美国为首的多国部队耗费 640 多亿美元，其中"沙漠风暴"43 天消耗 470 亿美元，平均每天消耗 11.2 亿美元，这还不包括参战的伊拉克及英法和有关的中东国家军队所耗费用。这些都与以往的战争形成了鲜明的对照。

就战争规模可控而言，现代战争的规模整体上朝着变小的方向发展。几个世纪以来兵力分布越来越稀疏的战场或将进一步"空旷"。美国军事历史学家贝文·亚历山大写道："部队和武器的大规模集结并不是实力的象征，而是在自寻毁灭，（在未来）他们将无法生存。为了生存，军队不仅必须小型化，还必须高度机动、自主独立。"[①] 战争规模相对较小，也使可控变得相对可行。当今世界，和平与发展已成为不可阻挡的时代潮流，国与国相互依存，利益交融日益加深，国际力量对比总体朝着有利于维护世界和平的方向发展。世界主要大国的综合国力竞争更为明显地在经济、科技、军事、文化等领域全面铺开，战争的非军事目的比例上升，转向追求军事代价最小而政治经济综合效益最高。20 世纪八九十年代以来，各国普遍认识到，传统的大规模军事力量，在应对恐怖分子、叛乱分子、海盗、游击队员及网络黑客发动的战争和军事行动时，往往显得力不从心。驻伊拉克联合特遣部队虽然在各个方面都碾压"基地"组织，但是在一开始的较量中反而处于非常被动的状态。为了应对挑战，各国军队加快了"小而精"的转型，打造规模优化、力量精干、与现代战争相匹配的作战力量。

"马赛克战"某种程度上作为风险可控的边缘战，"本质上是一场有限战争，其目的是塑造有利态势，在动态变化进程中实现各阶段不同目标……间接性、长期性和非正面对抗性为'马赛克战'风险可控提供了可能，限制了战争的无限升级。"[②] 在现代战争中，部署的战士们可以单兵作战，也可以作为单位的一员行动。除了具备打赢能力之外，学会控制冲突和战争，包括发起的时机、地点、规模和打击程度等方面，都尤为重要，而难度也比单纯打赢一场冲突和战争更大。与此同时，武器平台也走到了聚合的极致，转而向低成本、小型化、轻量化、分布式发展，分布式打击、"忠诚僚机""蜂群"等装备大量出现，所占比例越来越大。美大力发展"星链计划"，分布式、蜂群化、小型低成本卫星时代已经来临。"因为星云居高临下具有全域性，所以无论是对谁发起的压制和干扰，首先发起的强度都是可控制的，而且对己方作战平台影响是最小的。"[③] 尤其未来无人作战平台的武器系统作战效能不断增强，打击精度更高，杀伤威力更大，不需要投入更多的兵力即可实现战争目标。"这就使得以重工业为支撑的资源密集型的大规模战争，将被以新型工业为基础的科技、知识密集型的小型战争所取代。"[④]

---

① 马克斯·布特. 战争改变历史：1500 年以来的军事技术、战争及历史进程[M]. 石祥，译. 上海：上海科学技术文献出版社，2011：447.
② 孙盛智，刘玉，盛碧琦，等. "马赛克"战运行机制及制胜机理研究[J]. 指挥控制与仿真，2023（2）：151.
③ 目光，雪山. 星云战[M]. 北京：科学出版社，2021：99.
④ 赵先刚. 无人作战系统发展对未来战争的影响[J]. 国防科技，2015（5）：56.

就战争目标可控而言，在信息化条件下，依托战场信息网络系统，整合各类情报信息，按目标在作战体系中的价值分层列表，确定关系作战全局及局部的关键点位，可以实现信息与火力的"跨域"聚能，以敏捷的战场行动控制，实现对战场目标的精确打击。20世纪70年代末以来，以前美空军副参谋长约翰·沃登的"五环目标论"、美国空军军官约翰·包以德的OODA循环为代表，构建起信息化战争理论的内核，网络中心战、快速决定性作战、震慑战、基于效果作战等信息化作战理论持续涌现，推动形成了"信息网络+精确武器"的新作战模式。

21世纪以来，精确制导技术、全球定位技术和信息系统技术等高新技术群在武器装备领域的广泛应用，大大提升了武器装备的精确打击能力和生存能力，能够在最恰当的时间、使用最恰当的力量、运用最恰当的手段、打击最重要的目标，从而使战争毁伤在空间上得到控制，尽可能少地伤及无辜。2008年，电影《鹰眼》描述了在各种监控设备、网络、移动通信、云计算、大数据、物联网等技术支持下的超级人工智能机器人，利用与任务相关的图像、视频、音频、定位等多源信息数据，对人物跟踪、任务分配、周边设备，实施无处不在、无所不能的精确控制和行动指导的复杂场景，在一定程度上刻画和体现了边缘战作战过程可控化的特点。

现代战争在精确打击手段和无人作战系统的参与下，目标可控的特点在最新武器装备性能和最近发生的几次军事行动中体现得淋漓尽致。2017年4月6日，针对叙利亚疑似化学武器袭击事件，美国向叙利亚境内的希拉特空军基地发射了约60枚战斧导弹，瞄准机库和飞机。叙利亚事后公开了空军基地受袭后的照片，可以看到多个机库内的战机遭到精确的毁灭性打击，但机场跑道受损不大。特朗普还在推特上发文解释了在对叙利亚空袭行动中没有波及跑道的原因，称"不袭击跑道是因为它们很容易修复，并且修理费也很便宜"。同年9月14日，俄罗斯海军两艘潜艇从地中海东部海域水下发射7枚"口径"海基巡航导弹，成功击中叙利亚境内极端组织"伊斯兰国"在叙东部城市代尔祖尔的军事设施。在2020年的纳卡冲突中，阿塞拜疆无人机发动的"定点清除"行动取得了惊人的战果。人们在网络上看到无人机像"点名"一样轻松击毁战车、坦克、火炮等重要军事目标。阿塞拜疆军队在获得有关纳卡地区国防部部长贾拉尔·阿鲁秋尼扬的行踪情报后，旋即派出无人机追踪其乘坐的吉普车，执行"斩首"行动。在行进途中，无人机雷达准确获得行踪，一击命中目标。美国装备的远距离反舰导弹（LRASM）具备自主判定打击目标的能力。"根据设计，LRASM在与人类控制人员失去联系后仍可飞到敌军舰队之中，然后使用人工智能技术来决定袭击哪些目标。"[①]在海湾战争中，先行进行精确的空中打击是美军低伤亡率的关键，"针对巴格达的目标所进行的令人震撼的空中袭击计划，美国空中飞行员们就通过仿真装置非常精细地排演了长达一个月之久。结果，在第一天夜里，600架盟军战斗机中只有

---

① 约翰·马尔可夫. 人工智能简史[M]. 郭雪，译. 杭州：浙江人民出版社，2017：29.

一架没能返航"[1]。2020年1月，美军通过"死神"MQ-9无人机进行斩首行动，暗杀了伊朗特种部队高级指挥官苏莱曼尼少将。2020年4月，美国在对索马里东北部的巴里省实施的斩首行动中，使用无人机炸死了恐怖组织二号人物。特别是无人作战系统加入战场，编队作战逐渐呈现出小规模、快进程、全联动、多样式的趋势，能够有效突然地对敌方重要目标进行全过程不间断的连续侦察、监视和攻击。2017年10月，美国海军在演习中首次展示了MQ-9无人机执行反潜巡逻任务与长时间监视水下目标的能力。信息技术意味着军事行动的相关新闻将在事情发生后几乎是立刻就会被全球观众所知晓，由于能够广泛地收集和散发图像信息，仿佛把我们带入一个全天候开放的现代"马克希姆斯竞技场"（Circus Maximus）。

就战争结局可控而言，大凡发动战争者，都无一例外地希望打赢。但是，历史上的许多战争结局恰恰事与愿违、始料不及，聪明如诸葛亮者也往往难以预料战争结局。战争结局的可控也只是到了近代随着科技的发展才成为可能。一战期间，英国工程师兰彻斯特提出用微分方程组描述敌对双方兵力消灭过程，定性地说明了集中兵力的原理，建立了兰彻斯特方程。1945年，数学家恩格尔撰文肯定了兰彻斯特方程的实践意义。他曾经根据在第二次世界大战中美军攻占日军防守的硫磺岛之役的作战数据，计算了各方的消灭率系数，且用这两个系数结合美军的兵力增补率构成一个特殊的兰彻斯特方程。它的数值解相当准确地与该次作战中的实际兵力变化进程相吻合。兰彻斯特方程开创了战争的数理流派，为推算战争的结局提供了一把钥匙。从古至今，研究战争主要有哲学流派、历史流派、情报流派及数理流派。如今，数理流派对现代战争的透视日益重要，像多域作战、穿透性制空、分布式海上作战、蜂群战、"马赛克战"、算法战等，都越来越体系化、工程化、复杂化。如在算法战中，掌握更强算法的一方能够快速准确预测战场态势，创造出最优战法，实现"未战而先胜"。正如有的专家指出，一天就能看出战争成败。[2]未来的智能化战争是聚焦复杂性的对决，更加需要借助科学技术的发展，首先在实验室和演训中反复做到"看到、看清、看透"战争的内在机理，在实战中各作战单元都可精准统一调度，指哪打哪，收放自如，战争局势将更加清晰可控。在海湾战争中，美国轻易地击败了萨达姆·侯赛因，民众在有线电视新闻网（CNN）上实时观看状况，好似在看娱乐节目。美军在海湾战争中所取得的一边倒的胜利，很大程度上归功于仿真网络（SIMNET），以及基于该军事系统的模拟训练。"参与沙漠风暴行动的美国空军大队，有90%都事先参加过高强度的战斗仿真训练；地面部队的指挥官们也有80%事先参加过高强度的战斗仿真训练。国家训练中心为士兵们精心打造了不同级别的SIMENT仿真设备。"[3]位于加州西面的沙漠地带的美国欧文堡国家训练中心面积近2600平方千米，是美军最重要的实战模拟训练基地，中心可

---

[1] 凯文·凯利. 失控：全人类的最终命运和结局[M]. 张行舟，陈新武，王钦，等译. 北京：电子工业出版社，2016：383.
[2] 路红卫. 再谈现代战争的本质特征[J]. 国防，2019，36（5）：19.
[3] 凯文·凯利. 失控：全人类的最终命运和结局[M]. 张行舟，陈新武，王钦，等译. 北京：电子工业出版社，2016：383.

以仿真坦克在真正沙漠中的战斗场景。海湾战争后,很多指挥官反映,他们在伊拉克遇到的战斗状况,其难度比不上欧文堡国家训练中心的训练难度。这场战争的结局其实在训练中就已经决定了。

时至今日,无论是作战决策的思维方法,还是指挥控制的物质手段,无不在科技巨浪的推动下,开始由单纯的"精于权谋"向"道器并重""器良技熟"转变。伴随着人工智能、数字仿真、元宇宙及相关技术的崛起,对未来战争的场景能够有清晰的、精准的、深刻的数理描述。进而立足于这种场景,倒逼当前的各项事务,即依据"未来所见"倒推"今日所为",自然可以最大程度优化工作流程,避免工作失误,实现前瞻性布局、体系化设计、工程化推进,一切皆在"元宇宙"模拟之中,战争结局更加清晰明了。

与此同时,控制规模、减少破坏越来越成为人类战争观的共识,以适度的军事行动,达成最终的政治目的,将是战争的普遍形式。人类国际关系在历经地缘政治关系、跨国经济关系之后,已进入全球技术关系时代,出现"你中有我,我中有你"的局面,国家利益相互依存,经济和政治的联系更加紧密,战略层面上的相关性和整体性日益增强。军事理论家克劳塞维茨说,"战争是政治的继续",这一观点在现在不但没有过时,反而表现得更为直接和鲜明,政治因素对战争的影响和制约越发突出。在第二次世界大战之后,常规战争、游击战、颠覆国家、干涉他国、内战和威胁发动核战争的事件时有发生,却没有一起升级为核战争或大国之间的常规战争。这些事件恰恰证明了大国希望避免意外事件的愿望,通过联合国,大国之间进行合作阻止了许多小规模战争的发生。[1]这进一步证明了,大国认识到把战争作为政策工具的危险,以至于有学者认为:"核武器发明之后,超级大国之间如果还想挑起战事,无异于集体自杀的疯狂举动,于是逼着全球最强大的几个国家找出和平的替代方案来解决冲突。"[2]特别是苏联解体之后,时代主题实现由"对抗与战争"向"和平与发展"转变,虽然局部战争和地区武装冲突此起彼伏,但各国都在极力避免全面战争发生。在大多数国家和地区,战争比以往更罕见。因此,当政府、企业和个人规划不远的将来时,多半不会考虑战争的可能性,这也是史无前例的。

现代条件下局部战争和武装冲突显然不再是单纯的军事问题,而是要服务于政治外交斗争的需要,不能简单地打赢了事。从最近世界上发生的几场局部战争看,单纯地赢得战争的胜利对于战胜者来讲并不一定是最好的结局。"通过攻城略地、占领控制虽然能够达成最初的战略目的,但其带来的巨大破坏和沉重灾难却往往使战争规模和强度更加难以控制,从而导致国家战略层面的短视和失误",[3]能够在打赢战争的同时有效控制战争,什么时候打,打到哪里,什么时候结束,都能由自己决定,收放自如的状态才能实现战略利益的最大化。这也是大国应有的能力和显著标志,即不仅能打赢战争,而且能控制战争、遏制战

---

[1] 昆西·赖特. 战争研究(下册)[M]. 军事科学院外国军事研究部,译. 北京:军事科学出版社,2013:1348-1349.
[2] 尤瓦尔·赫拉利. 未来简史[M]. 林俊宏,译. 北京:中信出版社,2017:13.
[3] 路红卫. 再谈现代战争的本质特征[J]. 国防,2019,36(5):17.

争、预防战争，并努力为消除战争提供有力的军事支撑；不仅能全面应对战争，而且能有效应对危机、管控冲突，全面发挥军事力量支撑和平、塑造态势的战略功能。

  未来作战体系具备强大的全域感知、跨域作战能力，具备随时随地对重要目标、敏感人群和关键基础设施实施有效控制的能力，最终实现随时能感知、随时能行动、随时能评估、随时能控制。军事行动，某种意义上是"为控制而战"。在这里，控制成为一个鲜明的特点，乃至终极的目标。当然，这种控制也是相对的，能够像控制能量一样控制战争在当前还是一个遥远的梦想，战争的复杂性有时候并不是降低了，"黑天鹅"现象会一直存在，很多时候可能面临"失控"的状况。但不可否认，人类控制战争的能力一直在增长，战争这个"怪物"或许会最终消亡。

第 2 章 从重心到边缘

克劳塞维茨在《战争论》中提出了诸多重要的概念，如战争"迷雾"、阻力、重心。他认为：重心是一切力量与运动的中心，是一切事物的依靠；军队中也有重心，这种重心的运动和方向对其他各点起着决定性的作用，这种重心就是军队集中最多的地方；指向物体重心的打击是最有效的，而最强烈的打击又总是由力量的重心发出的，那么，在战争中情况也是如此；[①]战区的主力会战就是重心对重心的打击；我们在自己重心上能够集中的兵力越多，我们取得的效果也就越可靠和越大。[②]重心的概念引入军事领域后，便很快为军事理论家所接受，并产生了重要影响。军事理论家约米尼提出"制约点"，其与"重心"的概念类似。"重心"的概念也很好地解释了拿破仑获得成果的秘诀，约米尼等甚至提出了一种拿破仑式的成功范式：集全军甚至全国之力，集中攻击敌军的"重心"，打一场歼灭战，取得决定性的胜利。在拿破仑范式中，如何发现敌方军事力量的"重心"，如何鉴别其作用的范围，成为战争态势感知、决策和行动的重要方面，也是衡量一名将帅指挥水平高低的重要标准。重心理论实际上就是关于制胜机理的一种探索，它与拿破仑所处的那个时代的制胜机理相适应。随着时代的发展，过度强调重心、集中兵力和集中指挥也暴露出一些不足。美国耶鲁大学的皮尔洛认为，集中指挥也会集中不确定性和摩擦。过去由于很难实现信息共享，所以只能由信息收集集大成者的上级进行集中指挥，但也同时把不确定性和摩擦集中起来，造成了更大的不确定性和阻碍。21 世纪的战争已经发生颠覆性的改变，战争的复杂性与日俱增。在复杂的军事行动中，从传感器到决策者再到射手，战术信息的及时、高效和安全交换对军事行动的结果和任务的成功起着决定性作用。与此同时，未来的冲突在质量和数量上又都将与以往迥然不同，作战重心的内涵和外延都发生了较大变化，不仅包括传统意义上的力量重心，还延伸出新的重心。"哪儿都是重心，哪儿又都不是重心。"不断变化的重心，边缘不再是传统意义上的"边缘"，其重要性与日俱增，由无足轻重走向举足轻重，甚至也可以成为克劳塞维茨眼中的"重心"。

2.1 重心：力量的中心和指挥的中枢

工业时代及其以前的指挥控制主要是中心化的指挥控制方式，组织主要是为了服务高

[①] 克劳塞维茨. 战争论：第二卷[M]. 中国人民解放军军事科学院，译. 北京：商务印书馆，1978：681-682.
[②] 克劳塞维茨. 战争论：第二卷[M]. 中国人民解放军军事科学院，译. 北京：商务印书馆，1978：685.

层指挥员而存在的，是一种典型的他组织。因为是集中指挥，指挥的定义通常是与一个指挥员的位置相联系的，这突出地表现在统一的军队必有重心，高层指挥员既是一支军队的指挥中枢，也可以说就是这支军队的重心，他们几乎承担指挥的所有责任，其一举一动在某种程度上就是指挥，军队也往往与指挥员的名字和籍贯紧密联系在一起，如"岳家军"、"戚家军"、湘军、淮军等。士卒对于指挥员只能绝对服从，甚至存在人身依附关系，重心一倒，军队也随之瓦解。

2.1.1 蜘蛛模式：统一的军队必有重心

奥瑞·布莱福曼（Ori Brafman）与罗德·贝克斯特朗（Rod A.Beckstrom）在《海星与蜘蛛》（*The Starfish and the Spider*）一书中，提出了"蜘蛛模式"和"海星型组织"的概念，在学术界引起了广泛关注，产生了重要影响。无独有偶，英国历史学家尼尔·弗格森在其《广场与高塔》一书中，用"广场"和"高塔"隐喻人类社会的等级秩序与网络化这两种纵向阶梯与横向联通的社会关系。广场是一个人们进行各种非正式的交流和互动的公共空间，而旁边的曼吉亚高塔就象征着集中化的权力。实际上，自人类文明开始，中心化组织和去中心化组织（分布式网络组织）之间相克相生的关系就已经存在了。

蜘蛛是中心化的一个形象比喻。我们用放大镜可以看到一只蜘蛛有1个小脑袋和8只眼睛。蜘蛛脑袋在支配蜘蛛的一切，如果剁掉了它的脑袋，蜘蛛必死无疑。即使失去了一两条腿它仍可以继续生存，甚至没有了一双眼睛它也能忍受，可是没有了头肯定就不行了。对于蜘蛛而言，基本上就是你看到什么它就是什么，身体就是身体，头就是头，腿就是腿。同时，一只蜘蛛结一张网，就是一个小体系，这个小体系和周边的体系可以说互不相干，犹如一个个独立的"烟囱"和"谷仓"。谷仓效应指的就是这种现象：企业内部因缺少沟通，部门间各自为政，只有垂直的指挥系统，没有水平的协同机制，就像一个个的谷仓，各自拥有独立的进出系统，但缺少了谷仓与谷仓之间的沟通和互动，这种情况下各部门之间未能建立共识而无法有效协作。谷仓效应形象地勾画出了工业化时代各军种之间的分割。陆军、海军和空军都自成体系，分别有自己的一套指挥信息系统、训练方式和交战规则，军种与军种之间平时很少沟通。

海星组织则呈现出"去中心化"的特点，因为海星从生物学角度不存在所谓的"头"，即中心，单靠5条腕来支撑，包括站立与行走。它的主要器官遍布在每一条腕上，假如把它的一条腕剁掉，它会长出一条新的。某些种类的海星尤其令人难以置信，比如说有一种长腕海星，它具有仅仅通过一条腕就能复制出整个身体的本事。海星之所以具有这种神奇的再生能力，是因为它独特的神经网络——基本上是一种细胞网络，替代"头"发挥作用的是一个分散的神经网络。与海星类似的生物还很多，如章鱼，它有着巨量的神经元，但60%分布在8条腿（腕足）上，中心式脑部仅占40%，形成1个大脑总控协调，N个小脑分散执行的结构。1个大脑擅长全局调度，进行非实时、长周期的大数据处理与分析；N

个小脑侧重局部、小规模数据处理，适用于现场、实时、短周期的智能分析与快速决策。章鱼在捕猎时灵巧迅速，腕足配合极好，并且不会打结，关键在于"1个大脑+N个小脑"的分布式神经系统。

奥瑞·布莱福曼与罗德·贝克斯特朗以美国西南部以及墨西哥的阿帕奇族印第安人为例，讨论了分散型网络化边缘组织的效能。各种各样的阿帕奇部落具有相对平等的社会和分散的政治组织。阿帕奇人的首领是能力出众且受人尊敬的人，但是他们的地位不是永恒不变的，他们的命令也没有绝对的约束力，首领对其追随者几乎没有强制约束力，他借以影响、领导他人的最好方式就是示范。阿帕奇人自愿服从他们的首领，他们没有敌方所要攻击和摧毁的核心人物，即没有所谓的军队重心，系统中的每个人都被赋予了独立决策的权力。这个体系是一个开放系统。"在开放系统中也存在惯例和规范，却不存在强制实施。更确切地说，权力分散在所有人和所有地区之中。在开放系统中，既没有像特诺奇蒂特兰那样的城市，也没有如蒙特祖马的首领。"[1]正如布莱福曼和贝克斯特朗所述，阿帕奇人可以在任何一个地方做出决策、力量编成和行动。例如，阿帕奇人对西班牙人定居点的袭击可能是在某一个地点进行谋划，在另一个地点进行组织，而又在第三个地点实施。西班牙军队永远不知道阿帕奇人会从哪里来，又到哪里去，完全是"迷雾"。在西班牙人攻击的压力下，阿帕奇人化整为零分散开来，西班牙人撤退时则进行攻击，变得更加灵活和难以打败。其所用军事作战指导原则颇有点类似当年中国工农红军游击战的十六字诀——"敌进我退，敌驻我扰，敌疲我打，敌退我追"。因此，阿帕奇人采用的就是边缘战以及敏捷型的指挥控制，最终战胜了中心化占主导的西班牙军队。

中心化意味着集中统一，它是宏观组织体系发挥整体效能的有效手段。中心化伴随着人类文明的发展，成为人类社会建立并维护社会秩序的有效方式，通过这一方式能迸发强大的集体智能，战胜了大自然带给人类的诸多危机。过去、现在和将来，中心化都将发挥重要的作用。对所有军事体系的建设运用，中心化指挥控制同样不可或缺，但并不意味着完美。相反，其缺陷是显而易见的：对确定的任务与环境，中心化指挥控制可驾轻就熟，表现出设计预期的整体效能；在面临不确定事件时，中心化指挥控制的层级结构和既定的程序往往成为高效应对不确定事件的障碍。

在不断变化的环境中，处理大量同时出现任务的关键在于增强边缘力量。网络信息时代，网络和信息技术的发展使得战术边缘获得了前所未有的能力。同时，在全域作战中，体系被割裂、碎片化的概率增加，对决策的自主性、临机性要求将更加凸显，必须赋权到边。因此，为充分利用边缘的新能力，全域作战强调大量利用自主系统，进行有人/无人混合编组，构建数量更多、更灵活可组的多域任务部队，实现了由传统的"以兵力集中实现火力集中"向"物理分散能力仍集中"转变。美军提出的空军作战云（CC）、海军战术云

---

[1] 奥瑞·布莱福曼，罗德·贝克斯特朗. 海星式组织[M]. 李江波，译. 北京：中信出版社，2019：12.

(NTC)、战术薄云/微云（TC）等概念，无不体现了赋能到边的理念。边缘使一线和基层战术单位与以往相比获得了更多的资源，其重要性有了质的提升。在决策端，指挥控制向弱中心，甚至是去中心方向发展，边缘往往变成撬动战争胜负的"支点"。如何让指挥员看见战场的情况，让战士看清敌人的情况，而且看见"山那边的情况"，是人类战争的千年梦想。因此，单兵的信息化一直是新军事变革的重点。网络信息时代的到来为实现这一梦想提供了可能。通用化、微型化的数据链可以装备到每个士兵，让他可以在任何时间、任何地点得到敌我双方任何需要的信息帮助。

工业化时代军事平台也堪称一个一个的"蜘蛛"。这种平台体积庞大，是围绕打击力、防护力和机动力而优化设计的，旨在消耗对手的能力。这些平台又是非常呆笨迟钝的工具，在许多情况下，并不便于使用。此外，军事平台体积庞大且为载人操作，使得需要很好地保护它们反而成了一件很重要的事情。它们容易暴露目标，增加风险。更为重要的是，它耗费巨量的资源，即便军费遥遥领先的美国，也难以承受。自 2013 年美国国防部根据《2011 年预算控制法案》（BCA）削减开支以来，美国的国防预算一直上升，武器平台数量一直增加，然而其安全感不升反降。正如《马赛克战：利用人工智能和自主系统实施以决策为中心的作战》所承认的那样，美国将很难用自己的方式恢复军事优势，原因有几个：对手拥有的地缘战略优势；未来对美国军事研发或采购资金的限制；技术竞争环境的平衡；参与长期竞争的必要性，而这种竞争不可能在短期、决定性的对抗中得到解决。同时，这种"蜘蛛"还体现了"以军种为中心"的思想，一个"蜘蛛"就是一个独立的军种，不同的"蜘蛛"之间很少跨域协作和信息共享，实际上是军种利益高于联合利益。

中心化组织本质上是一种他组织，也是一种强制式的组织，一般有一位明确的主管领导和做决策的具体地方，上级领导操纵一切。"尽管这听起来有点强权，但一个中心化系统并非必然不好。无论你是西班牙将军，还是阿兹特克人首领，或是一家《财富》世界 500 强公司的首席执行官，你必然会使用指令—控制方式来维持组织内的秩序，保证组织的效率，否则系统就有坍塌之虞。"[1]中心化组织在解决确定性和静态问题时得心应手，但弹性、灵活性、适应性显得不足，常会因一个点失败而崩溃。这在公司的发展中也会经常遇到，如小米公司在刚成立时，在短短的三四年间员工增长到七八千人，对于一家创业公司的管理能力构成极大的挑战。当公司扩张到一定程度的时候，工作效率必然会下降，因为所谓的"大象起舞"并不是一件简单的事情。"随着产业链的成熟，大而全的垄断者将面临成本的高企，最终技术优势会被消解，败给小而专的'野蛮人'。"[2]这种小而专的"特种部队"目标明确，执行能力非常强，远远超过采用大公司运作模式的企业。小米生态链上发布了几百款产品，但负责这些生态链企业的产品经理少之又少，甚至不到 200 人。这么大的摊子只有这么少的人，在网络信息时代之前是不可想象的。

---

[1] 奥瑞·布莱福曼，罗德·贝克斯特朗. 海星式组织[M]. 李江波，译. 北京：中信出版社，2019：11.
[2] 小米生态链谷仓学院. 小米生态链战地笔记[M]. 北京：中信出版社，2017：75-76.

一位参加过伊拉克战争的营长抱怨,在一次战斗中,曾有共计"12颗将星"的将军们指示他该如何部署部队。一名特种兵上尉带领部队在追击逃跑的恐怖分子时,一名高他四级的准将却插手指挥,甚至具体到了每个士兵,让他不知所措。美军的"乌鸦"无人机操作员发现恐怖分子在路边安放简易爆炸装置,于是他向指挥官报告,请求立即打击。但指挥官在显示屏上分辨不清武装分子的具体情况,一再要求降低无人机的盘旋高度,最后士兵操纵无人机直接撞到了武装分子胸部,双方同归于尽,然后向上级报告:"长官,这下子您看清楚了吧!"

工业时代一个重要的作战原则就是要充分发挥整个部队的战斗力,很大程度上必须实施统一指挥。统一指挥主要靠中心化的组织来实施,这个中心化组织将力量集中在中心,犹如蜘蛛网中间的蜘蛛一样,它控制整张网的运作,蜘蛛网边缘的毁损对整张网的功能的影响微乎其微,但蜘蛛脑袋受损则整张网也就失去了存在的价值,即一个重要结构的崩溃将会对整体产生致命的影响。蜘蛛模式也可以用希腊神话中的达摩克利斯之剑来隐喻。西西里岛的暴君狄俄尼索斯二世命令喜欢阿谀奉承的朝臣达摩克利斯参加奢华的宴会,但在他的头上悬着一把剑,而剑是用马尾上的一根毛悬于房梁之上的。一旦马尾毛不能承受宝剑之重,宝剑就会轰然落下,其结果是享用饕餮大餐的宾客血光四溅,随之将产生所谓的连带损害,危及他人,惨叫惊天。达摩克利斯之剑无疑是脆弱的,悬挂其上的马尾毛如同"蜘蛛头"。

在漫长的战争史中,采用的基本都是"蜘蛛模式"。战场上大量的信息往往集中于一支军队的统帅,他拥有最多、最准确、最及时的信息,具有决策权。士兵乃至各级军官都是被动地接收指令,如古代战争中击鼓进军、鸣金收兵等,都是由这支军队的统帅发出指令,其他人员听令行事。这一模式在拿破仑时期体现得淋漓尽致。拿破仑年富力强,个人能力突出,采用典型的中心化指挥控制模式:集中兵力于内线实施快速机动,寻敌一部决战,尔后转用兵力,各个击破敌人。"他把自己摆在中心位置,利用自己的优势,能够依次打击四周的一个或数个敌人。"[1]拿破仑所创造的决定性战果就是靠集中主力于决定性作战方向和地点,最大限度地在不平衡的交战中完成机动性会战,寻求毕其功于一役,其他人则不用思考军队如何行动。正如其参谋长贝尔蒂埃所言:"无人能知道拿破仑的思想,我们的责任就是服从而已。"[2]值得一提的是,重心是广义的,可以是高级指挥所,也可以是精锐兵力集团或火力中心。总之,这些关键枢纽维系着军队的存亡。

其实,军事理论家很早就注意到将帅这个"重心"在整支军队中的重要作用,《孙子兵法》虽未明确提出"重心"的概念,但开篇就把"将"作为获得战争胜利的五大要素之一,即"兵者五事"之一。在"五事"中,真正位于指挥控制系统中的主要是"将"和"法",而"法"很大程度可视为"将"的思想和指挥方法的体现。由此可见,在古代军队中,"将"

---

[1] 李维亚. 运筹与将道[M]. 北京:国防大学出版社,2018:18.
[2] 钮先钟. 历史与战略[M]. 桂林:广西师范大学出版社,2003:220.

边缘战及边缘指挥控制

处于指挥控制系统中的实际"重心"。《孙子兵法》在后面的《谋攻》中便直截了当地说"将者，国之辅也"[①]，认为将才周备则国必强，将才不周备则国必弱，将帅的重心地位已表露无遗。无独有偶，克劳塞维茨也清楚地看到了统一的军队存在着重心，并首次系统地阐述了重心理论，并将重心的概念扩展到一个战区的军队，即战区的军队可以通过努力打造出一个新的重心。[②]可以说，《战争论》提出的概念很多，但重心无疑是一个核心的概念。克劳塞维茨认为：作战的任何一方的军队都会有一定程度的统一，统一的军队必有重心。通过这种统一，军队就有了相互联系；而有相互联系的地方，就存在着同重心相类似的东西。这种联系越紧密，统一越容易达到。重心的较量很大程度上决定了战争胜负，至于边缘力量，其影响则是很小的。"集中兵力，各个击破"也是拿破仑时代的瑞士军事家若米尼对拿破仑作战方法的高度概括。他认为拿破仑实施作战的主要方法就是：集中兵力于内线实施快速机动，寻敌一部决战，尔后在运动中各个击破敌人。实际情况也正是如此，拿破仑常常把自己摆在中心位置，利用自己的优势，依次打击四周的一个或数个敌人。

在企业界，最先采用的同样是中心化指挥控制模式。20世纪80年代的通用汽车公司就是采用典型的中心化指挥控制模式。它设有总部，具有集中控制系统，在其生产装配线上，每一个工人负责一项单独的作业，等级划分严格、清晰。其价值观是由上司告诉下级做什么。

以海星组织为代表的去中心化组织起源于互联网，它没有绝对的、固定的中心节点存在，每个节点都可以成为中心。这种组织能克服僵硬的、自上而下的组织的弊端，它看似没有中心，各自为战，但围绕着一个目标开展行动的自组织具有极大的弹性、灵活性和适应性。在解放战争时期的胡家窝棚战斗中，东野指挥部弃用中心化的指挥方式，适时下放指挥权，指战员围绕捣毁"廖耀湘指挥部"这个目标，分开行动，大胆穿插、渗透、分割，自己主动去发现敌人。哪里有敌人就往哪里打，哪里有枪声就往哪里追，使高度集中、自上而下的廖耀湘兵团斗志全无，毫无还手之力，只能陷入被动挨打的境地。这一"泛在中心"，或者说去中心化的打法大大加快了廖耀湘兵团的覆灭。

在未来作战中，战场空间更加透明。高超声速武器、精确制导武器、全球打击能力和指挥所自身的脆弱性，导致中心化组织顶端的指挥所面临巨大考验。为了应对这些挑战，指挥所的发展方向是去中心化、小型化、机动化、分布式。网络信息时代，去中心化、共享意识和赋能一起作用，就能迅速应对各种不确定性问题。

2.1.2 重心主要通过决战起作用

军队的重心一旦形成，在战争中就必然发挥作用，其主渠道便是决战。确定作战重心，

---

① 孙武. 孙子兵法[M]. 陈曦，译注. 北京：中华书局，2017：50.
② 克劳塞维茨. 战争论：第二卷[M]. 中国人民解放军军事科学院，译. 北京：商务印书馆，1978：683.

是军事决策过程的关键步骤，也是体现作战效果的重要步骤。因为工业时代以前，边缘力量的得失整体上无损于重心，加之支撑战争的生产力和经济基础有限，难以进行持久作战，战争往往直接围绕重心作战，以系统观点分析作战环境，认清系统间或系统组合间节点与链接的逻辑关联，从中辨识对手的重心、关键能力、关键需求、关键弱点及其作战企图和行动，通过情报、监视与侦察部门的积极作为，满足指挥员关键情报需求，增进指挥员及其参谋机关对敌友我三方和作战环境的理解。这又无外乎两种情况：

一是围绕着主帅或重兵集团作战，"战争的展开是围绕体能的化身——将领们——进行的"。[1]打仗很大程度上就是打"将"，打高级指挥员，所谓的"擒贼先擒王"说的就是这个道理。军事首脑被剪除，整个军队也就失去了作用。类似中国象棋，将帅被杀，"战局"结束，留下再多的士卒都没有意义。此外还有围绕平行的几路军队中战斗力最强的一路来厮杀。若最强的一支被消灭，其他弱小的部队也就毫无战斗力了。"百万军中取上将首级"的孟良崮战役就属于此类。孟良崮战役的前期态势是国民党军8个整编师数路军队一字排开，以紧密的队形向山东解放区大举进攻。我军将领粟裕采取"猛虎掏心"直击重心的战法，在国民党军8个师密集前进的态势下，集中优势兵力，从战线中央猛攻整编第74师。国民党军其他师见状或假意支援、或隔岸观火、或撤退自保，74师这个"最难啃的硬骨头"最终被完全歼灭。中心点和重心的溃败，却直接影响了整个战局。它粉碎了国民党军的"鲁中决战"计划，对挫败国民党军对山东解放区的重点进攻具有决定性意义，同时有力地配合了陕北和其他战场的作战。

二是围绕着重要的地理枢纽和基地作战，一方夺取军事要地，另一方溃不成军。因此，军队往往直奔重心，千里跃进，在关键的地点发动一场决定性的战争，获得事半功倍的效果。如拿破仑战争时期，法国的重心是他的军队和首都巴黎。第六次反法同盟攻陷巴黎仅七天后，拿破仑就被迫退位。为了增加获胜的概率，双方围绕着重心下功夫，谁积聚在重心周围的兵力越强，谁获胜的概率便也越大。正如克劳塞维茨所言，"我们在自己重心上能够集中的兵力越多，我们取得的效果也就越可靠和越大"。[2]如果只是想获得局部利益，就没必要进行代价昂贵的决战，通过侵扰、游击等作战方式即可达到，自然也不会威胁到对方的重心。双方兵力的重心以及以这些重心为基础的战区只有通过决战才能起作用。

2.1.3 识别重心是战争的主要活动

由于交战双方都存在一个重心，这个重心是维系这支军队的枢纽和原动力，统帅这支军队的君主或将领毫无疑问是这个重心的化身。击败敌方的捷径便是寻找到这个重心，并对其致命一击，造成敌方群龙无首，士卒作鸟兽散。正如克劳塞维茨所言，"识别敌军的这

---

[1] 刘戟锋，石海明. 虎狼之翼——关于科学技术与军事变革的对话[M]. 北京：解放军出版社，2011：12.
[2] 克劳塞维茨. 战争论：第二卷[M]. 中国人民解放军军事科学院，译. 北京：商务印书馆，1978：685.

种重心,判定它的影响范围,是战略判断的一项主要活动"。[①]因此,在指挥控制中,一个重要的工作便是拨开"战争迷雾",确定主要作战方向或主要打击目标,找到敌方的高级指挥所和指挥员。这就需要"指挥员使用一切可能和必要的侦察手段,将侦察得来的敌方情况的各种材料加以去粗取精、去伪存真、由此及彼、由表及里的思索,然后将自己方面的情况加上去,研究双方的对比和相互的关系,因而构成判断,定下决心,做出计划"[②]。

识别重心决定着一系列重大问题:任务区分、集中兵力、后勤保障等。只有主要作战方向或重心明确了,才能分配任务和资源。苏联朱可夫元帅认为,确定主要作战方向或主要打击目标是作战艺术的核心。实际上也的确如此,考察军事历史便可以看到,交战双方往往花费大量资源和经费去应对敌军的主力和主帅,尽可能地减少"战争迷雾",试图通过一次决战,或一系列大规模的战斗来击败对手,直捣"黄龙府"。比如苏联卫国战争中,一旦主要突击方向确定了,就往往集中 70%～80%的坦克、火炮、飞机于此。主要方向或主要打击目标不确定,一系列问题都无从下手。在辽沈战役的胡家窝棚战斗中,廖耀湘兵团指挥所的及早暴露及其覆灭,无疑大大加速了战争的进度。

当然,各方为了隐藏和保护自己的"重心",也往往花尽心思"明修栈道、暗度陈仓"。如果为敌所欺骗和蒙蔽,对敌方的重心或主要进攻方向判断失误,则会陷入被动局面。在德军入侵苏联之前,苏军就德军主要进攻方向在判断上形成了两种意见:总参谋部认为,苏联正西方明斯克方向和西北方列宁格勒方向可能是德军的主要进攻方向,应在这里部署重兵集团;斯大林则认为西南方乌克兰方向是最危险的战略方向。苏军总参谋部根据斯大林的判断修订了作战计划,调整了兵力部署,在乌克兰方向 2 个军区部署了 80 个师,占 5 个边境军区总兵力 170 个师的 47%。战争爆发后,德军主要进攻集团是在白俄罗斯明斯克方向上,苏军不得不从乌克兰方向紧急调集 2 个集团军加强白俄罗斯方向作战,但于事无补。主要方向判断的失误和战略部署的移位,造成苏军未能在白俄罗斯方向集结主要兵力,给德军中央集团军群的长驱直入提供了机会,造成了苏联在战争初期的极大被动。[③]当前,能够在"噪声"和干扰中辨明对手的指挥中枢、能力和意图,仍然是我们面临的重要挑战。2020 年 2 月,美国战略与预算评估中心发布了《马赛克战:利用人工智能和自主系统实施决策中心战》,就强调要增加对手预判作战体系重心、作战意图的难度,开展决策层面高级对抗。

2.2 边缘重要性的凸显和边缘战的兴起

边缘在普通用法中指"周边部分、临界"的意思,同时更有"处于弱势的、不占主导地位"的意思。在英语的普通用法中,"edge"是指利刃、尖刻的声调、极端的位置、边沿

---

① 克劳塞维茨. 战争论(第二卷)[M]. 中国人民解放军军事科学院,译. 北京:商务印书馆,1978:682.
② 《毛泽东军事文集》编写组. 毛泽东军事文集:第一卷[M]. 北京:军事科学出版社,1993:699-700.
③ 李维亚. 运筹与将道[M]. 北京:国防大学出版社,2018:56.

（线）、长处或边界。英国小说家威廉·毛姆在小说《刀锋》（*The Razor's Edge*）开篇引用《羯陀·奥义书》中的一句话："剃刀之刃难以逾越，故智者云，救赎之道亦是如此。"《刀锋》中的"锋"，英文就是"edge"。在一个组织中，处在边缘意味着处于神经末梢、远离中心。这些形象的比喻都与缺少力量有关。在一个等级组织中，"通常由地位和权力组成体系结构，上层的人处于中心，而底层的人处于边缘，此外，在中间有很多的组织层次"。[1]由于边缘的弱势和通信手段的落后，在漫长的时期中，边缘的作用往往受到忽视，驻守边缘的部队一般是实力较弱的部队，戍边士卒兼有惩罚之意，派遣往边缘地区的指挥员也往往有贬谪之意。时代的发展使以往遭受忽视的边缘获得了前所未有的资源、能力和影响力，边缘分量的增加导致重心前移，边缘组织和边缘战应运而生。

2.2.1 边缘不再"边缘"

21世纪以来，由于生产力和科技的进步、战争不确定性的增加、战争规模与作战样式的深刻变化、攻防不平衡的凸显、士兵的独立性和能力逐步提高，由此带来的指挥成为一项共享和分布的职责，使边缘重要性日益凸显。

1. 生产力和武器杀伤力的提高

战争形态演变，从根本上取决于生产力的发展，取决于生产力反映出来的技术状况。人类用什么技术制造工具，就用什么技术制造武器；用怎样的方式生产，就用怎样的方式进行战争，这是马克思主义唯物史观的重要思想。信息时代之前，因为生产力和科技水平制约了广泛的信息共享和对等交流，所以中心化、烟囱式的组织体系是不可避免的，这种组织体系在应对一股力量时基本只能凭借自身体系的力量。

随着生产力不断发展，人类进入网络信息时代。分散、合作式的商业模式兴起，开始取代19世纪和20世纪流行的集中型商业模式。以新兴互联网公司Etsy为例，该公司由纽约大学毕业生罗布·卡林所创办。其创建的初衷很简单，卡林在自己的公寓制造家具，但是苦于没有途径直接接触对手工家具感兴趣的潜在购买者，因此和一些朋友一起创办了一个网站，为来自世界各地的手工达人和设计师提供一个平台，销售自制的商品。Etsy很快就成为一个世界性的产品展室，来自上百个国家的数千万个买家和卖家汇聚于此，给手工生产带来了新的活力。在之前，随着现代工业资本主义的发展，传统的手工生产曾经急剧衰落，濒临死亡。

这其实是一个否定之否定的过程，分散到集中，再到分散。随着第一次工业革命的产生，纺织业和其他手工业成了工业化生产的牺牲品。地方性的家庭手工业难以同金融资本高度集中的工厂式生产和规模经济相抗衡。网络信息技术的发展，使得一个由数百万人组成的分散式网络代替了从批发商到零售商在内的所有中间人，并且消除了传统供

---

[1] 阿尔伯特，海斯. 信息时代军事变革与指挥控制[M]. 郁军，朱建冲，等译. 北京：电子工业出版社，2005：241.

应链中每一个阶段的交易成本。Etsy 创造了一个全新的扁平式、合作性的全球手工业市场，而不是传统意义上的层级式、自上而下的企业结构。此外，Etsy 给市场带来了卖家与买家人性化关系的新维度。网络聊天室、在线的产品展示和产品论坛，为买卖双方提供了互动和交流的空间与场所，这种互动所产生的社会联系很可能会持续一生，而全球性的工业巨头通过匿名工人在流水线上的操作大规模生产出来的标准化产品很难同这种卖家和老主顾之间的一对一亲密关系竞争。其创始人罗布·卡林认为，买卖双方的这种人际关系才是 Etsy 的核心所在。2010 年，Etsy 的销售额为 3.5 亿美元。2021 年，其销售额飙升至 122 亿美元。

同样，在将消费者和农场主以一种分散、合作的方式聚合在食品供应链之上的社区支持农业中，网络的作用也是必不可少的。以石化为基础的农业在经历了一个多世纪的发展之后，催生了嘉吉和阿丹米这样的巨型农业公司，并将传统农业挤压到了灭绝的边缘。然而，网络兴起后，新一代的农场主通过向用户直接销售产品的方式扭转了这一局面。日渐兴起的生产方式孕育了很多十几年前乃至几年前还从未听说过的合作型商业模式，越来越多的全球性大公司也涉足其中。其中一些新兴商业模式是如此震撼，甚至引发了我们对传统交易的重新定位。如果全球经济顺利完成第四次工业革命的转型，企业家和管理者必须主动学习如何利用新型的商业模式，包括开放性的网络商业、分散合作式研发战略以及可持续的低碳物流和供应管理。[①]

技术变革是军队转型和战争方式转变的驱动力。信息技术革命提供了以近实时的速度将信息分发到世界上任何敌方的任何信息用户或"射手"的手段。网络可以让我们通过更好地集成所收集的数据以及可以通过传感器交互来扩充彼此的能力。网络能将那些多种且地缘分散的军队能力集中起来应对一个问题，从而使军事力量自身的多样性倍增。军队所能采用的动作越多样化，决策者手中可利用的手段就越多，就越便于在正确的地方和正确的时间完成正确的动作，从而产生预期的效果。[②]同时，工业革命后，随着生产力和军事技术水平的稳步提高，武器装备的杀伤力指数也一直在稳步提高着，特别是 20 世纪以来，这种提高的趋势大大加强了。

从某种程度上看，战争的历史就是一些集团的人们，通过比敌方更有效地使用兵器（或换言之，充分发挥或者接近充分发挥兵器的最大杀伤力），力图将其意志强加于另一些集团的人们所采取的方法的回顾。美国军事历史学家杜普伊曾把武器杀伤力进行了量化。在其武器杀伤力指数表中，古代的兵器，从肉搏战、兵器、标枪、弓箭到火绳枪，杀伤力指数都在 100 以下[③]。在整个冷兵器时代，表示杀伤力的曲线相当平直。19 世纪中期以前的 200 年堪称一个技术停滞的时代，正如肯奈尔指出的那样，"1648 年到 1850 年就是这样的一个时

---

① 杰里米·里夫金. 第三次工业革命：新经济模式如何改变世界[M]. 张体伟, 孙豫宁, 译. 北京：中信出版社，2012：128.
② 史密思. 基于效果作战[M]. 郁军, 贾可荣, 等译. 北京：电子工业出版社，2007：342.
③ T.N.杜普伊. 武器和战争的演变[M]. 严瑞池, 李志兴, 等译. 北京：军事科学出版社，1985：381.

代：两个世纪中欧洲文明并未发展出更为致命的武器"①。因此，拿破仑时代的士兵所拥有的火力和信息资源十分有限。就火力资源而言，就是一支枪或一把刀而已，他在战场上只能杀伤范围非常有限的目标。单独一个士兵几乎不可能带来战术效果，更谈不上战略效果了。就情报和通信资源而言，就是他的眼睛、耳朵所能观察到的范围，通信只能被动接收指挥官口头或用旗帜所表示的指令。

机枪出现以后，杀伤力指数上升到四位数，而坦克和轰炸机的出现，又使这一指数飙升到百万级。由于军事技术的进步和杀伤力指数的飙升，以往密集队形作战只能提高对方的命中率。与此相适应，士兵的分散率也逐步提高，重心也进一步分散，出现了散兵战。在古代部署 100000 人的部队所占据的面积大约是 1 平方千米，二战和 1973 年的"十月战争"，部署同样的军队所需要的面积则分别扩大到 1750 平方千米和 4000 平方千米，"也就是士兵分散率提高到原来的 4000 倍"②。同时，武器技术朝着小型化、廉价化方向发展，而且这些武器足够精密，能够充分利用传感器和信息系统提供的数据。

网络信息技术使得建立敏捷网络化组织相对容易。组织中的每个成员在这个网络中都占有重要的一席地位。这就使得每个成员能够根据现有任务情况、运作环境特点、个人技术和经验状况以及他们拥有的解决问题的方法，动态地调整成员的角色和职责。这种做法既提高了个体的精神面貌，又增强了组织的适应性。

信息时代的士兵所拥有的火力和信息资源出现了根本性的变化。就火力而言，一个士兵可以操作巡航导弹、无人机，或者驾驶坦克和武装直升机对敌人纵深目标进行打击。一个士兵所掌握的火力，所取得的作战效果可以是过去一个团长、师长所掌握的效果。而且现代火力的精度极高，实际杀伤力指数与过去也有着天壤之别。第二次世界大战期间，炸毁一个目标需要约 108 架飞机。到了 2001 年对阿富汗实施空中打击时，这个比例大幅上升，每架飞机每次飞行任务平均摧毁 4.07 个目标。以著名的清化大桥被毁为例，美军在越南战争中用普通炸弹炸"北越"的清化大桥炸了 4 年，飞机出动几百架次，结果因为总是投不准，不仅被地面防空火力打下来十几架飞机，清化大桥依旧固若金汤，后来在 1972 年直接用 F4"鬼怪"战斗轰炸机远距离扔了 5 枚"宝石路"激光炸弹就基本上摧毁了这座大桥。在海湾战争时期，两架武装直升机超低空飞行进入伊拉克的防空系统的纵深领域，直接将伊拉克防空系统雷达的关键部位摧毁，伊拉克的防空系统顿时处于瘫痪状态，这样的效果在越南战争时要上千架飞机轰炸若干天才有可能实现。现在火力的精度比 20 世纪 90 年代又有了质的提升。就情报信息而言，拿破仑时代作战最大的梦想就是想要知道"山的另一边"的情况，信息优势的距离最多几千米范围，而现在美军士兵通过联合全域指挥信息系统和星链系统，别说山那边的情况，就是地球另一边的情况也轻松可知，而且实时更新。21 世纪 20 年代的一个士兵所拥有的信息不仅比拿破仑

---

① O'CONNELL R L. Of Arms and Men: A History of War, Weapons and Aggression[M]. New York: Oxford University Press, 1989: 148.
② T.N.杜普伊. 武器和战争的演变[M]. 严瑞池，李志兴，等译. 北京：军事科学出版社，1985：377.

的师长和军长更多，甚至比拿破仑本人所拥有的信息还要多。单个士兵能力和资源的提高、更加分散的布局，以及信息交流和协作的可实现性，使得一线士兵拥有其前辈难以企及的能力，也因此能够更好更快地处理不确定性任务。

2. 生产关系变化带来的指挥成为一项共享和分布的职责

生产关系概念是马克思、恩格斯提出的标志历史唯物主义形式的基本概念。劳动者在物质文明和精神文明产品生产创造过程中，形成的劳动互助、合作关系就是生产关系。生产力决定生产关系，生产关系要适应生产力的发展，生产关系是生产力发展的形式，生产关系会反作用于生产力。这是唯物史观的基本原理。

21世纪是以合作、社会网络和行业专家、技术劳动力为特征的新时代。日渐兴起的第四次工业革命的生产方式孕育了很多几年前还从未听说过的合作型商业模式。传统的、集中式的经营活动将逐渐被新型分散经营方式取代。"新型模式在社会和市场结构上都追求扁平化，是实现经济可持续发展的最佳道路。"[①]互联网技术、通信媒介和各种便捷App的结合而释放的合作性权力将从根本上重构人类的关系。

长期以来，一般认为指挥是指挥员特别是高级指挥员的天职，指挥单元和行动单元边界清晰。在军事组织上体现为从兵力组织的最高层作用至最底层，指挥员对其部属实施控制，指挥员是实施控制的主体，部属是被控制的对象，是指挥客体，指挥控制都是从指挥主体到指挥客体，是单向的。两者之间是并行的关系，如图2-1（a）所示。这种关系的理解适合于较低层次的作战活动，如武器级的指挥控制、战斗级的指挥控制以及较为简单的战术级指挥控制，同时也适合于指挥通信手段落后的高层作战活动。

随着生产力的发展，特别是信息和通信技术的发展，现代指挥控制理论认为指挥控制是上下级相互影响的动态视图，如图2-1（b）所示。指挥是权威的运用，而控制是行动效果的反馈，指挥员的指挥确定要做什么，指导和影响部属行动的实施。控制则是通过持续的信息流向指挥官反馈战场态势情况，让指挥员根据需要调整和改变指挥行动。这种反馈机制的存在表明了在目标和现有态势之间存在的差异，反馈可能以任何形式来自任何方向，如敌方如何反应的情报、部属和友邻部队的状态、上级指导方针或原则的修正等。反馈使得指挥员能够抓住战场稍纵即逝的机遇，快速处理遇到的问题，调整计划，更改指导原则与方针，从而适应战场态势的快速变化。这种反馈机制导致了反馈控制影响随后的指挥活动。在反馈控制的指挥控制系统中，指挥控制是系统所有部分的交互过程，在各个方向进行交互活动，由此确保了部队各部分、各单元作为一个整体应对战场态势的变化。这也印证了我们正处在一个从中心化指挥分明的时代过渡到中心化与去中心化相得益彰、相互起作用的时代。

未来战场以网络为中心，网络不但使指挥控制延伸覆盖战术边缘，也使战术指挥员更

---

① 里夫金. 第三次工业革命：新经济模式如何改变世界[M]. 张体伟，孙豫宁，译. 北京：中信出版社，2012：129.

能获得更多资源、做出正确决策。指挥不再是指挥员个体的独家职责，而是一项共享和分布的职责。同时，在军队内部，以及和友军之间分享信息和提升"透明度"，有利于负责具体行动的一线人员更好地了解战场态势和各种情报，从而更快地做出正确的决定。实际上，处理大量同时出现任务的关键在于增强边缘力量。这是因为获得力量的个体和组织所构成的边缘组织，要比传统等级结构中没有获取力量的个体和组织拥有更宽的行动"带宽"。"如果说一切自上而下的东西都会使我们变得脆弱，并且阻碍反脆弱性和成长，那么一切自下而上的事物在适量的压力和混乱下反而能够蓬勃发展。"[①]

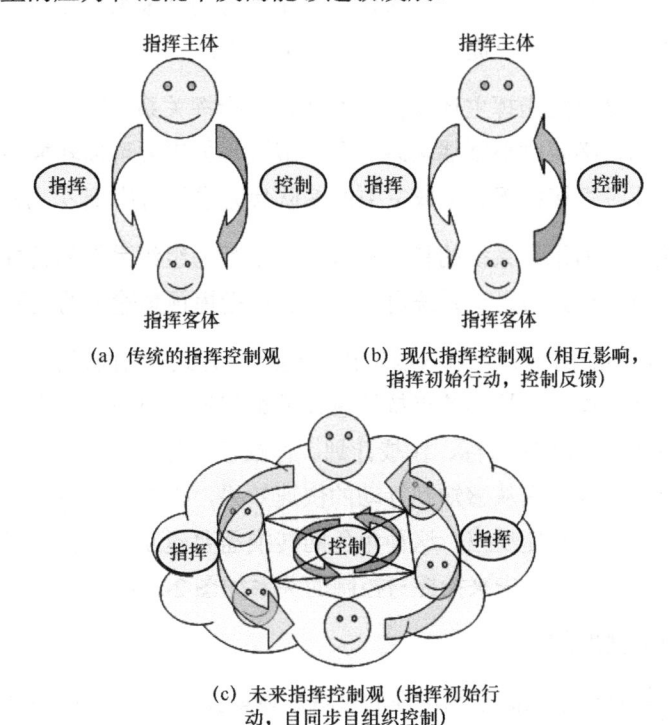

(a) 传统的指挥控制观

(b) 现代指挥控制观（相互影响，指挥初始行动，控制反馈）

(c) 未来指挥控制观（指挥初始行动，自同步自组织控制）

图 2-1　指挥控制关系的三种视图

如伊拉克"基地"组织很快适应了这种不确定的环境，它没有传统意义上的中心化指挥控制模式，其去中心化的组织能够进行快速打击及重新布局。这种具有持续适应能力的边缘组织在一定时间内压倒了人员和装备占绝对优势，但集群运作、等级森严、缺乏协作的美军特遣部队。后来，美国及其盟国的军队彻底改变僵化的指挥控制方式，学习对手的长处，才逐步扭转了战局。作战情报简报的分享就是从 2003 年开始的，当斯坦利·麦克里斯特尔接掌美军特种作战司令部时，作战情报简报只不过是一个小型的电话会议，参与者包括位于布拉格堡的后方司令部、位于华盛顿的几个办公室，以及美军在伊拉克和阿富汗的几个最大的基地。麦克里斯特尔扩展了参会人员，从当地使馆人员到联邦调查局，他督促每个人都安装安全通信线路来参与讨论。麦克里斯特尔试图构建一种分享的文化："特

---

① 纳西姆·尼古拉斯·塔勒布. 反脆弱[M]. 雨珂，译. 北京：中信出版社，2020：XII（前言）.

遣部队中任何一名成员，与我们相关的任何一支兄弟部队，都可以用自己的笔记本计算机安全地介入我们的作战情报，并且通过戴在头上的受话器倾听简报内容。"[1]几乎每天都有7000多人花最多两个小时参加会议。以前处于边缘，几乎不可能接触到这种会议内容的人也同步获得了作战情报内容。这些人和部门形成了一个"协调同步的圈子"，它从作战情报简报中获取给养，而作战情报简报会将信息和背景材料传送到整个特遣部队中。

特别是未来作战，无人作战平台以及无人作战系统大量集成，无人作战平台与系统的自任务、自组织、自同步、自适应与有人作战系统的协同是未来作战力量的主要特点。未来指挥控制关系建立这一基础前提之上，具备以下特点：

（1）没有严格意义上的指挥主体与指挥客体，其指挥关系是动态的，兵力组织中的指挥控制节点是对等的，必要时根据战场态势和作战进程的需要可以转换不同的角色，地面战术行动指挥员必要时直接指挥海上或空中的编队兵力进行对岸/地火力攻击。

（2）指挥仍然是兵力组织系统的初始输入，确定兵力组织系统的目标状态、约束条件作为输入，控制则发生在兵力组织系统内部，是实现指挥预想输出的主要手段与方式。

（3）指挥控制并不能简单分为输入与输出实施途径方式，它同时存在复杂的交互过程，这种交互体现在作战进程中，控制节点持续感知反馈战场态势信息，指挥节点根据战场态势变化改变或调整其作战意图/目标、作战计划、作战任务等要素。在需要时，控制节点角色可转换指挥节点角色以实现从感知到行动的快速效果，指挥节点也可转换为控制角色以实现从决策判断到行动的敏捷反应。这种角色的转换需要建立一种机制或程序，这是未来指挥与控制关系实现的关键。未来指挥与控制的关系如图2-1（c）所示。

3. 战争不确定性增加

战争一直以来就是一个充满不确定性的领域。诚如克劳塞维茨所言："一切信息的总的不可靠性带来了战争中的一个特殊困难，所有行动都可以说发生在一种朦胧不清之中，它有如迷雾和月光，往往倾向于使事情看来古怪夸张，甚至它们的实际情况。被掩藏在这朦胧微光之中而无法看清的无论什么事情，都不得不靠才能去猜测，或者干脆留待偶然性。"[2]"只要你想充当'先知'预告未来时，未来就总会给你一个绝对意想不到的结果。"[3]

当今世界正处在百年未有之大变局中，其标志就是发展变化速度更快，各种因素彼此高度关联，并且可以频繁互动。"现代世界是极端斯坦，它被不经常发生及很少发生的事件左右。它会在无数白天鹅之后抛出一只黑天鹅。"[4]与过去相比，今天的地震、飓风和洪涝灾害造成的经济影响越来越严重，因为经济实体之间存在互相交织的关系。曾经只造成微

---

[1] 斯坦利·麦克里斯特尔, 等. 赋能：打造应对不确定性的敏捷团队[M]. 林爽喆, 译. 北京：中信出版社, 2017：212.
[2] 卡尔·冯·克劳塞维茨. 战争论：上册[M]. 时殷弘, 译. 北京：商务印书馆, 2016：191-192.
[3] 胡晓峰. 战争科学论——认识和理解战争的科学基础与思维方法[M]. 北京：科学出版社, 2018：27.
[4] 纳西姆·尼古拉斯·塔勒布. 黑天鹅[M]. 万丹, 刘宁, 译. 北京：中信出版社, 2019：65.

弱影响的事件现在会带来强烈冲击。尽管我们追踪和测量的能力增长了，但事态的发展速度往往超过了我们的理解和预测，不确定性成为时代的鲜明特征。"我们把世界模式化（并对之进行预测）的能力的增强，在世界复杂性的增强面前微不足道，这说明未被预测的部分所发挥的影响越来越大。"①虽然这一观点值得商榷，但未来不会同过去一样，或许不会有多少人怀疑。

美军上将欧文斯主张建设的"未来作战系统"不但没有消除不确定性，而且它自己也成为"迷雾"之一，因为过于复杂，部队运用时反而带来了更多的不确定性，研发计划最后也不得不撤销，白花了不少钱。一个新研装备，如果没有经过战场考验，往往就会带来很多问题，这也是不确定性很重要的一种表现。②曾任美国国防部长的詹姆斯·马蒂斯（James Mattis）认为，先进的高科技武器和通信系统具有诱人的能力，但同样具有脆弱的性质。他警告说，战争是混乱难测的人类活动，技术系统有可能失灵。美国海军学院经过10年的中断后再次做出规定，要求学生必须学会使用传统的航海六分仪，以便在没有GPS导航的情况下，仍然能够完成任务。实际上，只要一颗卫星出了故障，就可能对军事活动产生巨大影响。与敌军交战的部队如果失去卫星的支撑，可能就无法呼叫空中或地面的炮火支持。精确制导武器如果失去GPS卫星导航信号，就可能打偏甚至误伤自己，阿富汗战争中的例子屡见不鲜。可以想见，未来的战场上将发生诸多意料不到的事情。用美国前国防部部长拉姆斯菲尔德的话说，它将充满"不知道的未知因素"。对待不确定性问题时，你最不需要做的就是"集中"（你应该让不确定性集中，而不是集中自己的注意力）。边缘力量和边缘组织在应对不确定方面具有天然的优势。"因为边缘组织更善于利用相关可用的知识、经验和专长，所以特别适合于处理不确定性。"③正因为能够有效应对不断增长的不确定性，战术单位和边缘组织的重要性日益增强。

4．战争规模与作战样式的深刻变化

战争因时而异，每个时代有每个时代的战争，战争规模也与时代息息相关。两次世界大战是距今最近的两次大型全球性冲突，其间上百万军人使用大量军用物资在广袤的土地上交战。1944年6月6日进攻日（D-Day）的诺曼底登陆行动由超过15万盟军将士参加，动用了数万架次飞机和庞大的舰船。二战后，全球经济导向也已经从物质经济转变为知识经济。过去主要的财富来源是物质资产，比如金矿、麦田、油井，现在的主要财富来源则是知识。发动战争虽然能抢下油田，却无法霸占知识。因此，随着知识成为最重要的经济资源，战争能带来的获利已经下降。

进入21世纪后，军事技术的迅猛发展以及由此带来的新军事革命，不但使战争的内涵和外延发生了重大变化，也促使战争规模和作战样式发生了深刻变化。正如有的学

---

① 纳西姆·尼古拉斯·塔勒布. 黑天鹅[M]. 万丹, 刘宁, 译. 北京: 中信出版社, 2019: 147.
② 胡晓峰. 战争科学论——认识和理解战争的科学基础与思维方法[M]. 北京: 科学出版社, 2018: 61.
③ 阿尔伯特, 海斯. 信息时代军事变革与指挥控制[M]. 郁军, 朱建冲, 等译. 北京: 电子工业出版社, 2005: 273.

者所预言的那样,"今天爆发国家间正规战争的可能性比过去 500 年间的任何时候都要小"①。未来"世界大战发生的概率极低,低到微乎其微的程度"②。网络信息时代,世界范围内冲突与对抗更趋分散化、局部化,局部战争和武装冲突的趋势进一步凸显。与此同时,随着高技术特别是信息技术在作战中的广泛应用,战争形态和作战方式发生了深刻变化。

在未来战争火力攻击越来越精准、越来越具有毁灭性的情况下,分散化、小型化成为战场生存能力的关键。在俄乌冲突中,可以看见乌方的散兵坑都是间隔一定距离的,步兵进攻的时候也是分散的,二战时期的人海战术完全看不见了。小型化的灵活无人机一度成为战场的焦点。这些都预示着,未来战争要提高战场生存能力,一定要实现分散化、小型化。

现代战争正逐步从传统的"大规模正规战争"演变为一种作战规模更趋小型、作战空间更趋广域、作战样式更趋融合、作战效能更趋精确的边缘战。旅营级、分队级的中小规模编组作战开始成为现代战场主要作战形式之一,智能班组走上了对抗双方斗争最激烈的边缘。正如 21 世纪的医疗有更多等同于医疗界游骑兵或海豹突击队员的医生,未来的军队也可能逐步扩增精英特种部队,正如医疗不需要几百万名家庭医生,未来的军队已不再需要几百万士兵。打造网络信息时代的"游击战""全域智慧战",你打你的,我打我的,打一场让对手捉摸不定、难以预判节奏、无法抓住重心、让对手被动应对的战争。

世界大战是工业时代的产物,边缘战则是网络信息时代的产物。2021 年 4 月 30 日,美国国防部长奥斯汀在夏威夷美军印太总部演讲时说:"我们要打的下一场战争在方式上与上一场战争大不相同,我们需要技术、作战概念和能力的正确组合。"进入 21 世纪,传统的正规战争和世界大战爆发的概率都大幅降低,技术的发展推动战争规模和战争形态发生改变。恩格斯指出:"一旦技术上的进步可以用于军事目的并且已经用于军事目的,它们便立刻几乎强制地,而且往往是违反指挥官的意志而引起作战方式上的改变甚至变革。"③未来战争主要由三大类组成。第一类就是对传统战争的完善。第二类是所谓的非传统任务的演化,如 2001 年"9·11"事件,使得反恐任务变得更为迫切。这一类所涉及的非常多样化的活动包括人道主义援助、打击恐怖主义、打击毒品走私行动、维和行动、防止大规模杀伤性武器扩散等。第三类就是网络信息时代新兴的战争样式。

随着战争形态不断变化,我们清楚地看到,传统的大兵团作战样式在历史舞台上渐行渐远,而末端角力的精兵作战正成为未来战场的主要作战样式之一。从地域来看,可能发

---

① 马克斯·布特. 战争改变历史[M]. 石祥, 译. 上海: 上海科学技术文献出版社, 2011: 491.
② 余爱水. 军事与经济互动论[M]. 北京: 中国经济出版社, 2005: 44.
③ 马克思, 恩格斯. 马克思恩格斯选集: 第三卷[M]. 北京: 人民出版社, 1972: 211.

生战争的地方越来越局限在世界的特定区域。参战力量的部署则更加分散，部队规模更加精干，机动更加快捷，联系更加紧密，一线和边缘的重要性更为突出。作为战术行动的末端指挥员和策略执行者，连长、排长甚至班长已然成为指挥链上的重要一环，关乎战争胜败且不容忽视。军队的力量编成呈现出"小而精、小而全、小而强"的特征，"旅、营或更低级别的战术单位将成为主要的作战单元"[1]。解放战争时期排山倒海似的大兵团作战和人海战术在将来可能越来越罕见。2016年，美国陆军原参谋长马克·米利在美国陆军年会暨博览会上被问到，未来的陆军是否会设有师和旅，或者是否会利用小型精锐的特种部队，以达成战略战役能力。米利认为，在2025年至2050年之间的那个四分之一世纪的时间里，陆军的组织、武器和条令将与我们今天看到的有根本的不同。可能需要彻底改变军队的组织单位设计，以使其能够在未来的战场上敏捷行动。美军依托多域作战概念，开展跨域机动排、多域"龙骑兵"小队、多域特遣部队、"网络和电磁行动"小组等试验项目，探索构建以旅级多域作战部队为基本作战单位，以多域作战营、无人战车营等为基本作战单元的未来陆军作战部队。

5. 攻防不平衡凸显

人类军事技术发展的历史表明，进攻性武器系统与防御性武器系统的发展并非并辔而行，而是存在某种不平衡性，也即矛与盾在较量中呈现出各领风骚的局面，由此导致进攻和防御存在费效比剪刀差的问题，我们不妨将这种攻击和防御不平衡的规律简称为攻防不平衡律。

在冷兵器主导战争的时代，城池和要塞成为攻防作战的主要对象，攻城技术长期落后于守城技术，从而使得攻城战在很大程度上演化为旷日持久的消耗战。《孙子兵法》中所说的"其用战也，胜久则钝兵挫锐，攻城则力屈"，"上兵伐谋，其次伐交，其次伐兵，其下攻城。攻城之法为不得已"，正是对冷兵器条件下攻防不对称状况的客观反映。长城军事价值的嬗变就是攻防不平衡律的绝好例证。在冷兵器时代，长城具有长期的军事价值，进入近现代以后，其军事价值则完全丧失。

其实，恩格斯很早就感触到攻防不平衡律的实际存在。1870年，恩格斯鉴于巴黎防御工事在阻挡敌军进攻中的重大作用而评价说："如果有任何军事问题业已最后被目下战争的经验所解决的话，那么这个问题便是：以坚强的工事来设防一个大国的首都是很胜算的。"[2]在坦克、飞机与导弹成为重要的作战武器以前，沃邦发明的菱形堡垒工事和蒙塔朗贝尔发明的独立堡垒体系使要塞极其坚固，造成易守难攻的局面，进而可以使战争的主动权转到防御方面，这是低技术条件下的攻防不平衡律。因此，恩格斯的评论在他那个时代显然是正确的。正因为如此，克劳塞维茨在《战争论》中一再强调："防御这种作战形式就其本身

---

[1] 李诗华. 深刻把握战争形态智能化演进特点[N]. 解放军报，2020-01-23（7）.
[2] 恩格斯. 恩格斯军事论文选集：第六分册[M]. 北京：人民出版社，1952：269.

来说比进攻这种作战形式强。"①其实，直到19世纪中叶，对坚固设防城市的突破成功率都很低。

19世纪50年代，火炮技术发展迅速。1856年克里米亚战争结束时，恩格斯评价说，军舰装备了"浮动的装甲炮台，它很笨重，几乎不能运动，但是对当时的火炮来说，这已经是不能损伤的奇物了。不久以后，军舰也装上了铁甲；起初还很薄，4英寸厚的装甲已经算是很重的了。但是火炮的进步很快就超过了它，装甲每加厚一次，就有新的更重的火炮轻而易举地打穿它……装甲防护能力和火炮威力之间的竞赛，还远远没有结束，以致军舰现在几乎总是不再能满足要求，在它下水之前就已经过时了。"②19世纪70年代，火炮后坐力消减技术的重大突破，给战争攻防格局的转变带来了新的契机。1879年，法国人莫阿经过多次试验，发明了名为"制退复进机"的火炮反后坐装置，成功实现了将炮身后退的动能转化为复进力，将炮管退回至发射前的位置，使之重新处于待发状态，从而极大地缩短了火炮的发射时间，将火炮的射速提高至每分钟20发以上。速射火炮的出现，与1883年发明的马克沁机枪的结合，共同引领军事技术进入速射火器的时代。从这一时期开始，由速射火炮提供的强大火力，已经足以挑战固有的防御体系，攻防不平衡律由攻难防易向攻易防难的方向发生逆转。

第二次世界大战以后，特别是海湾战争以来，随着军事技术的不断发展，进攻一方拥有更多攻击手段，军事史专家杜普伊所称的进攻性兵器的杀伤力理论指数（TLIS）也呈指数级增长，历代军事家梦寐以求的发现即摧毁成为现实，进攻的地位骤然上升。与此同时，地理优势和阵地防护作用大大减弱，防御难度和成本大大增加。防御一方企图以地形之利大量杀伤和消耗敌人有生力量的可行性也大打折扣。具体来说，在高技术条件下的战争中，建立有效的防御系统比建立同一水平的攻击系统具有更大的难度，需要投入更多的财力，因而也就更不容易成功。俄国学者加列耶夫以巡航导弹为例指出：进攻与防御之间存在着8~14倍的费效比剪刀差。也就是说，如果参战力量和资源不足以用来进攻，也就更不足以用来防守了。由此可见，攻防不平衡性显然已向攻易防难的方向逆转，进攻能力成为影响战争胜负的主要因素。

在未来信息化乃至智能化条件下的战争中，经济有效的防御方法并非构建"坚固而严密"的阵地和防护体系，而是充分运用各种作战力量，从不同空间和领域打击、袭扰和牵制敌人。

6. 士兵的独立性和能力逐步提高

考察武器和战争的演变过程便可以看到，在赢得战争胜利方面，人的重要性越来越胜于武器。发挥新的作战概念、作战方式和指挥控制方式，以及人的主观能动性，往往能使

---

① 克劳塞维茨. 战争论：第二卷[M]. 中国人民解放军军事科学院，译. 北京：商务印书馆，1978：477.
② 恩格斯. 反杜林论[M]. 中共中央马克思恩格斯列宁斯大林著作编译局，译. 北京：人民出版社，1999：179.

劣势军队战胜武器装备优良的对手。这一规律在网络信息化时代也没有过时。

士兵的文化水平与社会发展水平整体相适应。在古代，士兵的文化水平普遍偏低，甚至低于整个社会的平均文化水平。因此才有"秀才遇到兵，有理说不清"的俗语来揶揄兵士。指挥偶然性和不确定性频发的边缘战，是一种更高的智力活动，而在士兵文化水平不高的时代，让军士独立负责小团队的指挥是不可想象的。所以我们看到更多的情况是将帅驱动士卒如牛羊。《孙子兵法》认为将军之事就是"能愚士卒之耳目，使之无知……，若驱群羊，驱而往，驱而来，莫知所之"。火器的变革，使军队较量的中心由体能过渡到技能，火器使人平等，士兵的独立性也得到了提升。

技能是一种经验性的东西，它更多地依赖于人的后天学习与实践。既然摆脱了先天条件的束缚，人人都可通过教育训练加以掌握，那么在如何发挥杀敌本领这一点上，将领较之于士卒，也就不存在任何优势。士卒完全可以离开将领单独作战，充分发挥其独立作战单元的功能。人身的依附关系在新的技术进步条件下被割裂、被打破，出现了自下而上变革的散兵战。恩格斯认为，这种作战方式之所以必要，首先是因为士兵的成分发生了变化，他甚至进一步断言："现代的作战方法是以资产阶级和农民的解放为前提的，它是这个解放的军事上的表现。"[①]

现代战争不仅对士兵有体能和技能上的要求，更有智能上的要求，不但需要决策，在武器使用上都需要做出理性思考。过去的武器技术一般都旨在改善武器的射程、速度、致命性等可见的属性，而自主化、人工智能等新技术却从根本上改变了冲突和作战的方式，今天对战士个人的要求与过去大相径庭。过去，武器是供战士使用的工具，它们的操作也较为简单，而且，战士使用武器时除了运用训练中学到的战术和军事知识外，很少有需要思考的空间。今天的武器要求使用者不仅要懂得相关的操作技术，而且要明白复杂得多的交战规则和维修技术。战士必须掌握更多的知识，使用武器时要更加谨慎，与敌人的交互也发生了根本性的变化。

随着文化和科技素养水平的提高，一线官兵主观认识理解机制中的观察、调整、判断、想象、综合、创造性思维以及创新等素质得到了极大提高，其个人能力也得到了指数性增长。在古代，当你用作战人员人数除以他们一般应该控制的面积时，平均需要 1 名古希腊重甲步兵和他的 500 名战友，来占领一个橄榄球场（约 7000 平方米）大小的地方。到了美国南北战争时，士兵的能力、武器的威力、射程以及杀伤力均得到了提升，一个橄榄球场面积大小的地方仅有大约 20 名士兵在作战。美国陆军军事学院战略学家道格拉斯·约翰逊曾形象地指出："如果你有机会到葛底斯堡，你可以站到葛底斯堡的高处，查看一下这个古战场。1863 年美国内战时曾有 20 万人在这里战斗，今天我们大约只用 150 人就可以控制

---

① 马克思，恩格斯. 马克思恩格斯军事文集：第 1 卷[M]. 北京：战士出版社，1981：184.

边缘战及边缘指挥控制

整个地区,到 2005 年我们将只需要 10 人。这就是我们在谈论的革命。"[1]到了二战时,1 名士兵自己就可以占领大约 5 个橄榄球场面积大小的地方。在伊拉克战争中,每名士兵可以占领大约 780 个橄榄球场大小的战场面积,较之古希腊时期,其控制战场面积的能力已增至原来的 390000 倍。

一线官兵的独立性和应对突发事件的能力也因此越来越强,赋予战士的责任也越来越重,甚至出现了"战略下士"的称呼。美国海军陆战队司令科鲁拉克用"打三个街区的战争"来说明士兵需要具备更强的观察、调整、决策和行动能力。在某一时刻,这些士兵将要为离开家园的难民提供衣食——提供人道救援。在下一时刻,他们又要隔离两个交战的部落——执行维和行动。在最后,他们要打一场高致命的中强度战斗。这一切都可能发生在同一天,发生在同一个城市的"三个街区"。这就要求士兵担负多种任务,具备多种能力,并能快速频繁转换。

人们常说:"没有任何作战计划能在与敌人相遇后还有效。"[2]作战计划被打乱后,情况与开始大相径庭,很多决策必须要由一线"下士"来做。为了训练士兵的创造能力和独立性,各国军队想出了各种办法。比如,美国海军陆战队有一个新兵训练项目,是上级突然指派一个小队去打扫军营厨房,但是具体做什么和怎么做一律不告诉新兵。新兵们谁也没干过这个活儿,甚至也从来没有来过厨房,东西如何摆放,工具在什么地方,设备如何使用,一切只能自己看着办。等到小队摸索着把厨房打扫完毕了,军官就会突然冒出来,点评他们每个人在此过程中做出的各项决定。那些能够根据情况主动做出决定的人,会受到特别的表扬。这实际上就是在观察每个人的创造能力,而不仅仅是只知道请示服从。[3]现代战场上的情况比打扫军营厨房复杂得多,更需要士兵发挥主观能动性,处理没有固定答案的事件。

现代武装部队的士兵是与网络信息同步成长起来的,很可能完全熟悉先进的信息通信技术。对美国学者马克·普连斯基(Marc Prensky)所称的"数字原生代"(Digital Native)来说,创建、处理、传输和分享大量的多媒体信息是司空见惯的事。[4]网络信息时代,"一名'网络战士'的进攻完全可能达到成百上千普通士兵都难以取得的战果,他们可从战略、战役到战术的各个层次,采用不同方式,针对不同对手,实施有效的网络进攻与防御,最低等的士兵也是具有高超本领的'战略下士'"[5]。这种策略性士兵就是信息时代的产物。同时,因为科技的进步,单个士兵和边缘战分队获得了其前辈难以企及的能力和资源。这都有利于一线官兵和边缘组织在面对日益频繁的不确定事件和突发事件时,快速有效地做

---

[1] 蔡民基. 前瞻以劣胜优[M]. 北京:解放军出版社,2003:331.
[2] 莫里斯. 战争:从人类人猿到机器人,文明的冲突和演变[M]. 栾力夫,译. 北京:中信出版社,2015:6.
[3] 胡晓峰. 战争科学论:认识和理解战争的科学基础与思维方法[M]. 北京:科学出版社,2018:306.
[4] 瓦西利鸟,艾伯茨,阿格雷. 指挥控制的新构想:企业的未来[M]. 何明,柳强,邹青丙,译. 北京:国防工业出版社,2016:22.
[5] 周碧松. 虚拟空间的无形较量[M]. 北京:军事科学出版社,2015:170.

出反应。策略型士兵必须能够在整个任务范围内发挥作用，他所做出决策的意义将远远超出他所担负的局部责任。例如，这位策略型士兵在一次维和行动中被指派在深夜负责一个路障。他在面对一辆民用车辆高速向路障冲来，并且该车辆未显示出任何试图停车的迹象时，将不得不决定怎么做。如果车上的人是无辜的平民，那么向车辆开火将会导致伤亡，严重丧失当地民众的信任。然而，如果这些乘客是具有敌意的，那么不阻止该车辆将会导致他的分队遭受攻击甚至自杀式袭击，丧失对路段的控制。这位网络信息时代的"战略下士"必须根据他对态势的感知做出决策，不像拿破仑时代的士兵白天和黑夜都在待命，只能做一个聆听命令而没有决策的角色。随着机器人系统的作用越来越大，指挥链被打断的风险也成为日益严重的威胁，一线军事人员必须有能力在无法与上级通信的情况下独自行动。在网络战和电磁战广泛使用的今天，这一点尤其重要。由于未来战争中士兵的独立性越来越强，因此，军队不仅必须改进训练方法，增强士兵的纪律性和主动性，做好相互间的协调，而且要求下级的每一个人注意培养和提高自己的聪明才智、创造性和分析判断能力。

2.2.2 "凡船皆战"

长期以来，海军作战理论一直受到美国军事家马汉（1840—1914）思想的影响。1890 年，马汉出版了《海权对历史的影响》一书，正是此书改变了海战的历史。马汉认为，海上力量是一个国家发展成为大国的决定性因素。相应地起决定作用的战争是舰队在海上的大决战，即主力战舰集中在深蓝色的水域上进行殊死搏斗。马汉的理论很快成了美国海军的作战指导思想，并促使西奥多·罗斯福在 20 世纪初建立了一支"伟大的白色舰队"，还影响到了第二次世界大战期间美国海军在太平洋进行大规模作战的战略。然而，未来的海战将可能越来越不像马汉当年想象的那样。参战的舰船也不会像马汉所设想的那样集中于一个舰队，而是母舰和与其保持联络的大量微型舰船。

从近年来美军遂行的作战行动实践看，大兵团的战役作为一种作战形态已经式微。在网络信息时代，边缘地带一个旅级乃至更小规模的战斗，往往就是一场战争，战术单位的重要性日益重要。除了美军外，其他军事发达国家也在重视提升小型平台的打击能力。如俄罗斯在叙利亚的军事行动中，里海舰队 4 艘小型护卫舰，向近千海里外的叙利亚目标发射 26 枚"口径"SS-N-30A 巡航导弹。美国战略和预算评估中心专家布赖恩·克拉克对此解读说："这通常不是护卫舰携带的导弹，这种护卫舰通常携带的都是更短程的'俱乐部'（或称'克卢布'）反舰导弹，而不是对陆攻击导弹。护卫舰发射巡航导弹，使其从一种海洋控制舰只变成了具有分布式杀伤力的舰只。"这充分展示了分布式作战条件下小型平台的打击能力，同时，也与力量精干、远程制敌的边缘战方式高度契合。

美军在 2014 年提出了"分布式杀伤"（Distributed Lethality，DL）作战概念，即为所有的舰船（包括非战斗舰船）加装中远程打击武器，从而达到任何舰船都能对敌方产生威胁的目的，用美国时任海军水面战系统办公室主管芬达少将的话说就是"凡船皆战"（If it floats, it fights）。2017 年 1 月，美国海军发布战略性文件《水面部队战略——重回制海》（*Surface Force Strategy—Return to Sea Control*），正式确认了"分布式杀伤"作战概念，并将其上升为"重回制海权"的核心作战理念。该战略文件对于"分布式杀伤"概念的观点让人耳目一新，主要强调了单舰的突出作用："在我们选择的时间和地点实现制海目标"；"增强单舰的进攻与防御能力，分散部署于广阔的地理空间，形成分散火力。"正是基于对单舰和个体的重视，在分布式杀伤构想中，美国海军提出了"凡船皆战"的口号，这一口号，突出地表达了"我就是边缘、边缘就是我"的理念，贴合了未来战争智能、无人、边缘、分布的特征。美国海军之所以提出这个口号，主要有三个方面的考虑：

一是增强所有战舰的打击能力，主要侧重于增强水面舰艇的反舰和对地攻击能力，部分分摊已经达到任务饱和的航母打击群的重担。以前这种打击能力或许只有大型舰艇才具备，现在延伸至小型船只，使其与大型舰艇的能力相似。

二是在地理环境上分散部署现有力量。美军在西太平洋与军事大国对抗时，面临着三个漫长：杀伤链漫长、补给线漫长、岛链漫长。分布式杀伤将利用海战场天生具有的广阔性，在不同方向上部署进攻力量，使对手同时面对来自多个进攻轴线的袭击。通过不同方向上的反复较量，迫使敌人同时防御更多的目标，以暴露出对手的弱点、提升美军打击的成功率。

三是给予海军舰艇复合型资源，提升水面编队自身防御能力，以面对来自空间、网络、空中、水面和水下多作战域的攻击。通过发展网络信息技术最大限度整合舰艇的联合防御能力，即使部分舰艇受损，也能保证主力全身而退，持续作战。2021 年 5 月 2 日，福布斯网站披露一场美军代号"舰队问题"的军事演习，美军正在演练一种高效猎杀我军舰艇的全新战法，综合运用多域侦察和打击手段，实现对我国海上高价值目标的分布式杀伤。

无论是美国海军的战略——分布式海上作战构想，还是空军的先进战斗管理系统，其所寻求的是同一种能力，那就是在前线战术边缘、一线部队拥有更多的资源，特别是先进的传感器，通过安全的数据链向后方平台传输收集到的信息，再将这些信息分发到最需要的敌方，这样就能在合适的时机，快速、准确地向目标投送弹药。

美国现代战争研究所在文章《从灯塔到圣诞树：在美国军队中实现分布式创新》中，认为美军传统的"灯塔创新"模式无法适应当前多变的复杂战略环境，因此美军及时做出调整，采用了一种分布式的创新模式，即"圣诞树创新"模式，这种"小而散"的创新模式与"凡船皆战"的理念具有异曲同工之妙。

2.2.3 "马赛克战"：重视边缘

在建筑领域，运用简单、多用途的小砖块可以制作出各种复杂的马赛克设计。2017 年，美国国防部高级研究计划局（DARPA）战略技术办公室（STO）将这种思想和理念运用至战争，提出了"马赛克战"的作战概念，即通过各种传感器、通信网络、多域指挥控制节点、有人与无人平台的快速灵活有效集成，削弱对手理解马赛克部队结构和战术的能力，给对手形成新的不对称优势，以期重建美军的长期绝对优势。对手要么需要攻击大部分或全部美军，要么需要更多时间了解美军的部署和战术。这两种方法都会使对手处于不利地位，使美军能够用比传统部队更少的兵力来应对冲突和长期竞争。

"马赛克战"将工程设计方法转变为新系统，其中单个元素犹如单个瓷砖，也被视为马赛克碎片，可以动态柔性组合成多种结构，这些组合成的结构是变幻无穷的，形成一种具有高度弹性的自适应动态杀伤网。在"马赛克战"下的协同作战，能够整合陆、海、空、天、网等多域作战兵力，将其分解为最小化的功能节点，基于无缝信息共享与智能化辅助决策平台，将这些节点构造为一张具有高度弹性和杀伤路径的网络，达到全天候、全空域、全天域、全地域和全海域的互联、互通、互操作，"战场的每一个作战节点按照其作战任务和自身性质，具备决策、感知、行动、指挥等四种作战要素中的一种或多种，这些作战节点基于规则和自身能力，相互链接成为一个分布式的马赛克网状作战体系。"[1]

在网络信息化体系支撑的现代战争中，即使部分马赛克组件被对手破坏或中和，但整体系统仍可以根据需要做出快速响应，创造适应于任何场景的、实时响应需求的理想期望。它们有更少容易被识别的节点，并且更有能力重新组织自己，以混淆对手的感知。"马赛克战"虽是美军为了保持不对称优势而提出的新作战样式，但实际上体现了小单元和边缘地位的提升。"马赛克战"的基本假设之一，就是通信被割裂，"中心"无法介入。在"马赛克战"构想下，当前一些单一的多任务单位被分解成数量更多、功能更少、更具可组合性的小单元。例如，在地面部队中，小型部队可以增加中小型无人值守地面车辆和无人机，以提高其防御、情报、监视和后勤能力，而不是依赖大型编队。同时，去中心化更加明显，小单元和边缘的作用更加重要，它要求以分布式作战管理取代集中式指挥控制，以自适应体系重组取代固定的力量编成。指挥员可根据实时战场信息，在智能化决策工具的辅助下，快速规划构建不同的临时作战体系，配置资源，为不同的作战单位分配任务，制订战斗计划；并且分布式作战网络可以根据收集到的信息及时调整任务规划。

我国供应链网络具备柔性、敏捷的特征，确保了整体的效率和弹性，在设计思路上与"马赛克战"有异曲同工之妙。各类工厂分布在全国各地、高度专业化分工、数量庞大，通过网络基础设施与供应链管理平台，实现了松耦合条件下的高效按需协作，可以做到一个订单就是一条供应链，保证了我国制造业在全球的领先优势。

2.2.4 无人系统开始扮演重要角色

2020年1月3日，当伊朗革命卫队指挥官苏莱曼尼抵达巴格达国际机场时，他未曾想

---

[1] 郭建国，周敏，郭宗易，等. 马赛克战下的协同作战技术[J]. 航空兵器，2021，28（1）：1-5.

到自己的一举一动早已被美军掌握，其乘坐的越野车频繁发出的通信信号，使美军判断出这个目标的不同寻常。美军通过无人机和人员抵近侦察后，经过分析很快确定了目标的准确信息，并精确定位了其位置。据统计，"美军1架'捕食者'无人机1天获取的数据信息就需要近20名情报人员来分析处理。"[①]美国利用无人机向伊拉克首都巴格达机场附近投掷了3枚导弹，成功刺杀了宿敌苏莱曼尼。以无人机技术为代表的人工智能技术在这次军事行动中扮演了重要的角色，正在悄然改变传统战争的样式。

这样的例子在同年年末再次上演。2020年11月27日，伊朗顶级核物理学家法赫里扎德在伊朗首都德黑兰郊区的路边被暗杀，整个暗杀过程堪称"完美犯罪"。首先，执行暗杀任务的是早已埋伏好的车载无人武器系统，现场没有暗杀者；其次，暗杀行动的无人武器系统精准地对准了法赫里扎德的面部，而没有对相距其仅25厘米的妻子造成任何伤害；最后，暗杀任务完成后无人武器系统立刻爆炸，销毁所有证据。

没有了战斗员之间的格斗与血刃，同样达到了战争的目的。智能的无人作战系统将逐步具备"自任务、自组织、自行动、自适应、自评估"等能力，成为一个可进化的类生态系统。

过去，对有生作战力量的运用，我们强调"保存自己，消灭敌人"的基本原则，突出体系作战的思想。无人作战单元在各作战域的广泛渗透正在改变这一原则和思想，对无人作战力量的运用，由于其成本低廉且无生命代价，消除了过去指挥员对有生作战力量运用的顾虑。这一禁忌的打破，对传统作战体系建设带来了前所未有的挑战。主要体现在以下三个方面：

第一方面，威胁从"有迹可循"的假想敌变成了无处不在，"无迹可循"，成本低廉的特种作战单元和无人作战单元，可冒任何风险从任何地方出现，没有做不到，只有想不到。

第二方面，渗透在各域的特种作战单元和无人作战单元，游走在各域之间，寻找作战体系"缝隙"，随时可能跨域集结，形成集群，撕裂作战体系的"缝隙"，实施"纵深"打击，扩大战果。

第三方面，战场游离的无人作战单元同样也使得作战对手变得模糊不清。与过去不同，在人工智能的战场中，你永远不知道与你博弈对抗的对手情况，包括他的学历、他的资历、他的偏好等等，或许其根本不是人。

曾经，先进传感器技术让我们自信地认为，未来战场正趋于透明化。但让我们沮丧的是，人工智能技术的应用却给趋于透明化的战场迅速蒙上了"阴影"，未来战场由于人工智能技术渗透带来的不确定性正在呈指数级增加。

过去，假想的威胁目标和战场环境，让我们很清晰地设计了所需要建立的作战体系。

---

① 王健，董伟. 把握作战指挥模式新变化[N]. 解放军报，2024-02-06（7）.

以海战场为例，美国航母打击作战群从空中、水面到水下，建立了由远及近、多维一体的作战体系，其指挥机构从（航母、巡洋舰、两栖攻击舰）旗舰指挥中心、作战指示中心（CDC）到（预警机机载）空中指挥中心以及舰载、艇载指控终端，根据假想的威胁与目标，建立从"中心"（旗舰指挥中心）到"边缘"（机载、舰载、艇载指控终端）的完整指挥控制（C2）体系。然而，智能时代由于人工智能技术的运用，新的威胁正变得"飘忽不定"，或者说"游走"在体系的边缘，随时可在任何时间从任何"缝隙"中发起攻击。作战体系预设作战方向以及在预设作战方向上设置指挥机构，将越来越失去应有的价值，大多数或者说大概率的情况是，威胁不会在预设作战方向上，依据假想威胁目标而预设的作战体系在未来战场将变得异常脆弱。

2020年，新型冠状病毒感染和刺杀苏莱曼尼两件看似毫不相关的事件，却折射出一个共同的现象，既反映了强化中心指挥控制模式的重要性，也反映了建立边缘指挥控制模式的必要性和不可或缺性。在军事领域，集中指挥是所有军事体系构建和运行的"灵魂"，没有"中心"和集中就意味着没有"指挥控制"，作战单元各自为政，即使是性能优良的武器装备、最强大的作战平台，在"中心"缺失的条件下，也无法形成体系作战能力，获取整体作战效果。然而，"中心"仅仅是形成能力、取得胜利的必要条件，而不是充分条件。

人类战争史上，中心化指挥控制成功的案例固然不少见，但过度干预的中心化指挥控制造成战机贻误的例子也比比皆是。现代战争，除"中心"维系的向心力外，还需要"边缘"的赋能，以应对战场的不确定性。尤其在智能时代，网络信息技术、人工智能技术、微电子技术和控制技术在各作战域广泛渗透，无人作战单元游离在"体系"边缘，可以在任何地方、任何时间以意想不到的形式发起攻击，从体系最薄弱的地方获取局部、短暂的优势窗口，快速进行纵深拓展，扩大战果。当前，无人系统不断完善和快速发展，"各无人作战力量将从单个、零散应用向集群化、规模化运用转变，成建制地走上战场遂行大量的作战与支援保障任务，无人作战将与现有作战系统有机融合，并全面进入全维多维作战空间，快速迈进智能自主、体系运用阶段"[①]。无人系统作为战争形态"范式转移"的催化剂，必将有力地推动边缘战及其指挥控制理论的发展。

2.2.5 边缘战并不神秘

边缘战作为一种作战形态，也是自古以来就有的，只不过以不同的面目出现。在古代诸葛亮七擒七纵孟获是边缘战，游击战相对于正规战是边缘战，发挥每个士兵单独作战能力的特种作战也称得上是边缘战。这些作战方式都体现了主动性、灵活性、分散性等特征。

抗日战争时期的游击战，化整为零，机动灵活，其本质就是一种"海星组织"的体现。

---

① 赵先刚. 无人作战研究[M]. 北京：国防大学出版社，2021：60.

▶▶ 边缘战及边缘指挥控制

游击战的十六字诀——"敌进我退,敌驻我扰,敌疲我打,敌退我追",把"去中心化"的思维运用到极致。兵力的使用按照任务和敌情、地形、居民等条件作灵活的变动,在分散、集中和变换中灵活切换,犹如渔人撒网一样,既散得开,又收得拢。毛泽东用生动的比喻形容:"当渔人把网散开时,要看清水的深浅、流的速度和那里有无障碍,游击队分散使用时,也须注意不要因情况不明、行动错误而受损失。渔人为了收得拢,就要握住网的绳头,使用部队也要保持通信联络,并保持相当主力在自己手中。打鱼要时常变换地点,游击队也要时常变换位置。"①

21 世纪的边缘战其实就是当代智能网络版"游击战"。在古代,边缘战虽没有取得现在这样重要的地位,但将边缘战运用娴熟的军队往往在制胜效果方面更胜一筹,也更易取得骄人的战绩。如古罗马军团就是由可以单独机动的部队组成的,"每个军团的士兵都有很强的公民意识,都有较强的独立性,能在较小规模上以同样的方式进行战斗"②。

边缘与"中心"相对,是"一线""下级""基层""前沿"的统称,其内涵主要体现在三个方面:

一是力量边缘,也就是这类体系的构成成员有较高的自主和智能化水平。传统的指挥决策、交互协作、行动控制等"能力"被授权和分散给底层成员。

二是结构边缘,这种结构是去中心化的,没有传统意义上的单个"重心",而是网状结构,且边缘结构韧性十足,能够演变成各种各样的形态。

三是任务环境边缘,这类体系执行的是"高、远、边、深、快"环境下的严酷任务,且任务环境可变。

网络信息条件下的边缘战是利用高速网络、电子通信、人工智能等高新技术为网络化、去中心化的边缘赋能,通过广泛的信息分享和团队协作,使地域上分散的边缘具备自主发现任务、自主寻找资源、自主决定行动、自主调整改变和自主评估效果的敏捷反应能力的作战形式。边缘由以往单纯的行动单元演化为"决策单元+行动单元"的灵活组织,并可在决策单元和行动单元之间快速转换。边缘战实质上是在边缘为塑造敌方战场态势而实施的一系列协调一致的行动。它所关注的是作战能力的提高,这种能力的提高可以通过将边缘力量有效地连接或网络化成有机的整体而获得。如果说传统的机械化战场是"师长""军长"乃至"兵团司令"的战场,20 世纪 80 年代的空地一体战、21 世纪初期的空海一体战是"旅长""团长""营长"的战场,那么当前及未来的边缘战更多的是以"连长""排长"乃至"班长"为主的战场。

在这个定义中有几个关键信息值得我们注意:

一是地域上分散部队的使用。在过去,由于技术水平的限制,部队在机动、投送效果

---

① 毛泽东. 毛泽东选集:第二卷[M]. 北京:人民出版社,1991:413.
② T.N.杜普伊. 武器和战争的演变[M]. 严瑞池,李志兴,等译. 北京:军事科学出版社,1985.

和通信方面的能力受到限制，部署到边缘的部队和分散的部队力量相对弱小，难以快速反应和有效集中，形成合力。网络信息时代的技术消除了地域对作战的束缚，使得战斗力资源较少受到甚至不受作战空间的限制。

二是边缘部队的知识化。用从共享的作战空间态势信息和对指挥员意图共享的理解所得到的知识来赋能部队，使部队能够从更广阔的视角理解作战空间的信息，能够自主发现任务、自主寻找资源、自主决定行动、自主调整改变和自主评估效果，从而实现整体作战空间的自同步。

三是对作战空间中各个单元进行有效的链接。依靠高效的信息基础设施，所有的单元得到同等质量的信息资源，这使得边缘的、分散的、分布式的单元可以协同，并且使命、任务和分工可以动态地变化和调整，即时聚能或释能，以适应不断变化的战争环境，并为更高层级的战略调整争取时间。

网络信息条件下的边缘战跟以往的战争有着显著的区别：从作战目的上看，不以大规模杀伤敌方有生力量为目标，而是以将战争控制在边缘局部状态，少战乃至不战而屈人之兵为追求；从过程上看，边缘战是一个全过程的战争，全过程包括平时、出现危机时和战时行动；从策略上看，注重发挥一线作战人员的主观能动性，强调抓住有限机会窗口夺取局部优势；从指挥控制上看，是自下而上的事件式指挥与自上而下的集中式指挥相结合的指挥控制方式，更加强调放权；从运用手段上看，不仅包括使用军事力量，还包括使用政治、经济、外交或其他影响战争进程的行动，是一种综合实力的比拼和较量。控制的内涵同样是宽泛的，包含了更多的可能性，可以是动能的，也可以是非动能的，本质上可以是物理域的，也可以是认知域或社会域的，这显然超越了当前基于物理毁伤的消耗战的框架。

边缘战以地域上分散的部队能够创建高度共享的作战空间感知，并通过自同步和其他的边缘一体化行动来利用这些感知，从而实现上级的作战意图。边缘战保证了指挥速度，即保证了从确立优势决策地位到付诸行动之间的转化速度。边缘战还潜在地将战术、战役和战略行动合为一体，它并不局限于技术问题，而是广泛地涉及军事领域对网络信息时代新的响应问题。DARPA 提出的"马赛克战"实际上体现了小单元和边缘地位的提升，堪称现代意义上典型的边缘战。

2.3 边缘战的特点

克劳塞维茨指出："要想通晓战争，必须审视一下每个特定时代的主要特征。"虽然边缘战包含了机械化和信息化战争的内容，但在作战效果和表现形态上，体现出与传统战争明显不同的特征，主要有以下几个方面。

2.3.1 作战力量小型化

边缘战与传统战争的一个显著区别就是作战力量小型化，且这些小型化的作战单位既是行动单元，又是决策单元。参与边缘战的部队有能力分散成更小规模的作战单元，各自独立的分布式作战单元具有多方向快速机动，和同步快速使用多种火力的灵活性。

边缘战是基于科技高速发展的新产物，是一个国家和军队科技发展水平的重要体现。随着科技发展和战争形态演化，战争暴力在"大"的方面逐渐走到极点，核武器已经能够多次摧毁地球，这反过来也限制了核武器的实战应用。在俄乌冲突中，俄罗斯多次威胁会动用核武器，却始终未付诸实践。虽然俄罗斯是否会动用核武器仍是未知数，但在大多数人看来，俄罗斯使用核武器的可能性仍然微乎其微，即使在局势极度恶化的情况下也是如此。与此同时，战争暴力在"小"的方面却正在加速演变，小型化作战力量的出现和广泛使用已日益改变着我们对未来作战的认知。现代科技为小规模的边缘战奠定了物质基础，使得边缘战单元能够以较小的规模完成达到一定政治目的的军事行动。

随着电子信息技术、纳米技术、人工智能技术等高技术的飞速发展，武器装备的作战效能呈几何级增长。这就使得小规模部队可以依靠所掌握的信息化武器装备，完成过去大规模部队才能完成的作战任务。人们逐渐发现，较小的军事单位——就像商战中"精干"的公司一样，是"人少好办事"[①]。美国军事战略专家约翰·阿尔奎拉指出，"当与其他作战单位（尤其是当地武装）相互联合，并与少量战斗机保持密切网络链接时，即便规模很小的作战单位，如仅有 50 名士兵的一个排，也能够产生强大的战斗力"。由于战场上高精度、大威力、远射程的智能化武器的大量使用，战场的透明度提高，杀伤力、破坏力大大增强，对大规模部队构成了严重的生存威胁，迫使其向小型化发展，因此，信息化时代继续保持和发展规模庞大的军队，就显得毫无必要了。

边缘战中，战场部署在广阔多维空间完成，作战力量多维空间无缝融合，有形和无形力量高度集成为一体，作战效能提升，人员数量大幅减少。现有建制的边缘力量根据任务组建精干力量，通过信息融合、自主协同、体系对抗、精确打击，一次战术行动即可达成局部或全局战略目的。大规模作战不再体现在物理战场上的兵力数量，而是体现在自主聚优方面，这一过程往往是即时的。在大数据、移动互联网、人工智能等技术的支撑下，不同域的小型化、分布式作战力量、要素通过智能传感与网络体系，自主感知态势，分析研判情况，评估聚优时机；通过智能决策和任务规划系统，自主跨域集中，动态规划行动，确定聚优目标；通过智能调控和协同系统，自主发起攻击，协同完成动作，评估聚优效果。在边缘战中，基于目标的自主聚优，极大简化、缩短了战场信息链路和打击链路，也极大缩小了兵力规模。自主聚优的时间越短，便越容易占据有利地位。

边缘战本来就是有限规模的战争，边缘战的作战规模受政治、外交的限制。战争双方出于政治、外交的需要，往往严格控制军事行动的范围，尽量不使其升级。边缘战迫使那些想用战争手段去达到一定目的的人不得不限制战争规模，并力求在国内外引起较小的反响。

---

① 阿尔文·托夫勒，海蒂·托夫勒. 战争与反战争[M]. 严丽川，译. 北京：中信出版社，2007：61.

2.3.2 作战资产数据化

古希腊数学家毕达哥拉斯说"万物皆数",即世界的本质就是数据。《孙子兵法》说"夫未战而庙算胜者,得算多也"。古代,受科学技术限制,战争"庙算"还比较简单。"庙算"以前靠人,现在要靠数据以及建立在数据基础之上的"算法"。"从历史看,数据与信息从来都是战争要素,不过在以前,数量甚少的数据和信息主要运用于指挥决策,其功能是减少认知的不确定性,也就是驱散认知'迷雾',为战场形势判断、定下决心提供信息情报支持。"[1]

数据化主要通过记录、分析、重组数据,实现对事物的描述,通过数据发现问题、分析问题、解决问题。在军事领域,数据化通过统一的参数、代码、格式和标准对数据进行规范,利用标准化的数据反映战场态势、共同理解态势,为实时态势融合提供可能。科技进步、信息不断发展、信息全球化推动了未来战争不断向数据化演进,也从根本上打破了之前的数据运用局限。物理、信息、认知、社会、生物等领域之间的信息数据将逐步实现自由流动,作战要素实现深度互联与物联,各类作战体系从初级的能力组合向高级的"数据铰链、信息融合"方向发展。数据犹如"血液"在各信息系统网络间高效流通,使其相互关联、有机统一,形成一体化联合作战能力。同时,大数据时代,战场数据纷繁复杂,其中不乏大量虚假或错误信息,"庞杂的战场信息、作战指令等都是以数据形式存在的,如何从海量数据中找出有用信息,拨开'战争迷雾'成为严峻挑战"。[2]

打赢未来边缘战,需要我们树立数据化思维,以数据为基础对作战资产进行量化、分析、处理,进而筹划、决策、指挥战争,而不仅仅是依靠战争经验来指挥打仗,减少自身经验和直觉产生的潜在影响。在边缘战中,我们必须面对的是人,必须要处理的是他们针对一个冲击而做出的反应,破除传统指挥思维的羁绊。我们必须知道对方的监视和数据收集能力、对方能观察到什么、不能观察到什么,以及更进一步,对方会如何看待他观察到的刺激、他将由此做出的推理是什么,以及他将如何由此做出反应。这就需要一个先验知识库和知识图谱,对敌方的决策过程深入理解的能力,以及一组不同的度量指标、数据信息流程、数据库等,即对手的背景知识,做到知己知彼。这显然不是一件容易的事。

第一,边缘战作战指挥需要数据化。边缘战将是陆、海、空、天、网等多域空间的一体化联合作战行动,参战的军兵种多、武器装备种类多、作战样式多,作战协同十分复杂。如果对编制、装备、人员、时间、区域、距离等缺乏定量分析和精确计算,就不可能有科学的决策。边缘战要求战场指挥员及时掌握各作战域的情报信息,保持持续的全域态势感知,同时也需要快速、准确地融合来自不同域的各种数据,这就要求作战资产和态势能够转化为数据并及时传递到一线指挥员,为其决策提供持续的信息支撑。在大数据、云计算、区块链

---

[1] 庞宏亮. 21世纪战争演变与构想:智能化战争[M]. 上海:上海社会科学院出版社,2018:100.
[2] 薛贵江. 正确认识信息化战争的制胜机理[J]. 国防科技,2017(5):5.

等技术的支撑下，作战资产和不同作战域的产生的信息可以数据化，并实现共享，就如同在演奏交响曲时看同一张"乐谱"，就能演奏出和谐而优美的韵律。"作战双方，哪一方能更快速地收集数据、分析数据、运用数据，将数据与实战深度融合，激发数据潜能，用数据赋能作战指挥链，哪一方就能更准确地掌握战场态势。"[①]在边缘战中，指挥决策如果忽视计算或不擅长计算，难免要打糊涂仗，有时一数之差、一算之误，都可能导致被动失利，甚至满盘皆输。

第二，边缘战作战协同需要数据化。基于信息系统的体系作战犹如一部高效运转的精密机器，只有组成这部机器的每个零部件都精准协同、顺畅匹配，机器才能高效运转。在边缘战中，作战力量编组小型化、分散化，作战双方是"你中有我，我中有你"。若要实现分布在战场空间的各域作战力量的聚能，必须精算作战时间和空间，通过作战数据链使作战网络内的所有作战单元保持时空高度一致，精准释放协同合力。边缘战指挥人员必须树立数据化思维，以数据为基础，精准指挥部队协同作战，从而充分发挥作战体系的整体效能。

第三，边缘战后勤保障需要数据化。随着作战部队的信息化和智能化程度的提高，武器装备的消耗越来越大，后勤保障的队伍也越来越大。然而，后勤、装备技术保障人员队伍的扩大，不仅会使保障效率低下，还易被敌方侦察发现继而遭受敌方打击和袭击。这个问题在边缘战中更为突出，分布式作战平台数量的增加，加大了前沿保障的风险与成本。解决好这个矛盾，就必须树立数据化思维，走精确保障之路。美军提出与分布式作战匹配的"自适应基地"概念，提出网络化基地、柔性保障、灵活扩展基地等几种模式，很大程度上就是规避这种风险与成本。2020年6月，美国参议院公布《2021财年国防授权法》提案摘要，2021财年将为"太平洋威慑倡议"拨款14亿美元，打造小规模、分布式、高弹性"自适应基地"。该基地通过智能化设施和远程诊断支撑等手段，打造"一人多能"的"钢铁侠"和"一站多保"的"百宝箱"，高效敏捷地提供全维保障，实现高价值平台的分散部署。

随着智能化战争的来临，战争"庙算"越来越复杂，计算结果、定量分析对实际问题内在规律的反映也越来越深刻。运用数学方法与智能计算机巧妙结合而成的自动化指挥决策，将会大大提高指挥作战效率，并可以在实验室里模拟战斗过程，做到先预实践再实战，使得战争筹划、指挥决策更加科学合理。美国五角大楼人工智能战略指挥官、美国国防部联合人工智能中心前主任杰克·沙纳汉（Jack Shanahan）说："我们究竟该如何预见战争的发生？这只有一个答案，那就是算法。""如果一方拥有机器和算法，而另一方没有，那么后者就面临一场不可估量的高风险战争。"正因为如此，美国在2017年成立联合人工智能中心和算法战跨职能小组，在全军层面推动算法战。

2.3.3 作战单元同步化

网络和通信技术的发展使得跨域协同成为可能，意味着协作可以实时进行。跨域协同

---

① 相丽，王新舸. 数据：未来战争制胜之源[N]. 学习时报，2023-05-29（6）.

实现了平台优势向体系优势的转换,其聚能增效的原理在于每增加一个网络中的实体力量,就会使网络形成的体系战斗力呈非线性指数级增效,这符合网络系统中经典的"梅特卡夫(Metcalfe)定律"。"梅特卡夫定律"为回答整个问题提供了理论阐释。这个定律指出,一个网络的价值等于该网络内的节点数的平方,而且该网络的价值与联网的用户数的平方成正比。该定律指出,一个网络的用户数目越多,那么整个网络和该网络内的每台计算机的价值也就越大。在具有 N 个节点的网络中,每个节点有与 N–1 个节点间的潜在交互。因此,N 个节点的网络,潜在的创造价值的交互数为 $N×(N–1)$ 个。"梅特卡夫定律"使跨域融合过程中的实体能够产生对体系战斗力的非线性指数聚能。于是,网络武器就成了摧毁、破坏、扰乱和封堵敌方系统的重要手段。随着知识的增加和扩散,网络战的技术越来越多。利用计算机蠕虫病毒对伊朗的核离心机发动的攻击清楚地表明,网络行动也具有物理杀伤的效果,不仅能够破坏设备,甚至可能摧毁对方的军事能力。

分布式的互联网、去中心化的网状架构使每个人都有能力参与这种协作。这种新的架构使"基地"组织获得了突出的优势,其具有网状架构的组织由此能够进行实时快速打击及重新布局,并且实现全球各地行动的一体化。2004 年在伊拉克,美军联合特种作战司令部指挥官麦克里斯特尔率领全球最为精锐的美军联合特种行动特遣队(以下简称为特遣部队)与看似落后的"基地"组织苦战。从表面上看,伊拉克"基地"组织与特遣部队之间的战争根本就不是一个量级的较量。特遣部队拥有一支规模庞大、训练有素、装备精良的部队,而伊拉克"基地"组织则是由一些人员拼凑的,他们缺乏训练,使用信使传递信息,但他们不是美军所熟悉的自上而下的架构,而是一个网状结构的组织。他们可以熟练地运用信息技术,和普罗透斯一样能够随心所欲地改变自己的形态,面对打击时能快速恢复过来。他们显然与美军曾经所面对的对手完全不同,因此事态还是脱离了特遣部队的掌控。

一开始,"基地"组织凭借这种优势令麦克里斯特尔领导的特遣部队无所适从,忙得晕头转向。这支特遣部队还是传统的、各自为政的、等级森严的军事集团,其组织已经难以应对信息网络时代的问题。麦克里斯特尔及其团队逐渐认清了"基地"组织适应力强和网络化的特质,以及传统团队存在的局限性,比如组织中各团队之间的"断点",协作的链条正是从这里开始断裂的。

美军发现最大的挑战并非来自敌人,而是来自全新的环境,这种环境的变化已经到了令人头昏目眩的程度,而且美军正是要在这种环境中进行军事行动。特遣部队不断地进行调整适应,让自己改头换面,从而成为一个全新的组织,即一个通过完全不同的程序和关系运转的组织。垂直的层级化管理在几个世纪乃至更长的时间里维持了军队的秩序,而麦克里斯特尔在伊拉克所面临的环境是快速变化并且各方面因素互相依赖的,这种环境下层级化管理方式已经同当前的战争形势格格不入了。规范信息要经过很长的距离进行传输,决议要通过好几个节点才能通过,那些曾经确保可靠性的层级指挥链如今在束缚组织的步伐;那些部门的划分和安全保密制度曾经确保其信息能够安全,如今却在阻碍组织体系内

边缘战及边缘指挥控制

的相互交流和共享，而这种交流和共享是与变幻莫测的对手交战时所必需的；那些曾经让组织保持戒备状态的内部竞争性文化，如今却在使其难以运转；那些曾经能够阻止意外发生的规定和限制，如今却在扼杀组织的创造性。

跨域协同实现聚能增效是边缘战的重要基础。边缘战区别于现有联合作战其他形式的一个突出特征，是各军种、各行动单元可以在不同作战域共享信息和资源，达到全域协同的效果，在某个或多个作战域创建并利用好稍纵即逝的作战机遇，弥补作战环节的漏洞，达到同步协调行动，尽量避免与对手开展单域对单域的对抗，如"舰艇对舰艇"等正面直接对抗，而是用多域的力量降维打击对方单域的力量，确保全打少，或多打一，实现单一领域行动无法实现的效果。

移动互联网宛如一个量子世界，我们成为彼此连接的量子，这个连接使我们的时代发生巨大的变化。被连接的事物本身没有发生什么变化，但是连接方式的变化涌现出巨大的价值。在边缘战中，各作战单元通过网络和信息这双神奇之手被连接在无形的作战体系中，每一个节点即终端，既是网络体系的个体、单元，又时刻为其他节点赋能，同时担负着使网络顺畅传输的职能。边缘战的指挥控制体系将下至列兵、上等兵和士官，上至决策层之间紧密地连成一个密不可分的"边缘共同体"。所谓的"边缘共同体"就是在边缘战中，各作战力量单元高度融合，一体联动。

作战单元同步化的关键问题是转变技术手段，通过使用信息获取技术和处理技术、新型传感器、人工智能、纤维光学等新技术，横向实现跨军兵种的贯通，纵向则广泛深入边境和战术前沿，直抵班组和数字化单兵，消灭信息孤岛或烟囱式系统，提高沟通联系和信息共享的水平。因此，飞机、舰船、坦克和其他战场上的官兵就不用传统的信鸽、电报或无线电进行信息交流了，现在他们随时都可以相互联系。这也让相隔遥远的将军与士兵同时在线看到同一幅战场画面，共享战场态势，同时也靠训练建立起互信。美军海豹突击队基础水下爆破训练第一步就是在队伍中建立起互信。"海豹突击队并不是让成员根据上级明确的命令行事，而是让队员们能够在一个小团体内构筑互信，并且根据实际情况调整应对。为此，海豹突击队基础水下爆破训练的教官们专门打造了一个训练课程，使士兵们单靠个人执行命令根本无法挺过来。"[①]

在分布式作战网络的支撑下，广阔海域分布的水面舰艇，包括两栖舰、补给舰、运输船等辅助舰艇，都可以通过装备导弹等方式具备一定强度的打击能力，都能联合感知海空威胁，提前预警敌方目标，共同确定突防方案。同时，借助分布式作战网络的支持，实现全平台打击要素共享，通过加装通用化的传感器、发射装置等有效载荷，实现 A 平台的传感器为 B、C、D 等平台的武器提供打击方案，从而使分布式部署部队的杀伤力成倍增强。

---

① 斯坦利·麦克里斯特尔，坦吐姆·科林斯，戴维·西尔弗曼，等. 赋能：打造应对不确定性的敏捷团队[M]. 林爽喆，译. 北京：中信出版社，2017：53.

2.3.4 作战编成弹性化

当今世界运转速度在不断加快,各部分之间的联系在不断加强,从而构筑起多层次的复杂性,即便是工业时代最具效率的机构,面对这种复杂性也会感到困扰。为了应对这种复杂性,组织必须不断调整以便适应,军队也不例外。

传统战争中,于战前或临战状态下顺序集结、固定编组、目标恒定、一战到底的固定式兵力结构灵活性不足,执行任务时难以因时因地而变,不可避免会出现过度用兵、浪费资源的问题,将很难适应信息化战场需要。需要基于任务目标与作战需求,数据驱动、灵活编组、智能决策、动态聚合,用最科学的兵力结构实现战斗资源和能量的"涌现"。

在错综复杂的未来作战环境中,不确定性是常态,收放自如和灵活多变的弹性往往意味着成功。边缘战要求部队必须有很强的自任务、自组织、自行动、自适应、自评估的能力,能根据瞬息万变的战场情况和使命任务适时组合出最佳的作战编成。这个编成可以涵盖各个域的能力,由局部作战单元间的智能交互触发全局整体的灵活变换,实现我方集强聚优。

为了适应战争样式的时代变化,美国陆军中校道格拉斯·A.麦格雷戈在《打破方阵》一书中,提出军队作战职能与作战行动向更低层级转移,组建大量微型化"战斗群",具备高度的战术灵活性,能够集中信息优势打击敌人。这可以从诺贝尔化学奖获得者沙普利斯(K. Barry Sharpless)提出的"点击化学"(Click Chemistry)中得到很好的理解。

大自然是人类最好的老师,生物体内的蛋白质、核酸(DNA、RNA)大分子为生命的正常运转与延续提供了重要的保障。尽管这两种大分子的种类繁多复杂,但组成其结构的基本单元很精简。蛋白质的基本结构单元为氨基酸,核酸则为核苷酸。氨基酸有20种,核苷酸只有5种,但这些结构单元可以通过不同的次序、空间取向进行排列,得到成千上万种行使不同功能的生命大分子,进而形成我们眼中的大千世界。这种组合方式有些像乐高积木,基础模块的种类并不多,但可以凭借丰富的想象力搭建出变化无穷的造型。乐高积木可以通过一个模块的凹槽与另一个模块的凸起契合完成两个组件的拼接。类似地,化学家也希望找到一种合适的"分子接口",众多分子中只要"契合"的两种基团相遇,便可以像搭扣一样"咔嗒"一声将两种分子紧锁在一起。如此一来,小分子砌块只需要分别修饰这些咬合接口,便可以实现两两拼接,进而构建具有复杂结构的大分子。沙普利斯等提出:"考察自然界的分子,相比碳-碳键,自然界更喜欢碳-杂原子键。"无论是核酸、蛋白质、还是多糖,都是由小型分子通过碳-杂原子键拼接起来的,而这些小型分子的总数量仅在35个左右。如果人类能将这套法则学到手,就能快速并可靠地合成大量有用的分子。于是,"点击化学"的概念应运而生,其强调以碳-杂原子键键合的方式进行分子组合,与此同时反应需具备产率高、适用性广、副产物无害等特点,这也正符合沙普利斯一直倡导的"简单而有用的化学"。就军事领域而言,这种"简单而有用"的理念正是作战弹性化的最好注脚。

由于未来战争样式演化的不确定性，以及传统安全与非传统安全需求的复杂性，作战编成必须在开放的系统环境下不断探索和完善，必须根据安全需求、战略环境、作战样式的变化，在动态过程中不断创新发展。海湾战争刚结束，美国陆军就开始探索具有更强适应性的作战编组，以便灵活完成包括非战争军事行动在内的各类任务。阿富汗和伊拉克两场战争实践，使美军深刻认识到只有赋予战术级指挥官在其相应层级内行动自由的权力，才能抓住稍纵即逝的战机。瞄准未来，美军在近年演练想定中遵循"小型、灵活、多能"原则，提出了"三街区战斗"设想：上午攻坚、下午人道救援、晚上巡逻维和，彰显了美军打造超常灵活适应边缘作战的努力。

击毙本·拉登行动中的海豹突击队，以"小团队、大背景"的作战模式，依托强大的国家情报信息系统，向世界展示了美军的灵活性与适应性。相较于传统的作战编成，弹性化作战编成不但编成较小、组织灵活、机动力强，而且依托大数据、云计算、智能化的信息体系支撑，能够在短时间甚至瞬间集聚与释放团队战斗潜能。

在网络信息化条件下的边缘战中，作战重心将进一步下沉，小规模力量、有限性行动的联合战斗成为重要样式，各军兵种和支援、保障力量将在更低的层级联合编组。同时，由于每一个边缘组织和个体都是赋能的，跨域联合战斗连队、排（分队），乃至班组等新型编组走上战场，每个编组都能够多能化遂行跨域作战任务，都是分布交互在边缘战体系中的节点力量。基于灵动组织的新型群队，能够汇聚来自不同地域、不同建制、担负不同任务的力量，通过快速编组、快速决策、快速机动、快速打击，以"节点的活力"展现战斗威力；同时，又能根据作战需求，或立刻分散，或迅速转换任务职能，以"去中心化"的优势真正实现消灭敌人与保存自己的有机统一。边缘战中作战编组的弹性化，实际上是网络连接关系的弹性化，它能根据任务需要将分布在不同作战域中的作战单元、要素进行动态连接，形成特定作战功能，并能根据任务和作战进程的变化对能力要素和组合形式进行动态调整。

2.3.5 作战目标直接化

据美国军事专家塞斯·克劳普赛统计，在第二次世界大战期间，传统远程武器命中率低于 10%，换言之，90%以上的打击都是无效的。从发现目标到摧毁目标，中间存在一道难以逾越的鸿沟。工业化时代的战争指挥者意识到，要弥补精确度的不足，就必须倾泻更多弹药，以确保摧毁目标，于是就有了所谓的"火力覆盖""地毯式轰炸""饱和攻击"等概念。

边缘战依托强大的指挥信息系统，使用力量精干的小型化作战平台，特别是利用无人化平台执行作战任务，从而向世人展现一种新型的"发现—摧毁"作战模式。

从某种意义上说，战争是交战双方精神和意志的较量。正因为如此，运用认知域制敌于无形，历来是战争指导者追求的至高境界。甚至在消耗战中，最后胜利的决定性因素不是物理上的摧毁，而是参战者继续战斗的意志力的摧毁，是某种方式和程度的物质摧毁与一段时期内，发生在冲突中每个不同层次的参战人员头脑中的，一系列心理活动之间的一种复杂的非线性关系的产物。当然，传统的消耗战以攻击物质目标为中心，通常产生可度量的结果，如伤亡多少，缴获多少，城池被攻占多少等。这种攻击也产生心理影响，但这只是攻击的副产品，其目的是攻城略地。

消耗战必须通过打击物理域，打击各种平台如坦克、飞机、舰艇等才能打击参战人员。不像基于消耗的方式，边缘战是为直接攻击敌人的意志而构思和执行的，不是摧毁其发动战争能力的副产品，其意图是塑造行为控制局面。意志问题对于对称和非对称战争都非常重要，但也存在一定差别。在对称的基于消耗的战争中，摧毁敌人发动战争的物质能力是逐渐剥夺敌人继续进行战争的物质手段，否则敌人可能执意继续战斗。在非对称的战争中，摧毁的目标是心理或认知效果，即破坏敌人的意志，或掌控敌人的行为使其不再希望继续战争，使其无所适从，从而无法继续战斗或无法做出有效的应对措施。

边缘战也关注对部队和能力的摧毁，但其重点在于震慑和心理消耗，通过突然的震慑和逐步的心理消耗实现塑造意志的目的。

历来最频繁和最持久的军事任务是防止战争，通常是慑止冲突或遏制可能升级为战争的危机。虽然物质摧毁仍然是边缘战的一个重要部分，但是边缘战的真正焦点是使敌人产生震慑和心理消耗，这也是评估边缘战战斗效能的真正标准。网络信息时代的边缘战，掌握信息优势的一方可以依靠自己的技术使信息空间呈单向透明状态，从而拥有单向信息威慑的主动权，并以此向对手进行威慑、讹诈。1995年2月，美军为使海地临时政府交出政权，进行一周左右紧锣密鼓的军事威慑与外交斡旋未能奏效。于是美军采取了强大的信息威慑攻势，当海地临时政府领导人塞德拉斯从荧屏上看到美军一架架战机编队凶猛扑来，一艘艘战舰劈开海浪向海地包抄的情况时，顿时被这强大的阵势所慑服，意识到这种损伤不可接受，立即表示签字投降。

边缘战中，打击的直接目标是人，可以做到意志直达，通过作战行动宣示决心和信念，给敌人以震慑，使敌人被动、退缩或屈服。它通常用于战略、战役层面，反映国家或集团的意志和利益。比如在战争中将精确摧毁的画面以图像或视频的形式向敌方投放或播放，使作战效果在敌方认知域得到记忆强化，给敌人施加强大的心理压力，扰乱其军心、瓦解其士气，进而使其放弃抵抗，已经成为军事强国边缘战中意志直达式行动的重要方法。

对意志能进行直接攻击，源于战争准备的可公开性。任何被观察到的动作，无论它是否有意，无论它是否属于某个特定的边缘战计划的一部分，都将产生某种心理效果。相反，任何未被观察到的动作，无论它是如何精心地计划和安排，都不会产生心理效果。动作的可视性非常关键，不论这种可视性是直接获得的，还是通过包括媒体在内的传感器与信息协调间接获得的。如果敌方不能看到我方动作的规模、范围和时机，或者甚至不能及时地获取报告而导致不能在决策中加以考虑，那么这些动作除了其消耗的价值之外，是没有什么其他作用力的，即便我们希望它们能具有其他作用力。例如，如果一个实际的动作不能得到观察者的注意或评估，那么它就极有可能在观察者的权衡盘算中根本不被考虑，或者被看作是一场骗局而加以忽略。动作可视性同时提供了一个可处理和可控制的变量，从而能够产生所期望的效果。例如，如果对观察者的传感器系统以及该系统的运作非常了解，那么就可以编排我们的动作，从而能够控制什么被观察到以及何时被观察到。

在边缘战中，媒体和信息的作用显得尤为重要，不仅有维持士气的作用，而且在攻击敌方公众意志方面起着不可或缺的作用。边缘战究其本质就是从战争的精神层面出发，把人的意志、信念、思维、心理等作为作战对象，通过保持己方认知优势、攻击敌方认知劣势展开认知域攻防对抗，体现了"用兵之道，攻心为上，攻城为下；心战为上，兵战为下"的作战思想；形成了以攻心夺志为基本作战目的的作战样式、战法和手段，使作战能够更直观地表达"将意志强加于对手"的特点。

边缘战与传统战争存在着很大的差别，但与游击战的作战形式十分相似。表2-1列出了传统战争、游击战和边缘战在参战人员、指挥员、指挥方式、作战目标等要素之间的区别。

表2-1　传统战争、游击战与边缘战比较

	传统战争	游击战	边缘战
参战人员	军事人员 情报人员	军事人员 情报人员 非国家行为体	军事人员 情报人员 科技人员 非国家行为体 小分队 个人
指挥员	军事高层指挥员	分布式领导 一线指挥员	军事高层指挥员 一线指挥员
指挥方式	集中式指挥	分散式指挥	集中式指挥+分散式指挥
作战目标	主要是军事目标	军事目标 民用目标	军事目标 互联网或者诸如5G和星链等网络信息资源
民众	特殊情况下将其作为有限目标来考虑	通常是将其作为合法目标来考虑	通常将其作为重要目标来考虑，包括系统、网络和基础设施

第 3 章　边缘战的发展历程

边缘战的历史非常久远，甚至在国家形成之前就已存在。但在早期，边缘战只是个别指挥员偶尔为之，也尚未有文献对其进行理论的研究。边缘战与组织的去中心化一直息息相关。组织的去中心化倾向数千年来很大程度上一直处于"微弱活动"或者休眠的状态，因此，很难严格将边缘战划分为几个阶段。为了便于理解，我们将其大致分为萌芽阶段、初步发展阶段、快速发展阶段和成熟阶段。这种基于宏观视角的划分是笼统的，并且有的阶段存在一定程度的重叠。

3.1　19 世纪前的萌芽阶段

边缘战在 19 世纪之前是零星的和偶然的，既有敢于从实际出发、违抗上级命令、临战改变作战意图和战略战术、体现作战灵活性与个性的将领的自主行动，也有塑造意志、将战争消灭在萌芽状态的认知域博弈，更有统治者研究小规模冲突的自觉行动。如公元 10 世纪的拜占庭帝国皇帝尼基弗鲁斯·福卡斯写的《军事规范》，这本书包含有关于他所处时代战争的有价值的信息，以及一些鲜为人知的小规模冲突的信息，还提到如何应对实力占据优势的敌人的游击战术。整体上看，边缘战对战争胜负的影响有限，战争绝大多数是依靠正规军分出胜负的。"拜占庭帝国军队铺展得过于分散以至于无法快速集中起来应对在无法预料地区发生的突然袭击。尼基弗鲁斯在书中讨论了各种权宜之计——如何逐退入侵者，同时避免陷入己方军队可能战败的激战。"[1]

19 世纪之前，欧洲大多数国家还处于贵族统治中，个人英雄主义盛行。在中国也是一样，只有体格强壮才具备当将领的基本条件。战争主要是围绕体能的化身——将领们——进行的，一般士卒只是一群乌合之众而已。正如在奴隶制度中，奴隶对于奴隶主存在人身依附关系一样，在军队，士卒对于将领存在同样的依附关系，这是与当时技术发展水平相一致的。其实，在以将领为战争主宰的时代，士卒数量的多寡无足轻重，下级指挥员当然也没有发挥主观能动性的需要。《孙子兵法》提出的"将军之事，静以幽，正以治，能愚士卒之耳目，使之无知"，以及韩非子所说的"民智不足用"，代表了大多数统治者和将帅的心理。

---

[1] 比阿特丽斯·霍伊泽尔. 战略的演变：从古至今的战争思考[M]. 年玥，译. 上海：上海人民出版社，2023：39.

边缘战及边缘指挥控制

当然，总有一些有个性的将领，或坚持自己的正确作战思路，即便君王有令也不曾改变；或采用信任下级的方式，放权分散指挥；或作为处于边缘的弱者，利用不对称优势，通过打击敌人的致命弱点，赢得战争的胜利。

据《圣经·旧约》记载，腓力士勇猛无比的战将歌利亚带兵进攻以色列，在连斩对方几员大将后，以色列军队便无人再敢应战。歌利亚在阵前连续叫骂40天，以色列无人出阵。一个名叫大卫的以色列牧羊少年正好到军营为哥哥送食物，见此情况就毛遂自荐迎战歌利亚。众人都笑他无知者无畏，大卫却拿着一把男孩子常玩的弹弓，在河边捡了5粒石子，走到阵前。歌利亚见迎战的竟是一个小小的牧童，感觉受到了藐视，未戴头盔就冲了过来。大卫不慌不忙地将石子搭在弹弓上，一发便击中了歌利亚的眉心，歌利亚倒地后便再也没有站起来。大卫上前用歌利亚的剑割下了他的头颅，以色列大获全胜。若干年后，大卫统一了以色列，成为历史上著名的大卫王。大卫战胜歌利亚，显然就是处于弱势的一方，利用弹弓远射的不对称优势击败强敌的战争形态，处于权力视角下的末端组织单元实现了对敌方中枢的有效控制，堪称边缘战的雏形。

早在春秋时期，《孙子兵法·九变篇》就提出："途有所不经，城有所不攻，地有所不争，君命有所不受。"将领远征在外时可以应急作战，有临机处置的权利，不必事先请战或等待君主的命令再战，这堪称边缘战思想的雏形。彭越在楚汉之争中以游击战术袭扰楚军，开创了边缘战的先河。汉宣帝初期，赵充国在对羌人作战时，因久不发兵，被汉宣帝指责并催促发兵。但汉宣帝的指责并没有让赵充国放弃自己的作战方略，他认为将军带兵在外，虽受诏命，只要有利于国家，就应该便宜行事。他向汉宣帝陈述用兵利害，终于得到谅解。赵充国在平叛中，坚决采取招抚与打击相结合、分化瓦解、集中打击顽固者的方针，能和平解决的，决不诉诸武力，这符合《孙子兵法》"百战百胜非善之善者也；不战而屈人之兵，善之善者也"的思想。

无独有偶，汉武帝时期，匈奴为患，"飞将军"李广和程不识奋战于戍边一线，两人在边郡太守中均以善于用兵而闻名。据《资治通鉴》记载，李广率军作战，"行无部伍、行陈，就善水草舍止，人人自便，不击刁斗以自卫，莫府省约文书"。意思是说，李广指挥行军没有固定编制和行列阵势，选择水甜草肥的地方驻扎下来，人人自便，夜间也不派设巡更士兵敲打着刁斗进行警卫，军中指挥部的文书简便易识。程不识则恰恰相反，他整肃军事编制，讲究队列和布阵安营，夜间敲刁斗巡逻，军中官佐处理军队文书一直忙到天明，军队不能随意休息。当时匈奴兵势强盛，但两人均御敌建功，皆为名将。在现在看来，李广的指挥是一种统一意图下的分散指挥方式。在这一模式中，指挥员的主要作用就是为部队创造能最大可能完成任务的初始条件，以及向所属部队提供完成任务所需的信息和资源，包括随态势变化所需的信息和资源。从工业时代以来的战争历史来看，这种最弱集中化的指挥控制理念就是免除控制，即从本质上讲，下属部队的指挥员是自治的。下级统一贯彻上级意图，而上级统一给下级较大的自由，同时允许下级在如何实现意图上发挥想象力和主动性。

第 3 章 边缘战的发展历程

随着社会的进步和科技的发展，单个作战单位的能力得到提升，边缘战在战争舞台上呈现出更多的经典案例。火药发明并运用于战争以后，边缘战也得到了发展，并屡见于东西方的战场。在 12 世纪土耳其军队战术中的两个特征成为边缘战中反复出现的主题：使用轻骑兵和避免激战。按照定义，游击队是避免常规战斗的部队，但在履行完特殊职责后，他们可能会重新回到正规军中。当敌军追赶土耳其人时，这些人就会逃跑，但是一旦追赶者喘不过气来，土耳其人就会转身向他们袭来。有人将其比作围绕猎物嗡嗡作响的苍蝇，受到驱赶时飞走，一旦停止追捕，他们便立即掉头攻击。这一特征给古罗马、拜占庭和哈布斯堡王朝的军队留下了深刻的印象，并为他们所效仿。这些部队采用突袭后迅速撤离的战术，采用侦察、刺探、破坏和伏击等各种形式打击敌人。

16 世纪的指挥员发现："如果能把每个军人变为单个作战单位，培训为自动化的机器人，那么大规模作战的效率就会成比例地提高。"[1]英国和西班牙海军中都有不少熟悉火炮的舰长。其中，西班牙菲利普二世时期的一些船长是参加过勒班多战役的老兵，他们在那场战役中用火炮打败了奥斯曼土耳其舰队，但是英国人对风帆战舰的认识更好，有着重要的优势。为了与西班牙作战，英国两位最可怕的私掠船长约翰·霍金斯和弗朗西斯·德雷克表兄弟俩被任命为海军中将。他们的经验足以补偿舰队司令霍华德勋爵经验的不足。霍华德勋爵对海战的了解并不比他的西班牙对手梅迪纳·西多尼亚公爵多，但是霍华德的优势在于他有能干的部下，而且赋予了他们主动发挥的余地。菲利普二世事无巨细，什么事都均要插手，而伊丽莎白女王却不这样。她指示她的舰队司令运用"你自己的判断力和辨别力，去做你认为对我们的军队最有利的事"[2]。事实证明，德雷克、霍金斯和其他英国军官的判断力真是非常的棒。

在特拉法尔加战役中，纳尔逊获得胜利的重要原因是其"背离"了当时主流的、正统的海军战术。传统上，海军将领在进行海战时通常会安排自己的船只排成一条平行于敌人的战线，双方会一轮轮地互相齐射，直到有一方由于伤亡过大、船只和弹药损耗过多而投降。这种安排显然便于中心化控制：舰队指挥官一般位于一字长蛇阵的中心，可以监控整个战局并且通过旗语发出相对清晰的命令。

纳尔逊对下属舰长们的技能、主动性以及共同理解的信任，促使他将自己的舰队分成两列，并且在这两列之间形成一个特定的角度，然后从侧面切入法西联合舰队（当时法国海军和西班牙海军组成的联合舰队）的一字长蛇阵，将其截成 3 段。他希望用这一战术打法西联合舰队一个措手不及，从而使双方的船只队列都被打散，这样一来就造成了混乱，敌军的指挥官也就无法发布连贯的命令。纳尔逊将其计划的核心命名为"纳尔逊战阵"：这是一种理念，即一旦开始混战，所有的单个指挥官必须自行决断，发挥主观能动性。他意

---

[1] 刘易斯·芒福德. 技术与文明[M]. 陈允明，王克仁，李华山，译. 北京：中国建筑工业出版社，2009：85.
[2] 马克斯·布特. 战争改变历史：1500 年以来的军事技术、战争及历史进程[M]. 石祥，译. 上海：上海科学技术文献出版社，2011：33-34.

识到计划很容易被打乱,在这份秘密备忘录的最后,纳尔逊总结道:"舰长们可以使自己的战舰与敌军战舰并排紧贴,这么做没什么错。"纳尔逊的核心做法是在组织中培育一种所有个体都能发挥主观能动性,都能进行关键性思考,反对机械地执行命令的文化。他将自己麾下的舰长们称作"band of brothers",即"兄弟帮",意味着这群人都亲如兄弟,凝聚力强,战斗力强,合作无间!

与之形成鲜明对比的是几英里外的法西联合舰队,他们还处于严格的权威统治之下,法国和西班牙的军队高度依赖中央指挥部发出的命令行事,舰长们并不知道主帅的总体战略是什么。单个舰只的指挥官会等待通过信号旗发来的命令,而信号旗发出的信号可能会因为战场上的烟雾而模糊不清,可能会因为遭到敌军炮火的打击而无法发出,也可能会被错误地理解。当纳尔逊的舰队切入了法西联合舰队的一字长蛇阵,舰只向各个方向四散猛冲。虽然法西联合舰队的指挥层意识到巨大的冲击即将到来,但他们束手无策。尽管在技术上具有优势,但法西联合舰队方面还是有19艘战舰被英方俘虏,而纳尔逊方面没有损失一艘战舰。

纳尔逊明确告诉舰长们整体作战方案,并且强调,一旦开始混战,舰长们必须根据形势自主决策、随机应变,不可再依赖信号旗。换句话说,纳尔逊先是制造混乱,然后通过向舰长们赋权来应对混乱。纳尔逊在作战中使用波法姆的电报式信号旗语发出了著名的信号,即"英格兰希望每个人都恪尽其责",虽然在交战期间他被对方击中并阵亡,但他的舰队赢得了特拉法尔加战役的胜利。纳尔逊和他的上级之间也存在信任并有共同的目标。巴勒姆勋爵在特拉法尔加战役的最后阶段给纳尔逊下达了仅200余个单词的、非常简短笼统的指令。巴勒姆对纳尔逊充分信任,相信纳尔逊能在他们达成共识的框架内利用其判断与经验采取正确的行动。

纳尔逊获得成功的核心奥秘在于在其所统领的组织中培育了一种文化,让组织中所有的个体都有主动性,并且能够进行关键性的思考,同时反对简单地执行命令;在于不懈地培育自己属下的才干和自我调整能力,而这也是从理论上的战略走向实际胜利的必经道路。因为这一点,教条化的理论家和那些纸上谈兵的海军将领无法像真正的领导者那样获得决定性的成功。

在拿破仑战争以前,也有偶尔出现的边缘战和边缘指挥控制,其关键条件是具备共享的态势感知、连贯一致的指挥意图、专业才能以及相互信任,最终形成有效的自组织。然而,"可利用的信息和有效的交互作用的限制,又使得达到共享的感知和连贯一致的指挥意图非常困难"。[①]因此,我们看到更多的是拿破仑的仰慕者若米尼等人提出的一种拿破仑式的成功范式:集中兵力于一个"重心",强调集中指挥,以及对会战("歼灭战")的不懈追求,在战斗中必须"摧毁""清除""碾压"敌人的军队,必须取得决定性的胜利,双方的

---

① 阿尔伯特,海斯. 信息时代军事变革与指挥控制[M]. 郁军,朱建冲,等译. 北京:电子工业出版社,2005:120.

战斗伤亡人数前所未有。对拿破仑及大多数指挥员来说，指挥上的统一是战争的第一要素。在战场上保证以我之优势击敌之劣势，必须统一指挥，必须集中兵力，用全力突破一点，再及其他。拿破仑一再指出，历史上许多杰出的军事将领如汉尼拔等人"遵循的作战规则是保持兵力集中"[①], "把自己全部军队集中为一个拳头"[②]。他爱说这样一句话："战争的艺术可归纳为一条，即在假定的任何一点上集中大于敌人的优势兵力。"

3.2 初步发展阶段

19世纪至20世纪末是边缘战的初步发展阶段。拿破仑战争以后，随着战争的逐渐民主化，中下层阶级参与战争和改进武器的热情被大大激发出来。非正规兵力的武装行动成为一种常见的现象。克劳塞维茨也注意到这一现象，并在其巨著《战争论》的一章（第六篇第三十章）中探讨这一问题。在分析"武装人民"（arming the people）这个主题时，克劳塞维茨把它当作一种对抗侵入者的防御措施。同时，他也提到了西班牙人民向拿破仑大军所发动的普遍抵抗运动。在他那个时代的战争中，这实在是游击行动的最显著例证，而且"guerrilla"这个单词变成正式的军事名词，也是由此而起。在西班牙语中，"guerrilla"原意即为"小的战争"。在那次战争中，拿破仑虽然能够击败西班牙的正规陆军，但其成功最终被西班牙的游击队所抵消。作为一次对抗外国征服者的民间起义行动，这算是历史记录上最有效的一次。它不仅取消了拿破仑对西班牙的控制，而且也动摇了其权力基础，所以甚至比威灵顿的胜利还更伟大。[③]

特别是自19世纪中期开始，军事技术呈现出一种系统的特征，这不仅表现为各项军事技术在战争中的协调统一，还体现在技术以外的诸多因素逐渐与技术形成一个不可分割的体系。英国著名战略学家巴瑞·布赞指出：在古代的战争史中，技术变革非常慢，武器系统的发展更多表现为一种连续性而非变革性，但"19世纪中期开始，军事技术开始发生重要变革，长期的技术稳定性消失了，代之以连续的变革。因而，19世纪中期可以作为技术和战略之间的一个历史边界，在边界的两端，技术都是重要因素。但是，在边界的过去一端，主旋律是技术连续性，通常以几个世纪来度量，变革仅仅是一个和声；在边界的更近的一端，变革成了主旋律，武器系统的连续性仅仅以几十年来度量"[④]。军事技术的进步使一线能力得到质的提升，同时也使指挥结构呈现分散化。

这一时期德国军队在赋权到一线方面走在世界军队前列。19世纪初，军事改革家沙恩霍斯特就倡导军事学术面前人人平等的良好作风。1806年耶拿会战失败后，普鲁士军队启

---

① 拿破仑. 拿破仑文集（下卷）[M]. 陈太，译. 北京：商务印书馆，1980：332.
② 拿破仑. 拿破仑文集（下卷）[M]. 陈太，译. 北京：商务印书馆，1980：338.
③ 李德·哈特. 战略论：间接路线[M]. 钮先钟，译. 上海：上海人民出版社，2010：318.
④ BUZAN B. An Introduction to Srategic Studies——Military Technology and International Relations[M]. New York: St. Martin's Press, 1987.

边缘战及边缘指挥控制

动了军队的全面改革。格奈泽瑙最初提出了任务式指挥的思想,要求拟定命令要简洁明了,下达命令要准确快捷,尽量下达概略性指示,给下级留出自主决策和行动的空间。

克劳塞维茨在《战争论》中虽然一直强调"重心"的作用,但也意识到民兵和武装平民组织在抵抗敌人时的重要性,特别是在蚕食其边缘方面的独特性。他认为"民兵和武装平民组织不能也不应被用来对抗敌军主力部队——或实际上对抗任何成规模的敌军。他们的作用不是摧毁敌人的核心,而是蚕食其外壳和边缘"。他认为,到敌占区进行游击活动,可以看成是进攻手段和防御手段的综合。①

毛奇(1800年10月26日—1891年4月24日,常称其为老毛奇)时代的总参谋部里,少尉参谋和上将参谋长之间为某个作战问题争论得面红耳赤并不鲜见。这也是普鲁士军事改革以来一直强调的作风:参谋不是首长的附庸,必须能独立思考,以确保首长定下正确的决心;在军队的特殊环境中,盲从是容易的也是轻松的,独立思考则需要勇气和智慧。还有就是务实的风格,无论是作战报告还是训练考核,对部队士气、食物补给、装备性能问题等直言不讳,这有利于上下级之间有效沟通,实现共同作战意图。毛奇认识到,尽管他能远距离发布全局指令,却无法遥控战斗的具体指挥。他强调:他的部下应对战争计划的总体纲领融会贯通,然后发挥各自的主动性来执行计划。毛奇曾下过著名的论断:"在与敌人主力第一次接触前,任何作战计划都不能视为确定无疑的。因此,战争中所有的连续行动不是执行预先制订的计划,而是在战争智慧的指引下自发主动地行动。"德国军队正是在这种重视独立思考和发挥主观能动性的文化支持下,出色地将凝聚力、严明的纪律、高度的创造性和被称为任务型命令的指挥系统结合在了一起。这些素质反过来帮助这支军队在1864—1871年的统一战争中赢得了一系列重大胜利。

普奥战争期间的普鲁士士兵普遍受过教育,他们与主要由农民组成的奥军相比,更知道为何而战,而不仅仅是被训练成行动呆板的机器。因此,普鲁士士兵更为热诚,更有思想,更愿意为信条付出生命,也更具有责任感。为了避免指挥官插手指挥细节,毛奇指示:"命令应列出所有指挥官所不能自行其是的事项,除此之外,别无其他。"这种富有弹性的"任务式命令"成为普鲁士和后来的德国军队的一个特点。当1864年普鲁士军总司令下令入侵属于丹麦的石勒苏益格(Schleswig)公国时,这种下放指挥权的体系已变得如此根深蒂固,以至于他的命令极为简洁:"2月1日,我想在石勒苏益格睡觉。"②

对于发挥各级勇于承担责任、充分发挥主观能动性的要求,德军在《部队指挥》一书的"前言"中就做了大量论述:

"战场的'空白'要求军人能够独立的思考和行动,他要能够进行计算,做出决定,敢

---

① 克劳塞维茨. 战争论:第二卷[M]. 中国人民解放军军事科学院,译. 北京:商务印书馆,1978:724.
② 马克斯·布特. 战争改变历史:1500年以来的军事技术、战争及历史进程[M]. 石祥,译. 上海:上海科学技术文献出版社,2011:123.

于利用任何态势，理解胜利依赖于每个人。训练、良好的体能、无私、果决、自信和勇气将赋予他驾驭任何形势的能力。""任何一个领导在任何时候都必须全力以赴，不推脱责任。勇于承担责任的意愿是一个领导者最重要的素质。不过，对责任的承担不应该建立在不考虑全体的个人主义的基础上，也不应该作为对没能执行命令的辩解理由，如果服从命令能够产生更好的效果。独立的精神不能放任自流，但另一方面，在允许范围内的自由行动是取得巨大胜利的关键所在。""军队的指挥官和他的下级单位需要领导者具有这样的能力：判断力，清晰的视野和远见，能够做出独立的、决定性的决定，并积极地、毫不动摇地执行决定。""在决定性的行动中，部队的良好战备状态和力量要得到高超的指挥才能发挥作用。指挥官对部队不必要的约束将影响胜利的取得，指挥官必须为这样的后果负责。部队一旦部署到战场上，就要根据情况随机应变。那些不可能执行的命令将有损于对领导素质的信心，打击士气。"[①]

在《部队指挥》的第二章"指挥"中，德军也没有拘泥于在执行具体任务（mission）的时候应该如何指挥，而是反复强调如何灵活地贯彻执行指挥官的意图（intent）。例如："指挥"第 36 条指出，"在没有明显影响到他的整体意图（absicht）的情况下，指挥官必须允许他的下属自由行动。尽管如此，他也许不能妥协于他下属的决定，即便是下属独自担当责任。"[②] "意图"的内涵比"任务"要宽泛。为了贯彻意图，下级指挥官可以选择性地执行任务，甚至自己为自己创造任务。

德军将领隆美尔在其撰写的《步兵攻击》中，专门记述了一个下级违反上级命令却取得胜利的任务式指挥典型案例：

"当我们与敌军在皮亚韦河西岸激烈交战时，营里的其他部队也曾试图支援我们。在越过埃尔托成功夺取奇莫拉伊斯以西的敌军阵地后，营长立即指挥山地通信营的通信连以及第 26 皇家步兵团第 1 营对敌展开追击，但是这项计划却违背了第 43 步兵旅的命令，由于地形本身和作战形态的限制，要其他部队来增援我们是不可能的。在抵达圣马蒂诺时，营长又一次接到第 43 步兵旅的命令，'符腾堡山地营必须原地待命，并在埃尔托的磨坊宿营，改由第 26 皇家步兵团担任前卫'。而营长的回复是：'获得加强的符腾堡山地营正在隆加罗内与敌军交战，请求步兵部队对隘口公路进行增援，并将第 377 帝国皇家战炮队前进部署'。营长断然拒绝了第 43 步兵旅的命令，这使得第 26 皇家步兵团第 1 营营长克里姆林上尉如此地评价他：'我不知道该佩服你在敌军面前表现出来的勇气，还是欣赏你在上级面前展现出来的魄力！'"[③]

正是因为上面这位营长——史普约瑟少校的"抗命"，隆美尔指挥的连队得到了及时增援，在隆加罗内合围了大批意军，赢得了重大胜利，史普约瑟也没有因为"抗命"受到任

---

① CONDELL B, ZABECKI D T. On the German Art of War:Truppenführung[M]. Boulder: Lynne Rienner Publishers, Inc., 2001: 17-19.
② CONDELL B, ZABECKI D T. On the German Art of War:Truppenführung[M]. Boulder: Lynne Rienner Publishers, Inc.2001: 23.
③ 埃尔温·隆美尔. 步兵攻击[M]. 曹磊，译. 长春：时代文艺出版社，2014: 307-308.

何惩罚。从此可以看出，德军强调，下级军官可以根据自己对态势的判断做出更有利于实现总体作战意图的决定，如果这一决定最终取得了更好的效果，那么下级也不会因为"抗命"受到惩罚。这种良性导向是显而易见的：毕竟下级军官在作战中比上级能够更直接、更真切地感受到战场态势的变化，尤其是在通信手段有限的条件下，这种主动性更是抢得制胜先机的重要因素。

意大利国家独立和统一运动的杰出领袖加里波第通过一系列军事实践活动，为后世提供了边缘战的经验。他的指示非常经典："不要让敌人抓住你，让敌人对你的真实意图感到迷惑，时刻铭记这一目标，要变换营地，不要连续几天在同一时间行动，尽可能轻装简行，在隐蔽的地方扎营，在主要道路上佯装发动攻击，然后翻山越岭达到次要道路，声东击西，让己方完全熟悉地形，观察对手。"①因此，其部队都以轻便、易于部署的风格进行训练，他们可以在任何地方攻击敌人。与加里波第同一时期的法国革命家路易·奥古斯特·布朗基则发展了城市游击队的概念，并强调消耗对方和节约使用武力。

英国学者、军事战略家劳伦斯（T.E.Lawrence）根据自己在第一次世界大战中的经历，撰写了有关如何进行暴动和游击战的理论文章。劳伦斯最早对边缘战的某些方面进行了阐释，其中包括运用速度、机动性和空间纵深；运用耐心和实践，而不是急于寻找一场迅速而决定性的胜利。劳伦斯阐述了使敌方兵力动弹不得而不是杀戮敌军的目标，为实现这一目标，可以让敌人固守某些要塞，在无法预料的地方袭扰敌军及其补给，但不与敌人进行大规模正面对决。

在第二次世界大战中，边缘战变得十分普遍，几乎可以说是一种无所不在的现象。德国海军上将邓尼茨发明的"狼群战术"就充分利用了边缘小分队的力量。这种战术就是将多艘潜艇分成多个小分队，再由这些小分队组成一个作战集体，当发现一个目标时，在"头狼"潜艇的指挥下，多艘潜艇像狼群一样轮番对敌方军舰和运输船发起水下攻击，用几艘潜艇的攻击力来摧毁重型舰船。60余年后，美国联合特种作战司令部司令麦克里斯特尔提出"打造应对不确定性的敏捷团队"（team of teams）的思想，可以说深得"狼群战术"的精髓。与此同时，凡是被德国所占领过的欧洲国家，都有边缘战的发展；而被日本人所占领过的亚洲国家，也大抵如此。在1940年德国攻占法国之后，英国便处于一种孤立的境地，因此利用边缘战来当作对抗兵力的想法应运而生。在英国，有特殊的部门专门制造和培养"反抗"（resistance）运动，以阻止希特勒建立其"新秩序"（new order）。在希特勒扩大了其征服范围，加上日本又以德国同盟国的身份投入战争之后，此种努力也就随之而得到推广。这些反抗运动的成功程度也各有不同，最有效的为铁托（Tito）在南斯拉夫所领导的克罗地亚（Croat）共产党民兵。②

---

① 比阿特丽斯·霍伊泽尔. 战略的演变：从古至今的战争思考[M]. 年玥, 译. 上海：上海人民出版社, 2023：356.
② 李德·哈特. 战略论：间接路线[M]. 钮先钟, 译. 上海：上海人民出版社, 2010：312.

第3章 边缘战的发展历程

马克思、恩格斯关于人民战争的思想,既指出了游击战的优势,道出了人民熟知的游击战打法,也蕴含着丰富的边缘战思想。1849年4月,恩格斯在阐述意大利人民反对奥地利异族统治的斗争时就论述道:"一个想争取自身独立的民族,不应该仅限于用一般的作战手段,即仅限于用正规军队同奥军进行'资产阶级式的、规规矩矩的战争'手段,而是应该掀起'群众起义、革命战争、到处组织游击队'去同侵略军对抗。"① 1854年,马克思在论述西班牙革命的一些论著中,也肯定了游击队在战争中发挥的重要作用,认为游击战是战争中的有效作战方法。恩格斯在评述1857年至1859年印度起义的文章中,也说明了游击战的重要作用。他认为:"民族起义的力量不在于进行决定性的会战,而在于进行游击战争、防守城市和切断敌人的交通线。"②在这里,可以看出游击战在战争中的力量之巨大。实际上,马克思、恩格斯论述游击战在争取民族独立的作用的文章非常多,他们认为游击战争在面对强大的敌人时有足够的优势。

毛泽东是边缘战的集大成者,他不仅提出了人民战争的理论,还带领中国人民赢得了人民战争的胜利。由于历史条件的限制,在很长一段时间内,我军的武器装备一直比较落后,在如此艰难的基础和环境下,如何生存立足、发展壮大,很重要的一点,就是充分利用灵活机动的战略战术。这在毛泽东对革命军人提出的三条不可或缺的基本要求中排在第一位。每次谈到战略战术,要害总是"灵活机动"。他说:"指导一切战争,都应当依据敌我情况运用灵活机动的战略战术,而在敌强我弱的战略防御和战略相持阶段对日作战,更要有高度的灵活性、机动性,才能有效地打击敌人、消耗敌人。"

从土地革命到抗日战争时期,我军正是充分发挥灵活机动的战争艺术,一步一步发展壮大,从胜利走向胜利,打出了赫赫威名。在土地革命时期,我军下放指挥权限或者一线指挥员发挥主观能动性的战例数不胜数。红军在井冈山游击作战时期诞生的十六字诀——"敌进我退,敌驻我扰,敌疲我打,敌退我追",往往能在局部战役中化弱为强,取得主动权,看似隐忍退让,却无时无刻不在争取着主动。在抗日战争时期诞生的一系列机动灵活又生动活泼的游击战形式,如地道战、麻雀战、"翻边战术",陷敌于人民战争的汪洋大海之中,至今为人所津津乐道。毛泽东在《抗日战争的战略问题》中对游击战的指挥关系进行了阐述,到现在都具有重要的指导意义。毛泽东指出:"游击战指挥关系的正确解决,是游击战争顺利发展的条件之一。"③他认为:"高度的集中指挥和游击战争的高度活泼性是正好相反的东西;对于这种高度活泼的游击战争,施之以高度集中的指挥制度,不但不应该,而且不可能。"④因此,毛泽东总结出游击战争的指挥原则:"一方面反对绝对的集中主义,同时又反对绝对的分散主义,应该是战略的集中指挥和战役战斗的分散指挥。"⑤同时,毛泽

---

① 马克思,恩格斯. 马克思恩格斯军事文集:第三卷[M]. 北京:战士出版社,1982:61.
② 马克思,恩格斯. 马克思恩格斯军事文集:第四卷[M]. 北京:战士出版社,1982:190.
③ 毛泽东. 毛泽东选集:第二卷[M]. 北京:人民出版社,1991:434-435.
④ 毛泽东. 毛泽东选集:第二卷[M]. 北京:人民出版社,1991:435.
⑤ 毛泽东. 毛泽东选集:第二卷[M]. 北京:人民出版社,1991:435.

边缘战及边缘指挥控制

东对分散指挥的应用场景做出界定,认为越是地广人稀,情况复杂,上下级距离很远,在具体行动中就越应加大下级独立自主的权限,越应使之多带地方性,多切合地方情况的要求,以便培养下级和地方人员的独立工作能力,从而应对复杂的环境。毛泽东进一步阐述了没有处理好集中和分散关系的弊端,"应该集中的不集中,在上者叫作失职,在下者叫作专擅,这是在任何上下级关系上特别是在军事关系上所不许可的。应该分散的不分散,在上者叫作包办,在下者叫作无自动性,这也是在任何上下级关系上特别是在游击战争的指挥关系上所不许可的。"[①]这一思想暗含着任务式指挥的科学理念,与任务式指挥"示以任务而不示以手段"、充分发挥一线指挥员主动性的理念是一致的。但也应看到,与外军相比,我军在指挥实践中具有鲜明的自身特色。毛泽东的这种灵活"放权"指挥思想深刻影响了一线指挥员,并体现在经典影视剧中。如《亮剑》中李云龙召集分散在各地的连队,攻打日本山本特工队所在的平安县城,"既没有情报,又没有指示",也没有和当时的友军楚云飞沟通,但各支部队之间形成了一种自组织、自行动和自适应,最终拿下了平安县城。在打扫战场后李云龙又迅速撤离,避免不必要的损失。纵观《亮剑》全剧,李云龙的指挥控制思想就是:灵活机动,重视边缘,出奇制胜。他善于在主力与敌军对峙的时候,派遣一支尖刀部队直插敌人心脏,把一线指挥员的主观能动性发挥到了极致。这场战斗虽然是虚构的,但是在我军战史中有很多原型,如胡家窝棚战斗、靠山屯战斗、长津湖战役等。在这些战斗和战役中,从发现任务到组织力量进行打击,都是自组织的,最终形成了自同步,体现的是一种自下而上的指挥控制方式。

通过长期的战争锻炼,我军灵活机动的战略战术和自组织水平在解放战争后期和抗美援朝时期达到了一个较高的水平,一线指挥员也敢于抓住有利窗口放手去打。解放战争时期和抗美援朝时期的"零敲牛皮糖",到处都演绎着"无时不战、无处不战"的情景。1947 年,东北野战军发起"三下江南"作战,2 纵 5 师奉命东进,当进军至朝阳川一带时,突然听到了靠山屯附近有枪炮声,通过侦察才发现,敌 88 师还在靠山屯一带。在未得到上级指示的情况下,师长钟伟调集 5 师全部兵力,在靠山屯西南的姜家店、王家店,堵住了敌 88 师师部及其所属的 262 团。钟伟判断:敌人处在撤离之中,人员稀稀拉拉,是打击的好机会。师政委认为:东进是全局,上级的命令是铁的纪律。钟伟则认为:机动只是手段,歼敌才是目的,不能机械地执行命令贻误战机。意见相持不下,战机眼看就要错过,钟伟下了决心:"就这么定了,留在这里打,打错了,砍头掉脑袋我担着,打!"激战中,钟伟连续接到上级 3 个及时东进的电报,他不为所动,一面组织部队攻击、打援,一面上报变化的战场情况,特别强调 5 师的主动出击调动了敌人,大量歼敌的战机已经出现。东野总部终于被钟伟的坚持打动,而且发现这样更有利于全局的后续发展,转而全力支持。最后,5 师全歼当面之敌一个团,又拖住援敌一个师,配合兄弟部队聚歼之,干净利索地取得了"三下江南"的胜利。

胡家窝棚战斗是边缘战的一个成功典范,也是解放军采用灵活机动的战略战术的一个

---

① 毛泽东. 毛泽东选集: 第二卷[M]. 北京: 人民出版社, 1991: 436-437.

缩影。在这场战斗中，解放军和国民党军的自组织能力高下立判。1948 年 10 月 15 日，东北野战军攻克锦州。10 月 19 日，中央军委复电批准了东野的作战计划——就地聚歼廖耀湘兵团于野战之中。此时双方兵力犬牙交错，战场态势迷雾重重。东野指挥部适时下放指挥权，向各纵队下达指示："哪里有敌人就往哪里打，哪里有枪声就往哪里追"，要求各部围绕作战意图实施分散指挥，充分发挥主观能动性，积极开展临机自主协同。接到上级指示后，战场局面完全改观了。战场既没有前后方之分，也没有一线二线之别，东北野战军的战士们大胆地对廖耀湘第 9 兵团进行穿插、渗透、分割、包围，廖耀湘兵团被这种全新的战术打得回不过神来，建制全部被打乱了，出现了军长掌握不了师长、师长掌握不了营团的情况。10 月 26 日，3 纵 7 师 21 团 3 营指战员进攻到胡家窝棚西边的山坡，发现"佩短枪的比拿长枪的多、小汽车多、电话线多"，于是判断这里一定是第 9 兵团的重要指挥机关，不待主力到达便果断进行攻击。正如时任 3 纵 7 师政委李伯秋后来所说，战士们"也不知道那是个什么'窝棚'，更不知道那里是廖耀湘的兵团司令部，反正哪里有敌人往哪打，没想到打了正着"。突入村内的八连二排除了一个报信的副班长，其他人员全部牺牲，但打烂了敌军"西进兵团"的通信中心，破坏了所有电台天线，使 11 万国民党军在辽西围歼战的第二天便失去了统一指挥，处于群龙无首的状态。胡家窝棚战斗打乱了敌人的指挥机关，等于打碎了"蜘蛛"的脑袋，使敌人的指挥瘫痪。反观国民党军，新三军军长龙天武在面对我军打到其司令部附近的突发情况时，不知所措，只身逃往沈阳。据廖耀湘回忆："他[①]未掌握到他的任何一个师，也没有到达他的部队所在地，在混乱中单独逃往沈阳，他的三个师没有指挥的首脑，不知如何行动，在胡家窝棚以南地区被解放军隔离、包围，二十七日全部被歼灭。"

在整个胡家窝棚战斗中，东野指挥部弃用中心化指挥方式，实时下放指挥权，指战员围绕捣毁廖耀湘指挥部这个目标分开行动，大胆穿插、渗透和分割，自己主动去发现敌人，哪里有敌人就往哪里打，哪里有枪声就往哪里追，使高度集中、自上而下指挥的廖耀湘兵团毫无还手之力，只能陷入被动挨打的境地。这一去中心化打法大大加快了廖耀湘兵团的覆灭。[②]廖耀湘后来说："解放军第三纵队及其以北的友邻部队第一棒就打碎了国民党辽西兵团'脑袋'，即兵团前进指挥所，同时打碎了新三军、新一军及新六军三个军的司令部。"这场经典战例中反映出的我军各级"自任务、自组织、自行动、自适应、自评估"的特性，以及互信、担当、主动作为的作风，在现代战争条件下仍然具有重要的借鉴意义。

无独有偶，在长津湖战役中，中国人民志愿军第九兵团采用大规模大纵深穿插战术，将大部队分散成小部队，从敌方的战线巧妙地穿插过去，直击敌方后勤的目标，打败了美军，创造了以弱胜强、以劣胜优的战争奇迹。在铁原阻击战中，9000 多人的 63 军的 189 师面对装备精良，且人数众多的美军，充分利用种子山地形优势，将部队化整为零，打散成无数个小分队，这些小分队就像一颗颗"钉子"，钉在临时搭建的 200 多个阵地上，平均每

---

① 指龙天武。
② 张维明，黄松平，朱承，等. 指挥控制的新范式：边缘指挥控制[J]. 指挥信息系统与技术，2021（1）：3.

个阵地只有30人左右,有的阵地上甚至只有3~4人的战斗小组驻守。这样,美军每攻占一处阵地,都需要重新部署火力,这种"拔钉子"战术大大迟滞了美军的OODA周期。长津湖战役和铁原阻击战的背后反映了当时中国人民志愿军的组织韧性是极强的。

《林海雪原》中曲波带领的小分队同样采取"小群动作、边侦边打、侦打结合"来制服敌人,小分队出征后上级基本就"不管了",他们到了哪里上级并不是完全掌握,小分队主要是自主行动。

边缘战争和小型战争在西方也从未消失,尤其在冷战时期。随着对于爆发第三次世界大战的恐惧逐渐减弱,边缘战争和小型战争再次备受西方国家的关注。20世纪六七十年代,美国和苏联在中东地区三次大的系列危机反应行动也堪称边缘战的典型,分别是1967年6月的阿拉伯与以色列战争、1970年9月的约旦战争和1973年的阿以"十月战争"。这几场战争发生在相同的地域,具有相同的安全环境。虽然美国和苏联两个超级大国为了制造效果而相互间发生交互作用,但是两国都不选择以大规模部队及其能力的毁灭作为代价。因此,他们的军事行动造成的结果或者效果都不能按照消耗战模式来加以评价。但是,这些行动却可以按照基于边缘控制的模式来加以解释。

1967年5月19日,埃及驱逐联合国紧急部队观察员,并调动十万人规模的军队进驻西奈半岛。埃及又再一次在蒂朗海峡对以色列的海运实施封锁,使该地区恢复到1956年对以色列实施封锁时的状态。1967年5月30日,约旦与埃及签订互助防卫协定。埃及调动在西奈的部队向以色列南部边界开进,以色列决定先发制人,在6月5日出动空军袭击埃及,摧毁埃及空军的大部分军力,这次空袭让以色列在6月6日战争中获得取胜的先机。美国和苏联最初都试图避免以直接的方式卷入这场不断升级的冲突,并且使各自在地中海上的海军力量远离战场。但是,随着阿以战争的不断升级,在整个区域的苏联和美国的军队都处于戒备状态,并且进一步靠近整个"火药桶"。装备了反舰导弹的苏联军舰也越来越接近美军的海上主力部队,而全副武装的美军航母也密切监视着苏联在这个区域的兵力。双方都在不断加强这个区域的海上力量。紧张的海上局势迅速使该地区的美军战舰增至47艘,苏联战舰增至25艘。当然,双方都认为自己有能力避免局势脱离掌控。

美苏军事对峙一直持续到6月10日,在以色列攻入叙利亚并节节推进时,苏联威胁将阻止以色列继续向叙利亚首都大马士革的进攻。作为回应,美国派出了第六舰队驻扎在克里特岛以南。同时,美国白宫联络克里姆林宫,告知不能接受苏联这种直接干预战争的方式。美国的想法是控制局势,并且无论如何也不能让以色列进攻到叙利亚首都大马士革,这就是典型的边缘战思维。当以色列的推进确实在接近大马士革时停滞后,美苏双方的对峙也随即结束。战争结束时,以色列攻占了加沙地带、西奈半岛、东耶路撒冷、约旦河西岸及戈兰高地,此次战争对该区域内地缘政治的影响延续至今。

在1970年9月的约旦战争中,美国同样集结东地中海的海上力量,并从波多黎各派遣另外一支航母战斗群满足可能进行干涉的需要。9月17日,美萨拉托加号与独立号航空母舰在塞浦路斯南部汇合，整个第六舰队也基本上都在东地中海。此外，在克里特岛周围有包括一个营的海军陆战队在内的第 61 特遣部队（Task Force 61）和一支包括 1500 人、16 架飞机在内的两栖作战部队已如期出发。美国警告苏联和叙利亚如果入侵继续进行的话，美国将不会阻止以色列的任何军事行动，还可能直接进行干预。接下来的几天，由于叙利亚两个装甲旅沿约旦北部边界向约旦军队发动了大规模进攻，很快占领了伊尔比德，并为加强在兰姆沙-伊尔比德地区的力量而在该地区部署了大约 300 辆坦克。[①]美军驻欧洲的部队也进入戒备状态，同时，美国的第六舰队也增加了一个航母编队。尽管美国对地中海实施的军事部署冠以"常规训练""轮值""北约演习"等名义，但这仍然引起了苏联的警觉。作为回应，苏联也在不断加强其在地中海的战斗力量。

1970 年 9 月 20 日，莫斯科电台对美国可能进行的军事干涉发出了警告。但苏联同时也向美国表示，苏联与叙利亚的这次干涉毫无瓜葛，苏联将尽力促使叙利亚撤兵。[②]美国在密切关注苏联动向的同时，也制订了相应的行动计划，进行了军事部署：包括萨拉托加号和独立号航空母舰及斯普林菲尔德号巡洋舰、14 艘驱逐舰和 140 架飞机在内的两个航空母舰特遣组，已驻于黎巴嫩的海滨附近；第 82 空降师也已开始实施警戒；18 架 F-4 战斗机及 4 架 C-130 运输机已在土耳其的因斯里克待命。美国的军事行动显然是为了对苏联进行威慑，也是为以色列进行干涉清除障碍。[③]

在约旦危机期间，尼克松和基辛格始终从美苏在全球的冷战态势的角度来看待约旦危机。接下来的美苏军事对峙中，双方都在调动这个区域的海军精锐力量，但都故意让他们最强的战斗单元处于东地中海的冲突区域之外。

纵观 1967 年 6 月的阿以战争、1970 年 9 月的约旦战争，以及随后的阿以"十月战争"，可以看到边缘控制的特征非常突出。

几次中东战争中，尽管美国和苏联卷入冲突的军事力量非常庞大，并且双方海军的相互较劲和博弈异常激烈，但没有发生一次真正的战斗。在"十月战争"中，双方在开始时都努力保持低调，甚至将主动权交给敌方。[④]事实上，美国和苏联的一个主要目的是在任何情况下能够避免这种敌对行动的升级失控，更准确地讲，也就是避免那种能够导致快速失控的、可升级为"消耗战"和核战争的冲突。因此，尽管两个超级大国卷入了主要的海上力量和其他军种力量，但这些关键性的军事交互作用没有一次与基于阵地战、消耗战的战争模式是有关的。美苏调兵遣将的目的不是为了摧毁对方的部队，而是通过在区域外（本土之外，即边

---

① Foreign Relations of the United States (FRUS), 1969-1976[Z]. Vol.XXIV, Middle East Region and Arabian Peninsula, 1969-1976；Jordan, Sep. 1970, Washington D.C.: Government Printing Office, 2008: 861.
② BLECHMAN B M, KAPLAN S S, HALL D K, et al. Force Without War: U.S. Armed Forces as a Political Instrument[M]. Washington D.C.: The Brooking Institution, 1978:279-280.
③ Foreign Relations of the United States (FRUS), 1969-1976[Z].Vol.XXIV, Middle East Region and Arabian Peninsula, 1969-1976；Jordan, Sep. 1970, Washington D.C.: Government Printing Office, 2008: 890-891.
④ 史密斯. 基于效果作战[M]. 郁军, 贾可荣, 等译. 北京：电子工业出版社, 2007：130.

边缘战及边缘指挥控制

缘)牵扯敌方兵力来阻止敌方胜利的可能性,并迫使对方放弃,达到"不战而屈人之兵"。

通过这几次战争,美军积累了经验,处于对峙前沿的部队得到了锻炼,在随后20世纪80年代针对利比亚的"黄金峡谷"行动中,美军引入了联合作战指挥官(CWC)的概念。战斗部队指挥官将指挥结构分散给了一系列下级的战斗指挥官,每个下级战斗指挥官负责所赋予的战斗问题。联合作战指挥官概念的引入,意味着战斗部队指挥官/联合特遣部队指挥官和每个下级战斗指挥官都可以在相同的意图下工作,一种共享的态势感知使得各参与方都能相互信任、相互理解地形成自同步。战斗部队指挥官海军少将布尔达(J.M.Boorda)运用了由联合作战战术系统(JOTS)所提供的态势感知,并以此作为一种指挥的指南。

在指挥意图和交战规则的指导下,一线战斗指挥官有权主动出击,但是如果上级指挥官认为有必要中止,那么作为下属的战斗指挥官也应能在理解的基础上服从。为了支持这种指挥结构的分散化,布尔达仔细地构建了对指挥意图共同理解的框架。他不仅和每一个作战单元的指挥官详细地讨论他的计划和假定,而且还精心安排海军和控制战场侦察机的机组人员相互"熟悉"的互访活动,类似后来联合特种作战司令部司令斯坦利·麦克里斯特尔推行的"嵌入计划"。这些侦察机的机组人员因此就了解了布尔达的行动计划和意图,并且布尔达、布尔达的参谋、战斗指挥官可以了解海军和空军战场侦察机运作的能力和条件。此外,布尔达还进行了一系列实际的推演,在假设的战斗历程下,让每一个战斗单元的指挥官回答对历程中问题的解决方法,然后布尔达会亲自察看解决方法。这一系列实际推演为参与各方提供了至关重要的训练,而且在利比亚行动开始时,布尔达已经十分清楚他的属下将如何理解他的指挥意图,并且将如何采取行动。[①]参与这次行动的人员能够清楚地感受到"以网络为中心的架构",以及条令、流程、体系等的完善,特别是在基于效果的"自由航行"行动中应对各种态势时。可以说,战斗部队越接近以网络为中心的根本形式,这种形式在边缘控制行动中就越能用作一种精确的工具。也正是这两次战斗让我国认识到了,随着现代科学技术在军事领域的广泛运用,新军事变革的迅猛发展,高技术局部战争已经成为未来局部战争的主流,分散化指挥已成为现代战争不可或缺的指挥方式,为此我国在20世纪80年代中后期的军队整编中,就吸取了不少的经验。

边缘战在这个时期获得较大发展,与通信技术的发展息息相关。1876年,美国发明家贝尔与他的同事试验了世界上第一台可用的电话机。世界上第一台通用计算机"ENIAC"也于1946年在美国宾夕法尼亚大学诞生。然而,在计算机和电话线连接之前,计算机时代并没有真正到来,使用相互孤立的计算机是远远不够的。20世纪80年代后,通信与计算机之间的技术融合开始扩散、成长、开花、结果。互联网也由最初几乎不受人们关心发展到逐步进入社会舞台的中心。通信技术的发展,特别是电话线和计算机的连接使以前孤立的边缘行动单元不再"孤立",其决策和行动"带宽"也跟以前不可同日而语。

---

① 史密斯. 基于效果作战[M]. 郁军,贾可荣,等译. 北京:电子工业出版社,2007:328-329.

3.3 快速发展阶段

冷战结束至 21 世纪头 20 年可以视为边缘战的快速发展阶段。20 世纪之交，技术终于追上了雄心。科技也有了长足的进步，能够创造出各种可以被远程控制并能自主移动的机器，为边缘奠定了物质基础。另外，随着冷战结束，世界范围内冲突与对抗更趋于分散化、局部化。

互联网的出现和普及唤醒了组织的去中心化倾向，它猛烈地冲击着传统企业，改变着整个行业，侵袭着人们的交往方式，影响着世界政治格局，当然也影响着战争的发展形态。在过去，缺乏集中式结构或正式组织形式都被视为缺陷和弱点，然而，现在这些却成了重要的资源和优势。表面上混乱无序的团体已经挑战并挫败了具有严整层级结构的组织。2006 年，《海星模式》首次出版。在科学技术的推波助澜下，呈现出海星式组织特性的互联网企业创造了前所未有的机会。互联网企业应用的海星式决策、海星式概念不断在经济、军事、日常生活中被引用，海星式组织正在迅猛地改变世界的面貌和秩序。

美军阿富汗战争是边缘重要性凸显的一个里程碑。通过阿富汗战争，美军深刻认识到，在纷繁复杂的作战环境中实施联合地面作战行动，即便是在先进指挥控制系统的保障下，指挥官也难以实时掌握战场的全部情况。唯有充分发挥一线指挥官的主观能动性，将相当一部分指挥权授予下级，才能确保美军赢得全谱作战的最终胜利。在战争中，无论是身处阿富汗山洞的美军特种部队士兵，或是位于沙特阿拉伯苏尔坦亲王空军基地的联合空中作战中心的人员，还是位于美国本土佛罗里达州麦克迪尔空军基地的美军中央战区司令部的指挥官，均能通过全球性互联网络，保持跨越数千甚至上万千米的畅通联络。[①]借助于卫星通信与数字化无线电宽带等手段构建的全球性互联网络体系，距离阿富汗战场上万千米之遥的美军中央战区司令部可以随时掌握阿富汗战场情况，并直接向任何一支部队、分队甚至战斗小组下达命令；各作战力量，无论是空中、海上还是地面力量，均可以通过网络进行快速协同；即使是战斗层面的人员和武器系统操作使用，也实现了全球性的分散部署——在阿富汗上空飞行的"捕食者"无人机由美国内华达州内利斯空军基地的机组人员操作，等等。[②]美军认识到，在混乱的战斗中，将决策权分散到最低指挥层级是必要的，要通过机制设置使下级指挥官愿意和能够承担风险，同时上级指挥官应鼓励下级指挥官的这种意愿和能力。

在阿富汗战争中，美军的对手也在不断转型。2001 年，"9·11"恐怖袭击之前，"基地"组织是一种等级型组织甚至是官僚型组织，面对美国对恐怖主义持续不断的打击，"基地"组织表现出敏捷性并转变为一种更松散的分散式网络。"基地"组织似乎以相对分散的方式实施了"9·11"恐怖袭击，其成员展现出一种自同步的能力。反观当时的美国，联邦

[①] 马克斯·布特. 战争改变历史：1500 年以来的军事技术、战争及历史进程[M]. 石祥, 译. 上海：上海科学技术文献出版社, 2011：370.

[②] 庞宏亮. 21 世纪战争演变与构想：智能化战争[M]. 上海：上海社会科学院出版社, 2018：67.

边缘战及边缘指挥控制

机构之间很少合作,各机构、各部门、各办事处分别采取行动。"信息、资产、经验和关系网络都没有得到及时有效的联动。'9·11'事件之后,联邦政府意识到这种非联通性对于国家来说已构成缺陷。"为了更好地协调行动,弥补各部门单打独斗的缺陷,美国在2002年成立了国土安全部,22个独立的联邦机构被合并为一个实体,通过在领导者之间以及组织的不同部门之间建立联系,减少了"筒仓"思维造成的损害。

其他一些恐怖组织也开展了类似边缘战的行动,如制造2004年马德里爆炸案的摩洛哥伊斯兰战斗组织。实际上,美国极右翼分子路易斯·比姆在1992年阐述了"无领导之抵抗"的概念,有证据表明右翼组织至少在某种程度上遵循了这一指导方针。这样的组织能够有效利用因特网作为指挥控制媒介。①

2011年5月,美军海豹突击队击毙本·拉登的"海王星之矛"行动,就是边缘指挥控制的代表。这次行动向世界展现了网络信息条件下边缘战的特点和发展方向,成为进行边缘战研究的范例。虽然白宫作战室里的奥巴马总统、国防部部长,以及军方的高级将领,都可以看见现场情况,但他们并没有进行实时指挥,而是把决策权交给一线指挥官,也就是带队执行突击行动的指挥官。对于白宫来说,仍然是抓大放小,管大事不能管具体事,否则就违背了作战的基本规律。②同时,边缘战的用兵规模可能较小,所需的保障要求却非常高,必须在统一领导下实现多军种、跨领域、多维空间合作,实现信息主导、体系支撑、自主决策、精兵作战、联合制胜。

美国国防部在2003年8月推出了"横向融合集成计划",以加强系统的横向互通能力,特别是数据融合能力(数据级互通性),使所有系统的数据都能以现有的联合技术结构术语标准进行标记、登记、交换和提取。通过该计划,"将为分散的终端用户提供一种新型的网络中心信息分发和处理过程,将过去的'集中处理与规划'信息模式转变为'以边缘为中心'的'任务、发布、处理和使用'的模式,使作战单元能更快、更准确地利用战场态势信息,实现信息的充分共享和有效利用,极大地提高决策指挥的速度和作战支援能力,从而使决策者和作战人员更易于掌握复杂的战场态势。"③横向融合集成计划是现实"力量边缘化"设想的有效方法。DARPA在2013年公布了以希腊神话中的九头蛇命名的"九头蛇项目",目的是建立能够在公海部署超过几周甚至数月的水下战斗网络。希腊神话中的九头蛇海德拉(Hydra),传说拥有九颗头,其中一颗头要是被斩断,立刻又会生出两颗头来。"黑天鹅"之父塔勒布在《反脆弱》一书中根据事物对环境的需求将事物分为脆弱类、强韧类和反脆弱类三元结构。脆弱的事物喜欢安宁的环境,反脆弱的事物则从混乱中成长,强韧的事物并不太在意环境。达摩克利斯之剑、坦塔罗斯之石为脆弱类的代表,九头蛇怪则是反脆弱类的,"龙头蛇"这一水下作战网络将可以同时搭载水下及空中无人机。换句话说,

---

① 阿尔伯茨,阿格雷.指挥控制的新构想:企业的未来[M].何明,柳雍,邹青丙,译.北京:国防工业出版社,2016:62.
② 胡晓峰.战争科学论——认识和理解战争的科学基础与思维方法[M].北京:科学出版社,2018:303.
③ 张英朝,宋晓强,张亚琦,等.指挥控制系统工程概论[M].北京:国防工业出版社,2018:179.

"九头蛇"将是一架无人机母舰，是复杂协同、高度自主作战体系的典型。

蜂群作战具有仿生式自组织、及时应召作战、子母协同对抗的显著特点，能够按照指定边界自组织完成作战任务。虽然攻击群里的单个进攻者无法产生决定性的影响，但是一群进攻者聚集在一起，就能产生巨大的效果，被攻击者只能无助地挥赶着劈头盖脸飞来的"蜜蜂"，无法发动任何协调一致的防御，最后只能落荒而逃。实际上，只要我们提供的冲击很多很频繁，制造出足够的战场混乱，敌人就难以再进行协调行动，会不断地重新启动决策程序，最终失去行动的能力。

美国空军实验室（Air Force Research Laboratory，AFRL）2010年利用安卓（Android）操作系统的开源及多设备兼容特性，为地面团队创建地理空间应用程序。这款软件被称为安卓版战术攻击工具包（Android Tactical Assault Kit，ATAK）。ATAK采用插件式架构，允许开发人员为ATAK添加新应用。软件采用日本松下公司提供的加固终端用户设备，其2.2GHz八核处理器为用户提供了可集成无人机和机器人等设备的可控边缘数据处理能力。ATAK的核心是地图应用程序，界面也很像是普通的地图App，使用者可在本地网络上共享数据，可用于导航、空间认知。此外，它还可以控制无人驾驶飞行。

有了ATAK，军人可以利用手中的通信装置与军方的卫星及通信网络连接，从事战场侦察活动，建立安全区并追踪空投的物资。这些信息可以很容易地与飞行员共享，以地图为基础的界面会让使用者标注一些区域或特定的建筑，有助于地面上的军人为传输给轰炸机飞行员的图像资料或数据点增加背景信息。由于大多数Android设备都配备了GPS接收器，因此ATAK还可作为常规导航和定向运动应用程序使用。由于其创新性显著，该软件被称为"游戏改变者"（game changers）。ATAK软件有不同版本，被美国武装部队广泛使用，主要用户为特种兵或作战单元（包括陆海空军）。美国陆军和特种作战部队一直在伊拉克、阿富汗和叙利亚等地使用ATAK，让部队能够看到更多信息，与其他部队更轻松地交流，并能快速找到潜在敌人的位置。[①]特种部队勇士办公室负责人乔尔·巴比特（Joel Babbitt）上校称："通过该App可将联合终端攻击控制员（Joint Terminal Attack Controllers，JTAC）的杀伤链（共分16个步骤）从几分钟降至几秒钟，近距离空中支援可以进行秒级协调。"[②]

3.4 成熟阶段

在20世纪90年代末期，"共享感知赋能下的自同步军队"思想在首次明确提出时是有争议的。一方面，反对者认为它是一种"乌托邦"，难以奏效；另一方面，一些支持者过于

[①] 赵国宏. 从俄乌冲突中杀伤链运用再看作战管理系统[J]. 战术导弹技术，2022（4）：7.

[②] Paul Mcleary. Close air support timeline cut；Wait for tech was too long [EB/OL]. 2019-05-22 [2022-06-05]. BreakingDefense网站.

边缘战及边缘指挥控制

热衷地认为所有的组织都应该尽可能地向边缘型转变。虽然这种争议很激烈,但21世纪后,越来越多的人认识到并不存在放之四海而皆准的指挥控制方法,而边缘型或者"类边缘"型方法在其发展过程中均占有一席之地,但单纯的集中型和边缘型都是不够的。如果组织不能或者不愿采用边缘型方法,那么可用的、网络赋能程度最高的指挥控制方法也不失为一种合适的选择。2020年至今,是边缘战的成熟阶段,2020年也是长达百年的去中心化进程的转折点。这一年有3个标志性的事件:疫情暴发初期快递小哥汪勇的"逆袭"、无人机刺杀苏莱曼尼以及纳卡冲突中无人机重新定义作战模式,这些貌似毫无关联的事件,都印证了边缘力量的快速崛起。

2020年,在人类历史上注定是一个不平凡的年份。也许它刚刚过去,我们现在还感触不深。但若干年后,我们再回顾这段历史时,对其不平凡和转折点的历史地位感悟会更深。这一年,或许就跟历史上1957年苏联发射人造卫星、1969年阿帕网横空出世、1991年海湾战争爆发一样,是人类历史上一个重要的标志年份。

如果从宏观叙事上看,我们在2020年之前就可以看到"平民英雄"逆袭的缩影。2012年7月21日,"平民英雄"逆袭的事件就已经上演。当夜北京突降暴雨,很多人下了飞机回不了家,机场班车也没了,旅客被困机场。于是有人在微博上发布消息说,现在好多旅客下了飞机没有办法回家,大家如果有空的话,是否可以到机场去接一下他们,有点发扬一下"雷锋精神"的意思,号召大家助人为乐。结果2小时之内,600多辆私家车到首都机场去免费接人。这是很多组织、机构都做不到的事情,但通过网络办到了。即使是官方组织,也很难在2个小时之内让600多辆私家车自己掏油钱开车送陌生人回家。我们想一想,网络动员的力量有多大,这在以前是难以想象的。2020年,35岁的"平民英雄"顺丰快递小哥汪勇凭一己之力,搭建起医护人员后勤保障线,被誉为"生命摆渡人"。国家邮政局授予他"最美快递员"称号,顺丰公司破例对他"连升三级"。这一事件无疑具有标志性的意义,它显示了即便没有资源的个体,在网络信息时代仍然可以获得无比强大的力量。网络信息技术,尤其是手机移动终端设备的各类App软件,特别是微信、高德地图、大众点评等App,为个体从单一行动单元转为组织单元创造了条件。在21世纪,社交网络、自组织群体和开放资源已经成为我们日常生活所推崇的核心。如今,松散连接的个体所形成的网络能够以极快的速度完成任务。①

2020年9月27日,亚美尼亚和阿塞拜疆双方就纳卡地区的领土归属问题再次爆发战争。除常规作战武器外,亚阿双方均先后投入多种型号的无人机参战,呈现出以下特点:"地面操控人员可根据无人机传输的实时高清图像进行侦察,精准把握战场态势;精确制导武器对军事目标进行精准打击,成功命中防空系统、主战坦克,扭转战局;无人机提供的高清战场图片、视频在舆论战场发挥了显著作用,提升了己方作战士气。"总体来看,

---

① 罗伯塔·乃斯. 走出思维泥潭:如何激发科学创新中的奇思妙想[M]. 赵军,黄正,陈以昀,译. 杭州:浙江教育出版社,2021:147.

无人机在极短的时间里实现了侦察识别和自主打击，实现了从单一平台作战到多机协同作战的战术升级，从战争辅助工具转变为可以单独发挥效能的杀伤性武器。纳卡冲突堪称无人机首次在战场作为主战装备的一次实战探索，在一定程度上改变了局部战场走势，也让全世界看到信息化、智能化武器装备在现代战场发挥的巨大作用。"无人机在此次冲突中成功的战术运用，充分展示出在现代低烈度冲突中，无人机灵活的战斗应用已经在重新定义作战模式。"

从军事领域看，以前美国在海外发动军事行动，特别是执行"斩首行动"，必须经过严格审核，一线指挥官不能擅自决定发起攻击，以免造成不必要的伤亡，因此经常贻误战机。美国前总统特朗普上台后，赋予一线指挥官更大自主权。总统听取各方面意见后，做出攻击决定，至于什么时候攻击、以什么方式攻击，全部交给军方处理，前线指挥官也有了更大的军事指挥权。特别地，他们可以根据现场情况的变化，及时调整攻击时机和方式。这种战术上的变化，加上美军武器装备的不断进化升级，使美军的攻击效率极大提升。2020年1月3日，美军使用MQ-9"死神"无人机对伊朗圣城军首领苏莱曼尼实施了一次"斩首行动"。这种无人机集成了航空、电子、制导和信息等领域的最先进技术，使其具备了信息收集、处理、集成、分发，以及对目标物进行监视、侦察、隐身、跟踪、攻击等多种功能。未来的战士彼此之间高度连接，同属一个网络，一举一动都在最高指挥员和计算机的监测和分析之下。2022年2月2日晚，20余名美军突击队员乘坐直升机，来到"伊斯兰国"（IS）头目库莱希位于叙利亚西北部的住处周边，展开行动。武装直升机、无人机和攻击机在其身后支援。在美军"定点清除"行动中，走投无路的库莱希引爆了炸弹自杀。行动当天，美国总统拜登、副总统哈里斯，以及军事和国家安全团队成员在白宫战情室"实时"监控局势，观看目标建筑物的实时影像。白宫也在第一时间便发布了拜登在战情室专注地观察战况的照片。

随着网络信息技术的成熟与普及，边缘战的样式在网络信息时代获得了新的诠释。网络信息技术依托民众的广泛参与，将指挥控制系统与火力打击系统紧密连接，形成"分布式情报众筹"与"订单式打击"的新型作战样式。俄乌冲突爆发后，乌克兰副总理米哈伊洛·费多罗夫迅速主导乌克兰数字转型部（Ministry of Digital Transformation）开发了一款基于聊天机器人 Telegram 的"电子敌人"（e-Enemy）情报众筹应用程序（Intelligence Crowdfunding App），也称 eVororog 或 eBopor。乌克兰政府动员民众大量下载，以便他们将手机拍摄到的俄军即时动态和定位情报上传汇集，供乌克兰军方发现、打击俄军。[1]除此之外，乌克兰还开发了"阻止俄罗斯战争"（@stop_russian_war_bot）、"乌克兰复仇者"（@ukraine_avanger_bot），以及"空中警报"（Повітряна тривога）等应用程序，同样为乌克兰民众通过手机报告俄军动向提供平台。乌克兰情报众筹应用程序、乌克兰"空中警报"

---

[1] David S.Ukrainians use Telegram Chatbot to track and target Russian troops[EB/OL]. 2022-03-28[2022-05-30]. Hookupcellular 网站.

▶ 边缘战及边缘指挥控制

应用程序分别如图 3-1、图 3-2 所示。

图 3-1 乌克兰情报众筹应用程序　　图 3-2 乌克兰"空中警报"应用程序

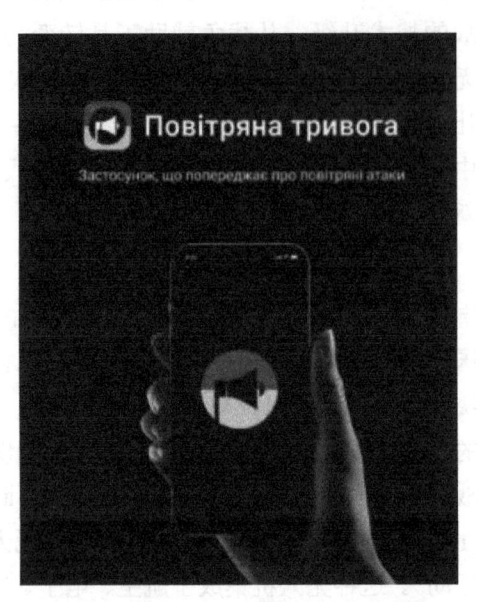

"电子敌人"软件可以标明所报告的事件（如俄军装甲车队在移动）、位置坐标、精确到时刻的时间、事件类别（人员、装备等）、以颜色区分的紧急程度，并提供图片或视频链接网址。截至 2022 年 4 月 28 日，已有 26.7 万名乌克兰民众通过该平台提交数据，平台平均每天收到 2000 条俄军位置等信息。乌克兰利用这些数字技术，实施了一种创新的"订单式打击"游击战术。在网络信息技术的支撑下，乌克兰一线部队如同快递小哥一样，精准"接单"、快速响应、精确打击。他们通过接收"电子敌人""空中警报"等软件提供的实时情报，发起精确打击，并通过手机拍照上传网络确认打击效果。这种去中心化的新型作战模式，以较小的代价取得了对俄军人员和装备的重大打击。这使得俄军陷入了所谓"人民战争"的海洋。我国网络信息体系领域学者赵国宏研究员将乌克兰这种作战模式比作"滴滴打车"模式，即下单（提供情报）—服务（进行打击）—结算（报告毁伤），乌军类似于快递小哥，接单（接收目标情报）、发货（发射出手中的便携式导弹）、签收（拍照确认毁伤效果）。[①]

乌克兰边缘战的活跃，很大程度上得益于人工智能技术的广泛应用。2022 年 5 月 16 日，美军特种作战部队数字应用程序执行官保罗·韦泽尔上校在美国特种作战司令部（United States Special Operations Command，USSOCOM）工业会议上透露，美国国防部已经向乌克兰军队提供了 ATAK，用于乌军侦察小组快速建立侦察网络，并为指挥官提供战场的实时态势感知。[②] 乌军在美军为其提供有力情报数据支持的前提下，基于 ATAK 平台对

---

① 赵国宏. 从俄乌冲突中杀伤链运用再看作战管理系统[J]. 战术导弹技术，2022（4）：4.

② Stew M. Pentagon speeds tactical software to Ukraine[EB/OL]. 2022-05-17[2022-05-30]. National Defense Magazine 网站.

敌情、我情、地形、位置等综合态势的共同感知能力，实现了动态指派作战任务与自主受领作战任务相结合的灵活战术运用。

个人力量的崛起不仅仅体现在个人能力和资源获得的极大提升上，也体现在认知领域的影响力提升上。与以往传统媒体垄断战场信息不同，社交媒体在俄乌冲突中扮演着重要角色。美国专栏作家托马斯·弗里德曼甚至将俄乌冲突描述为第一场由"仅拥有智能手机却被超级赋权的个人"报道的战争。美国多家社交媒体平台步调一致地采取措施，传播美国官方认可的关于俄乌冲突的所谓"真实、可靠"的信息。2022年3月，白宫在线上向美国30位"网红"传达了美国政府想传达的信息，即如何"正确"理解俄乌局势以及美对俄政策等。[①]

中心化指挥控制模式的困境根源在于其设计的科学原理，是基于过去已有的知识和经验，对假想的环境和事件做出充分的、完美的设计，一旦出现与假定的环境和事件不相符合的情况，如新的事件出现，或出现假定的事件但中心化指挥控制自身结构出现变化，既定程序无法实施等，都会导致中心化指挥控制模式"措手不及"，出现混乱甚至崩溃。

近年来，美军大力推动"战术云"建设，提升对战术边缘的信息保障能力，以应对快速发展变化的军事战术环境。美军不但大力推进战术边缘的能力建设，在作战场景设计和验证方面也不遗余力。2023年初，Fuse Integration公司发布了《联合全域指挥控制（JADC2）：在大国竞争中制胜的战术边缘网络化》报告，概述了美国国防部在大国竞争中实现信息优势的愿景，以及发展JADC2所面临的技术、战术和作战方面的挑战，提出由工业界来开发创新方案，助力JADC2的发展。报告假设了一个地缘政治紧张地区的秘密地点，一支由美国海军陆战队和经验丰富的作战人员组成的精锐部队准备沿着由远征前进基地组成的岛链遂行空中进攻作战。这个岛链无疑就是边缘，也是美军全球作战模式的第一道防线。他们共同构成了综合海上网络中的一个战术节点，该网络包括一系列传感器、射手、海基和陆基后勤和空中支援中心、有人和无人水面和水下作战舰艇以及岸上和海上作战行动中心。这支边缘精锐部队的成功有赖于快速获取和不间断地链接跨越陆地、海上、空中、太空、电磁和网络空间作战域的一系列重要信息；而这些关键信息增强了部队的态势感知能力，有助于制定决策，并在面对来自均势对手的威胁时具备杀伤力和生存能力。任务成功的关键在于这些部队之间的协作，以及与舰艇上的指挥控制（C2）分队、岸上的分布式节点、配备精确武器的联合射手以及大量战术和战略传感器之间的协作。

---

① 关国平. 无情兵火背后的荒诞叙事——且看美国在俄乌冲突中如何以谎言"做局打牌"[N]. 光明日报，2023-02-24（12）.

第 4 章　组织的类型与边缘组织

组织对一个集团、企业和军队的重要性不言而喻。企业可以通过建立组织结构和确立团队合作的方式来推动优势产品的设计。同时，组织结构和团队合作方式也会反过来影响企业能否设计出新产品。对优秀企业为什么会遭遇失败的一种解释是，组织上的障碍可能是导致这一问题发生的根源。亨德森和克拉克就总结说："企业的组织结构通常能够推动组件层面的创新，因为大多数产品研发机构都是由负责产品元件研究的多个小组组成的。"[①] 网络的普及与应用，使传统组织决策的层级结构向扁平结构转变，"组织形态由纵向链条模式向水平网络模式转变，组织方式由分部门按序列向一体化协同转变，组织行为由低效率向快速响应转变，决策机制由高度集中向更加贴近现场转变"。[②] 与人类任何其他社会实践活动不同，军事实践一开始就是高度有组织地进行的。军队中的指挥控制组织结构是指挥员或指挥机关以实现作战意图和完成作战使命为目标进行指挥控制所依托的组织结构，贯穿于作战行动规划、作战单元协同、兵力编成配置和信息计划等各个环节。军队组织已经成功运用了不同的指挥控制方法，目前仍在不断尝试针对当前的情况对组织和指挥控制方法进行调整和改变。

如何处理中心和边缘的关系，是指挥控制组织设计中的主要矛盾，对应集中统一与灵活敏捷的取舍与权衡，应对战争的本质——不确定性。越来越多的人认识到，并不存在放之四海而皆准的组织和指挥控制方法，中心型（等级型）和边缘型方法在其发展过程中均占有一席之地。使用机械的、工业时代的等级型组织通常不能充分理解和控制复杂、动态、不确定的环境。这样的组织正如下面所阐述的，未必是新的思想。商业方面的研究文献对它们已经讨论了几十年，军队的任务式指挥概念也可以追溯到 19 世纪。不可否认的是，网络化信息环境让许多这样的组织在情况多变的环境中变得越来越可行。边缘组织是一种包容的协作组织，以广泛的信息共享和主导的对等关系为特征。在边缘组织中，每一个成员都享有信息的赋能，并且权力下放，一线成员可以自主做决定。某种意义上，这些分散式的方法让对手更难以应对。

---

① 克莱顿·克里斯坦. 创新者的窘境：珍藏版[M]. 胡建桥，译. 北京：中信出版社，2020：32.
② 江泽民. 新时期我国信息技术产业的发展[J]. 上海交通大学学报，2008（10）：1595.

第4章 组织的类型与边缘组织

4.1 一般组织结构与C2组织结构的研究现状

在一般的组织意义中，组织的存在使个体在有限理性和社会影响的共同作用下，围绕创新的决策形成共识，以实现集体目标和个人价值的统一。组织结构的存在为组织提供了一套管理杠杆，并会随着组织资源配置的变化而不断调整。指挥控制（Command and Control，C2）组织结构既具有组织结构的普遍特征，也具备军事组织的特殊属性。在从古典组织理论到现代组织理论，再到后现代组织理论的发展过程中，涌现出的较为经典的组织结构有直线制、职能制、直线职能制、事业部制、矩阵制、虚拟化组织结构等，体现了对决策权和信息分配的不同思路。

21世纪是一个更互联、频率更快、更难预测的时代。应对不确定性成为常态，敏捷性必然成为首要的素质，而不是效率。C2组织面临的环境同样具有更大的不确定性，信息来源更加多元化，C2组织结构也由传统的金字塔式直线制层级结构向扁平化和网络化方向发展，使得上下级之间既能实现控制功能，也能实现协作交流功能。随着分布式杀伤、"马赛克战"、边缘C2等新范式的提出，C2组织结构需要进一步增强其在不确定的战场环境下的敏捷性和灵活性，这也意味着需要重新审视中心C2单元与边缘C2单元之间的平衡关系。

4.1.1 一般组织结构的研究现状

目前已有的对一般组织结构的相关研究，其视角主要仍聚焦于组织内部，其底层逻辑主要围绕着信息与决策权两大线索，认为组织中的有效信息在组织内部交互共享，以决策权的方式分配给各层级，需要在组织中衡量决策权的授权分配，并基于此提出更新组织结构的一些设想。Levinthal等的研究指出，传统的等级型组织结构在整合相互依赖的个体单位方面表现得更好，但是牺牲了局部的专业化，当代的组织结构更多的是通过内生的相互依赖性，构建自下而上的、各主体参与设计工作的组织结构，不仅能够整合各个层次的有限理性，也允许下层单位追求自主权和专业化。[1]Vicente等将组织视为一个信息网络，认为组织中的个体是信息网络上的节点，进一步厘清组织结构在信息视角下的构成要素，包括组织的类型、信息网络的规模、信息网络中的节点数量以及各节点之间在信息交流中的影响强度，以形成基于共识的决策而不是基于权威的决策，协调参与实施决策的各个个体的行为。[2]Billinger从决策的视角，研究得出在普遍不确定性、动态性和复杂性的环境中，

---

[1] LEVINTHAL D, WORKIEWICZ M, CLAIMS A I. When two bosses are better than one: nearly decomposable systems and organizational adaptation[J].Organization Science，2019, 29（2）：207-224..

[2] VICENTE S, CARLOS S, ÁLVARO L. Organisational structure and performance of consensus decisions through mutual influences: A computer simulation approach[J]. Decision Support Systems, 2016, 86: 61-72.

个体决策者更愿意通过局部改进搜索去探索更优的决策方案,通过组织结构中的交互作用汇总信息,将个体决策转化为组织决策。[1]Joseph 等研究了决策和信息之间的关系,提出:为了适应不断变化的外部环境,组织通过对海量信息进行分布式处理,以实现分布式决策,将个体行动转化为集体行动,促进新的组织结构的形成;而新的组织形式对决策的影响,则取决于其对相关联的信息处理特性的更精细理解。[2]Baumann 围绕组织结构中的相互依赖和嵌套的决策单元,提出组织采取自下而上的方式,选取构成组织的决策者网络,产生、获取和处理其获得的内外部环境的信息,从而在应对外部环境时能够便于行动。[3]Joseph 等研究了影响组织结构的多种因素,认为组织结构不仅是关于组织设计者精心规划和努力的函数,而且是关于相互依赖的、分布式的和情境化的决策所产生的响应的函数,基于相互调整的替代性协调模式的组织结构正在取代传统的自上而下的组织结构模式。[4]

从上述已有的研究中可以看出,决策权和信息这两个变量是目前所提出的影响组织结构的重要因素,然而仅以这两个因素来探讨组织结构有些单薄。此外,在信息蓬勃发展的大环境中,组织作为一个行为个体在其做出决策的过程中也需要与其他行为个体产生关联、共享信息甚至联合决策,从组织内出发是研究组织结构的一般路线,然而,这些研究对微观层面因素的考察却较为缺失。

4.1.2 C2 组织结构的研究现状

C2 组织结构是一般性组织结构在军事领域的一种特殊表现形式。[5]在战场环境中,各指挥单位依托 C2 组织结构,围绕着实现作战意图和完成作战使命的战略目标达成决策共识,展开军事行动。C2 组织结构的部署为响应作战态势、传递作战信息、达成作战决策共识提供了一套管理工具。随着新威胁的涌现、新技术的进步、信息速度的加快和不确定性的增加,C2 组织结构中信息和决策权如何有效分配,将直接影响着能否对作战态势敏捷、灵活、快速地响应,形成对敌优势。

从定性的角度,目前已有的研究观点主要集中于降低 C2 组织的中心化程度,并注重

---

[1] BILLINGER S, STIEGLITZ N, SCHUMACHER T R. Search on Rugged Landscapes: An Experimental Study[J].Organization Science, 2014, 25(1): 93-108.

[2] JOSEPH J, GABA V. Organizational Structure, Information Processing, and Decision-Making: A Retrospective and Road Map for Research[J]. Academy of Management Annals, 2020, 14(1): 267-302.

[3] BAUMANN O. Models of Complex Adaptive Systems in Strategy and Organization Research[J]. Mind & Society, 2015, 14(2): 169-183.

[4] JOSEPH J, BAUMANN O, BURTON R, et al. Reviewing, Revisiting, and Renewing the Foundations of Organization Design[M]//JOSEPH J, BAUMANN O, BURTON R, et al. Advances in Strategic Management: Vol. 40. Emerald Publishing Limited, 2018: 1-23.

[5] 张杰勇,姚佩阳,周翔翔,等. 指挥控制组织建模仿真技术[J]. 火力与指挥控制,2012,37(12): 7-10.

分布式决策和信息共享，实现从顶层向底层的权力下放。Simpson 指出，C2 组织的集中化虽然能减小顶部的不确定性，但是增加了底部的不确定性，权力的下放能够提高共享意识，并提出将底部边缘组织的自主信息优势转化为战斗力，形成分布式决策。[①]Slazinik 等研究得出，矩阵组织结构、边缘组织结构和以网络为中心的组织结构都是较好的选择，从中央到地方单位的横向联系有助于增大 C2 组织结构的灵活性和信息流，应对环境的不确定性。[②]Shin 等进一步构想了组织结构的设计，研究指出军事集中式组织结构会造成决策的低效，组织结构设计应当包括决策单位和决策过程的优化，更需要考虑个人所分配的任务、需要的资源以及传递的信息在整个 C2 组织结构中的相对重要性。[③]

然而，这些研究视角只是宏观地提出去中心化的 C2 组织结构的概念，缺乏对 C2 组织结构决策权分发和信息共享的内在逻辑的阐述和关系的厘清。已有研究人员对 C2 组织结构进行建模，描述 C2 组织结构的基本组成和作用机理，并评估改善 C2 组织结构的效能。其中第一种模型是以组织设计三阶段法为计算框架的 C2 组织结构模型，这样的 C2 组织结构理想化地静态分配指挥权限和决策权，忽略了决策者之间的动态联系，难以响应不确定的动态战时环境。第二种是以研究信息论和 Petri 网为代表的 C2 组织结构模型，在 C2 组织结构中运用信息熵描述决策行为，建立基于组织熵的决策模型；但忽略了 C2 组织结构的除了信息传递之外的其他逻辑关系。第三种是以研究强化学习为代表的 C2 组织结构模型，将 C2 组织结构描述成多智能体组织，对其中的组织元素进行动态表征，呈现了网络化的组织关系形式，但是缺乏对指挥控制职能和流程的描述。第四种是以研究复杂网络和社会网络分析为代表的 C2 组织结构模型，运用图或矩阵对 C2 组织结构的拓扑结构进行建模，反映的是其中的组织关系；但忽略了 C2 组织结构中的组织元素、组织流程和作用机理。

边缘 C2、边缘战、"马赛克战"等概念的兴起，使 C2 组织结构建模也有了新的研究方向。孙立健等重塑 C2 组织结构模型，基于不同组织元素、不同组织关系和不同组织流程的各要素建模分析，更加注重研究中心指挥单元到边缘战单元的作用路径。[④]

综上，种种研究结论表明：随着网络信息时代的到来，传统的中心化 C2 组织结构早已不再适用于新的环境，如何更好地认识信息和决策权在 C2 组织结构中的逻辑关系和作用路径，重新观测 C2 组织结构模型是当前研究 C2 组织结构面临的主要问题之一。因此，本文基于一般性组织结构的研究思路，创新性地提出解析 C2 组织结构的六维视域。

---

① SIMPSON M L. Command and Control in the Information Age: A Case Study of a Representative Air Power Command and Control Node[D]. Nor folk: Old Dominion University, 2015: 186.

② SLAZINIK M I, HAZEN B. Global Command and Control for the Future Operating Concept: Implications for Structural Design and Information Flow[J]. Air and Space Power Journal, 2017, 31: 34-47.

③ SHIN S J, KANG A, KIM D, et al. Improving Counter Fire Operations with Enhanced Command and Control Structure[J]. Computational and Mathematical Organization Theory, 2019, 25(4): 464-498.

④ 孙立健, 周鋆, 余正飞, 等. 指挥与控制组织结构模型研究[J]. 系统工程理论与实践, 2022, 42(12): 3412-3428.

4.2 指挥控制方法空间

信息在战略博弈中占据着非常重要的作用。自古以来，社会性组织结构正是由于其最高决策层掌握了多于其他层级的信息，才形成自上而下的有效控制；对于传统的战争来说亦是如此。传统的等级型组织结构意味着各个层级所能掌握的信息是有差别的，越是处于底层的人员，所获取的信息就越少。发展到信息网络社会，交互式的网络技术使得信息的获取变得更加容易，途径更加多样，对信息自上而下的等级型严格控制早已不再适用于复杂且不确定的外部环境。

在针对问题选择指挥控制方法时，需要理解所面临问题的差异。因此，如何分析问题是选择指挥控制方法的关键。在指挥控制方法分类上，美国学者阿尔伯特（Alberts，又称阿尔贝茨）和海斯提出了一种简洁而有效的分类方法，即可以通过如下三个维度分析和建立指挥控制方法三维立体空间：

（1）决策权分配（高度集中的或高度分散的）；

（2）信息分发（严格控制或广泛传播）；

（3）参与者之间的交互模式（严格受限或不受限）。

图 4-1 显示了阿尔伯特与海斯所提出的指挥控制方法空间。

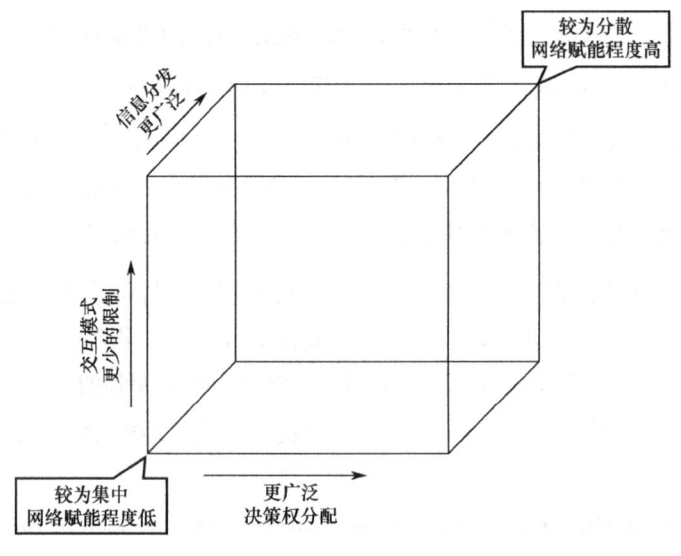

图 4-1 指挥控制方法空间

从传统意义上看，人类一切政治的奥秘首先在于对信息的严格控制。从《论语》的"民可使由之，不可使知之"到秦始皇的焚书坑儒，从意大利人布鲁诺被烧死在罗马鲜花广场，到尼克松的"水门事件"，说到底，统治阶级不论自觉与否，都在竭力保持对信息的有效控制。当然，控制信息还不是全部目的所在，信息被控制后，还需要有序分发。分发的一般原则是：在空间上，自上而下；在时间上，先上后下。这意味着，从社会结构来看，各个阶层掌握的信息量是有差别的：越是高层和高级指挥员，掌握着越多的信息；越是下层平民和士兵，便只能获得越少的信息。但在技术条件落后的古代，这只能是军事家的梦想，传统战争不管是局部的还是有限的，都难以实现可控。随着信息网络社会的发展，首当其冲的就是这种传统的信息分发模式。由少数人控制信息同时也严格掌握着信息传递程序的时代一去不复返了。交互式的网络技术将人们紧紧地联系在一起，不论富贵贫贱，不论上下尊卑。

通俗地讲，指挥控制方法空间考量的是谁能知道什么，谁能和谁对话，谁能做出行动决策。中心化的、等级型的、集中型的指挥控制组织倾向于单一的决策权分配、受限的交互模式以及严格控制的信息流动，因此，等级型指挥控制位于指挥控制方法空间立方体的左下角。立方体的右上角代表理论上的边缘型组织，该组织具有尽可能广泛的信息分发、交互模式和决策权分配。沿着立方体的对角线，从左下角到右上角，表示不同维度的均衡的分散化。现实中既有现代化的网络部队，也有小型自治组织。如图 4-2 所示，现实的组织在这个指挥控制方法空间中都可以找到自己的区域，都可以描述成一个象征性的"长方体"（或正方体）；其中，"拧 10000km 长的螺丝刀"是一个形象的比喻，有的称之为"拧 7000 英里长的螺丝刀"，意思是高级指挥员对一线部队直接下达战术命令。这种微观管理方式对下级管得太细，统得过死，必然导致一线人员无所适从。值得一提的是，这样的描述是定性的、概念上的，而不是严格定量。这些图形用来从广义上说明各种概念并阐明各种关系。

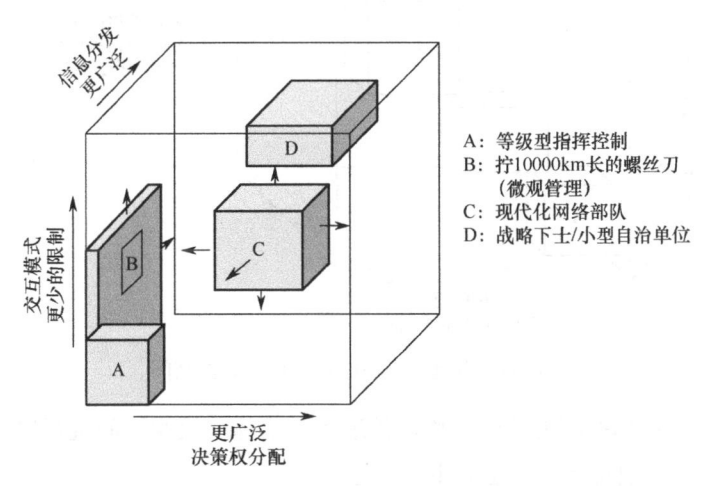

图 4-2 指挥控制方法空间中各种组织象征性位置示意图

严格来说，没有十全十美的组织。选取什么样的组织跟使命任务、功能、时间等紧密相关。举例来说，从功能的角度考虑，情报站与后勤可能处于 C2 方法空间中不同的部分；人道主义救援行动与一场战斗的 C2 方法可能完全不同。类似地，从时间角度考虑，一个军事行动的危机处理阶段采用的 C2 方法与一场战争爆发时采用的 C2 方法可能不同。[①]敏捷的指挥控制组织将会占据立方体中最适合其任务的某一位置。

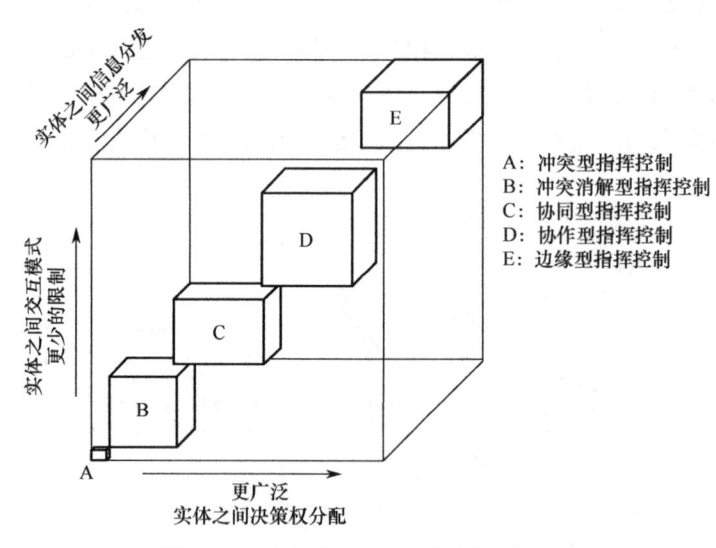

4.3 多组织参与的指挥控制方法空间

未来的战争、应急救援活动等包括多类组织参与，每类组织都有自己的文化和指挥控制方法，指挥控制方法空间的维度变为：

（1）集体内各实体之间的信息分发（严格控制或广泛传播）；

（2）集体内各实体之间的交互模式（严格受限或不受限）；

（3）集体内各实体之间的决策权分配（高度集中的或高度分散的）。

集体内每一个实体内部或许都有自己的方法（自己的"立方体"）；这个集体的方法空间描述了各种实体之间是如何彼此相互影响的。

多组织参与的指挥控制方法空间如图 4-3 所示。该图同样是一种定性的描述，而不是精确的。

图 4-3 多组织参与的指挥控制方法空间

图 4-3 中不同指挥控制方法的名称，体现了各实体（组织）间进行协作时该方法的典型特征。对此，阿尔伯特等人给出如下的描述。

（1）冲突型指挥控制：没有集体的目标。只有各实体在自己的部队或者组织所用的指挥控制。

（2）冲突消解型指挥控制：各实体进行最低限度的交互，共享最低限度的信息，并向

---

① 阿尔伯特，海斯. 理解指挥与控制[M]. 赵晓哲，杨健，译. 北京：电子工业出版社，2009：60.

其他组织交互最低限度的决策权,从而避免集体内各参与者之间产生不利的交叉影响。

(3) 协同型指挥控制:实体现在不只修改他们的意图、计划与行动以避免潜在的冲突。在协同型指挥控制中,他们形成了某种程度的共同意图,并达成协议将所有实体制订的各种计划中的行动连接起来。为此各组织应该努力做到以下几点:

一是为集体的意图寻求相互支持;

二是开发各实体的计划与行动之间的关系与联系,增强协同效果;

三是在某种程度上形成非建制的资源池;

四是共享更多信息,以改善信息的整体质量。

(4) 协作型指挥控制:各实体不限于形成共同的意图,他们现在需要协作制订共同的计划。为此各组织应该努力做到以下几点:

一是协商并确立集体意图,形成一个共同的计划;

二是确立或者重新配置各种角色;

三是协调并整合各种行动;

四是共享非建制的资源;

五是在某种程度上形成非编制的资源池;

六是增强社会交往,以提高共享的感知能力。

(5) 边缘型指挥控制:各实体实现自同步。集体成为一个敏捷的网络化实体集合,这些实体可以广泛、方便地访问信息、共享信息,进行丰富且持续不断的交互并尽可能广泛地分配决策权。[1]

4.4 商业组织形式

指挥控制方法理论与商业文献中所研究的组织理论之间存在一些共性。虽然以盈利为主的商业实体与完成军事任务或应急救援的实体之间存在着一定的不同,但商业文献中提出的一些概念对于研究指挥控制组织仍有值得借鉴之处。

4.4.1 明茨伯格的组织原型

加拿大管理学家明茨伯格确定了几种组织原型,可以说,这些原型涵盖了人们所能观察到的大多数商业实体。下面对明茨伯格所提出的指挥控制中最为重要的概念——组织类型进行简述。

---

[1] 瓦西利乌,艾伯茨,阿格雷. 指挥控制的新构想:企业的未来[M]. 柳强,邹丙青,译. 北京:国防工业出版社,2016:55-56.

1. 简单型

这是一种具有纵向权力结构的组织，但它也是相对扁平的，并没有多个管理层。明茨伯格认为，直接管理是这类组织关键的协调机制，权力集中在上层，但是也具有相当大的灵活性。这类组织根据功能需求有机地形成内部组织，很少有正式的支持机构。小型公司和一些创业初期的公司常常属于这一类型。

2. 机械官僚型

这是一种等级型组织，任务与规程的标准化程度高。明茨伯格认为，"操作的标准化"是这类组织的主要协调机制。传统的从事大规模生产的工业公司经常采用这种组织形式，趋向于从事简单重复性任务的服务公司也是如此。这种组织形式在政府机构（包括军事机构）的业务运转中也是常见的。

机械官僚型组织最适合于相对简单且稳定的外部环境。尽管事实上军事机构有时必须应对不稳定或者复杂的环境，但经典的等级型指挥控制组织与机械官僚型组织还是有很多共同之处的。

3. 专业官僚型

这是一种通常适用于训练有素的专业人士聚集的组织，这些专业人士在工作时能够有一定程度的自主性，其官僚体制的标准化主要体现在人力资源方面，而不是执行任务的规范化方面。明茨伯格认为，"技能的标准化"是这类组织关键的协调机制。例如，组织可能会将相当大的力量花费在确定应有的地位与能力上。专业官僚型组织可能会不断演进，以应对稳定而又不复杂的环境。明茨伯格认为，会计师事务所与工艺制造公司就是专业官僚型组织的范例。

4. 特设型

特设型（adhocracy）组织是一种没有大量正式结构的灵活的组织。特设型组织的员工通常具有高超的技能，能够自主工作，可以根据当前项目的需求灵活地构建组织团队。根据项目的不同，特设型组织可能会发生纵向或横向的授权，具有可配置的矩阵式管理形式。明茨伯格认为"相互调整"是特设型组织主要的协调机制，适合于复杂的、迅速变化的环境。在这种环境下，更为正式的组织可能会由于反应太慢而不能及时响应。一些特设型组织所做的工作或许与专业官僚型组织类似。从航空航天公司到专业服务公司以及刚创业的公司，我们可从各种各样的公司与行业中看到特设型组织。特设型组织是最接近边缘型组织的原型。

明茨伯格讨论了几种变量（设计要素），以刻画各种组织原型。下面所列的一些变量可以和指挥控制方法空间中的重要参数对应。

（1）集中化：关注权力的集中和决策权的分配。

（2）专业化：描述劳动部门划分的参数。横向专业化涉及任务的数量及广度，而纵向专业化指的是执行者对各种作业的控制水平。通常来说,"非技能性"的工作同时具有高度的横向与纵向的专业化,而技术性工作则具有高度的横向专业化和较低的纵向专业化。

(3) 正规化:反映了工作流程的正式规范与标准化程度。非技能性的工作往往更加正规化。

(4) 联络方法:是横向交互与相互调整的手段。这些方法可能会涵盖各种非正式的交流以至各种高度正规化的矩阵结构。

(5) 规划与控制系统:指对输出如何进行标准化和管理。这或许包括行动规划(预先确定输出结果)或者性能控制(对各种效果和输出的确证性的度量)。

阿尔伯特与尼森(Nissen)分析了明茨伯格所提出的参数,发现这些参数虽然不能与指挥控制方法空间的坐标轴直接对应,但可将它们的组合映射到该空间的每一条坐标轴上。或许集中化和决策权分配之间存在最明显的对应关系;但是,直接影响人们如何完成具体作业的横向专业化与纵向专业化也影响着决策权的分配。

使用这些对应关系,我们可以在指挥控制方法空间中对明茨伯格所提出的各种组织原型进行粗略地表示,如图4-4所示。该图中各组织原型的位置仅仅是说明性的,而不是精确的。

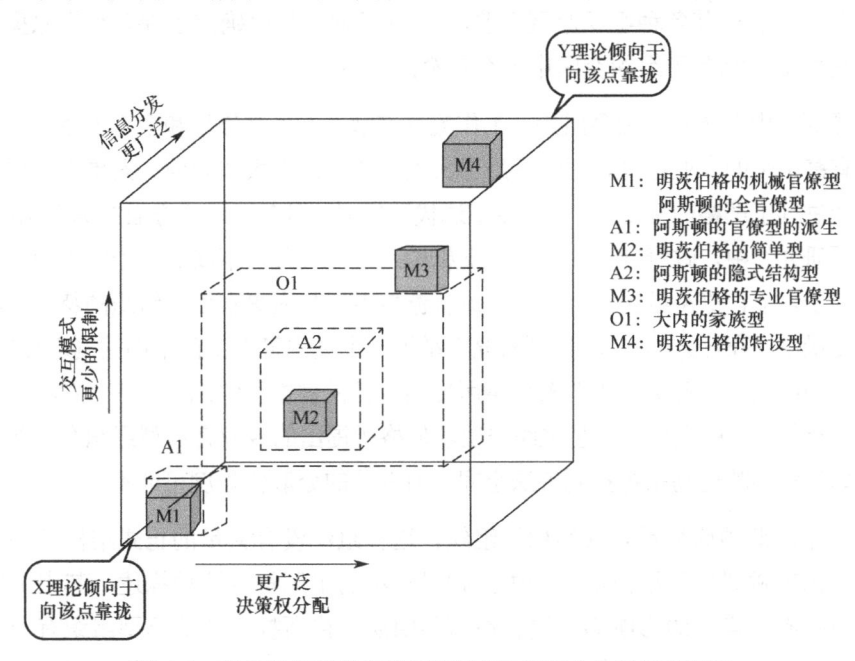

M1:明茨伯格的机械官僚型
阿斯顿的全官僚型
A1:阿斯顿的官僚型的派生
M2:明茨伯格的简单型
A2:阿斯顿的隐式结构型
M3:明茨伯格的专业官僚型
O1:大内的家族型
M4:明茨伯格的特设型

图4-4 商业组织原型在指挥控制方法空间中的位置示意图

4.4.2 阿斯顿研究

"阿斯顿研究"是阿斯顿研究小组在20世纪60年代对大量英国的实体组织结构所进行的一系列开创性研究。他们考虑了64个不同的参数,当时的管理文献将其视为定义组织特性的重要参数。这项研究通过数学分析将众多的参数归结到皮尤（Pugh）等人所描述的以下 3 个基本维度：

（1）权力的集中化：这在很大程度上是不言而喻的，它与明茨伯格所说的集中化相关。

（2）活动的结构化：指正式确定雇员角色的程度。明茨伯格在后来提出的正规化与专业化参数中对该维度的一些方面进行了阐述。

（3）工作流的在线控制：与那些"冷冰冰"的规程对这些工人的活动所做的规定相比，这是指一线工人能够对其活动实施控制的程度。它是对工人自主性的度量，类似于明茨伯格后来提出的正规化参数。

与明茨伯格所提出的各种参数一样，"阿斯顿研究"的各个维度与指挥控制方法空间并不是直接对应的。"权力的集中化"与指挥控制方法空间"决策权分配"之间的联系最为明显，但是"决策权分配"也会受到"阿斯顿研究"其他维度的影响。"工作流的在线控制"与"活动的结构化"都与"交互模式"相关。"阿斯顿研究"的各个维度与指挥控制方法空间"信息分发"维度的联系最不明显，但我们可以说，"信息分发"与"活动的结构化"之间存在某种联系。

在明茨伯格提出其各种组织原型之前，"阿斯顿研究"曾确定了许多组织原型，即阿斯顿原型。这些原型涵盖了组织空间中一个较窄的区域。

阿斯顿原型中有 3 种官僚型组织：工作流官僚型、人事官僚型和全官僚型。工作流官僚型组织拥有高水平的作业标准，通常适用于大型制造厂或者大型企业。人事官僚型组织对人力资源活动进行了严格的标准化，如招募、选拔和解雇，但在工作流方面的标准化程度较低。在"阿斯顿研究"中，政府部门的区域分支机构，或者大公司下属的一个较小的分厂，就是这方面的例子。全官僚型组织综合了工作流官僚型组织与人事官僚型组织的特点，因此它的官僚制程度最高。在这方面，"阿斯顿研究"举了一个集中管理部门下面的制造分厂的例子。这 3 种官僚型组织可能都类似于明茨伯格所提出的机械官僚型组织，或者与对其范围稍加扩展后的定义类似。其中人事官僚型组织与明茨伯格所提出的专业官僚型组织有一些共同的特性，但是如果将其映射到指挥控制方法空间，前者总的分散化程度可能不如后者。

还有一个阿斯顿原型是隐式结构型组织。这种组织没有大量的正式结构且决策权相对分散。在"阿斯顿研究"给出的例子中，相对较小的工厂符合这种描述，其中工厂原先的所有者仍然拥有相当大的影响力。这种原型与明茨伯格所提出的简单型组织有一定的相似之处。与明茨伯格的组织原型相比，"阿斯顿研究"提出的各种组织原型在指挥控制方法空间中所处的示意性位置参见图 4-4。

4.4.3　麦格雷戈的 X-Y 理论

X 理论和 Y 理论（Theory X and Theory Y，也称 X-Y 理论）由美国学者道格拉斯·麦格雷戈在 1960 年出版的《企业中人的方面》(*The Human Side of Enterprise*)一书中提出。X 理论和 Y 理论所探寻的都是人们工作的原动力,不同之处在于二者的假设是相反的,X 理论认为人们有消极的工作原动力,而 Y 理论则认为人们有积极的工作原动力。

X 理论是麦格雷戈对传统的关于人性假设的管理观点所做的总结归纳。其主要观点是:人的本性是懒惰的,他们厌恶工作,并尽可能逃避工作;大多数人缺乏雄心壮志,不愿主动承担责任,宁愿被人指挥;多数人的个人目标与组织目标是矛盾的,必须用外力来促使他们为实现组织目标而努力;大多数人工作只是为了满足生理需求和安全需求;大多数人缺乏理性,很容易受到环境和他人的影响而做出不该做的事。根据 X 理论,传统的管理方式一般是通过外力,比如采用物质手段来促使成员积极性的提高,同时注重"严格而合理"的管理方法,使用奖赏与惩罚相结合的手段对成员进行激励与约束,即采取"胡萝卜加大棒"的政策。

麦格雷戈认为,虽然当时在工业组织中的人出现了很多 X 理论中所列出的行为,但是这些行为并不是人类的固有天性,而是当时工业组织的性质、管理思想、政策和实践所造成的。因此,他针对 X 理论的错误假设,提出了相反的 Y 理论。Y 理论的主要观点是:人并非天生懒惰,如果给予合适的工作环境,人们会把工作当成一件快乐的事,自愿进行工作并渴望发挥其才能;多数人愿意对工作负责,在适当的条件下能够主动承担责任;物质报酬并不是成员的唯一需求,在组织中的自尊、自主和自我实现的需求也是普遍存在的,激励在需求的各个层次上都起作用;想象力和创造力是人类广泛具有的。根据 Y 理论的假设,要合理安排员工的工作,对员工充分授权,让员工通过自我实现的满足来提高工作的积极性。

麦格雷戈所创立的 X-Y 理论,已经成为当代管理科学不可分割的部分。他对 X 理论和 Y 理论所做得比较,为处理组织成员之间的关系提供了认识工具。但 X-Y 理论也并非万能钥匙,Y 理论对成员的工作态度持积极乐观的观点,而在现实中的确存在相当一部分人懒惰和不愿负责任的情况,显然对这些人应用 Y 理论必然会导致管理的失败。此外,如果要对组织成员使用 Y 理论,就需要合适的工作环境,然而创造这样的环境成本往往很高,所以 Y 理论也并不总是适用的。

4.5 边缘组织形式

奥瑞·布莱福曼(Ori Brafman)与罗德·贝克斯特朗(Rod Beckstrom)在《海星与蜘蛛》(*The Starfish and the Spider*)一书中,以美国西南部以及墨西哥的阿帕奇族印第安人为例,讨论了边缘型网络化组织的效能。

两个世纪以来,阿帕奇人想方设法击退了技术上更加先进的西班牙军队,也经常打败美国军队。各种各样的阿帕奇部落具有相对平等的社会和分散的政治组织。"阿帕奇人可以在任何一个地方做出决策……你可能永远不知道阿帕奇人会从哪里来。从某种意义上说,没有哪个地点是制定重要决策的所在地;从另外一种意义上说,决策可以由任何人在任何地点制定。"正面对抗，阿帕奇人肯定不是西班牙的对手。在西班牙军队攻击的压力下，阿帕奇人分散开来，变得更加灵活和难以打败。因此，阿帕奇人有时采用的是类边缘型的行为以及敏捷型指挥控制。

21世纪西方世界的潜在敌人可以说正以相似的方式行事，一些恐怖分子的网络尤其如此。"基地"组织似乎以相对分散的方式实施了"9·11"恐怖袭击。他们受到相应的训练并获准按照他们自己的想法去开展行动，以实现他们的意图。通过形成合力（如"原教旨主义"信仰）、对指挥官意图的清晰理解以及共同的交战规则，"基地"组织成员展现出一种自任务、自组织、自同步的能力。他们有效地利用了可用信息与通信技术，采用互联网以及手机来实现对情报的共享感知，最终形成了知识优势。在2001年9月11日，他们对对手的了解远远超过对手对他们的了解。

其他一些恐怖组织也展现了类边缘型行为，制造2004年马德里爆炸案的摩洛哥伊斯兰战斗组织就是一个例子。该组织尽管有些缺陷，但还是能够想方设法自主敏捷地运转，而无须不断请示高层领导。该网络是一个特设的小组，有一个复杂的关系网，共同的意图驱使他们实施恐怖爆炸行动。其他类边缘型组织的例子包括德国和美国的极右翼组织，实际上，正是美国极右翼分子路易斯·比姆（Louis Beam）在1992年阐述了"无领导之抵抗"的概念。有证据表明，右翼组织至少在某种程度上遵循了这一指导方针。这样的组织虽然不像"基地"组织那样进行了骇人听闻的破坏，但他们能够有效利用网络作为指挥控制的媒介。

并不是所有恐怖组织或者叛乱分子的行为都像以网络为中心的边缘型组织的行为。20世纪"传统"的恐怖组织具有更严密的等级型C2架构，如临时爱尔兰共和军（Irish Republican Army，IRA）和西班牙巴斯克分裂组织埃塔（Euskadi Ta Askatasuna，ETA）。临时爱尔兰共和军及其分裂出来的小组在来自执法机关的压力下向着更加类边缘型的行为转变，如图4-5所示。

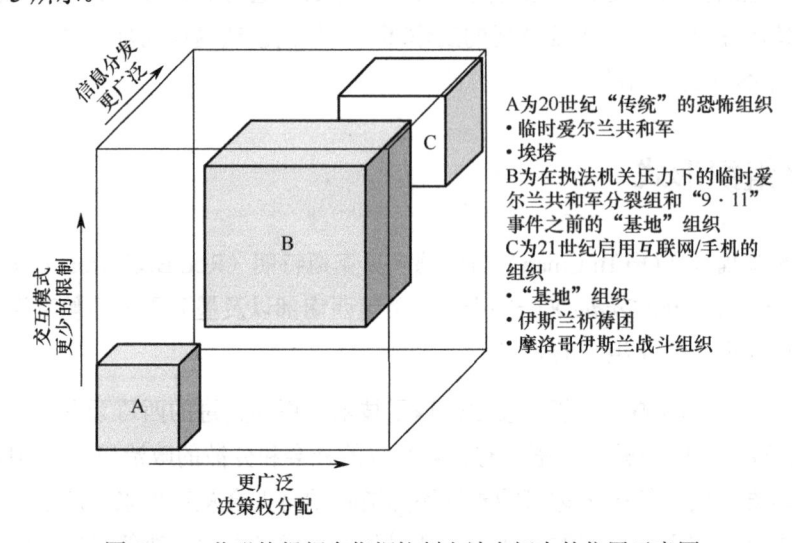

图4-5 一些恐怖组织在指挥控制方法空间中的位置示意图

第4章　组织的类型与边缘组织

有时候人们会说"需要利用一个网络来击败另一个网络"。虽然难以明确证明，但这似乎是一个合理的论断。如果对方组织的网络中心行为让其变得敏捷、灵活，同时你也具备这些属性，你就可能会处于击败它的更佳的位置。2002 年以色列国防军（IDF）在纳布卢斯的经历就是一个很好的例子。当时以色列国防军面对的是由伊斯兰抵抗运动、一些巴勒斯坦自治政府的安全部队以及街头帮派组成的一个松散的组织联盟。这些组织之间的协调有限，但在作战期间，他们是自主的、自同步的。为了对抗他们，以色列国防军组建了自己的小型网络，给予战场指挥官相当大的自主权。这些小型作战单元能在横向和纵向上进行高效率的信息交换。以色列国防军迅速接敌交战并随后撤退，在行动中获得了极大的成功。这一策略要求高层的指挥官能接纳下级指挥官的自主性，而且通常需要各级指挥官接受来自下属更多的质疑。之所以胡塞反政府武装能够主动出击、愈战愈勇，而由沙特主导的阿拉伯联军却忙于应付、越陷越深，主要是因为胡塞反政府武装在也门各地有着一定的民意基础，可以化整为零、藏军于民、藏武于民，在有利时机对也门政府军和沙特阿拉伯联军采取军事行动。

以色列国防军在 2006 年与真主党的作战就不那么顺利了。在这次作战中，真主党的行动方式复杂，他们以一种"混合型"方式将常规作战与非正规作战混在一起。以色列国防军的策略涉及常规的空中行动，当行动不能完全获得成功时，紧随其后的地面响应会滞后。真主党的指挥控制既有等级型因素又有分布式因素，看起来似乎有一条正式的指挥链，通过在各个指挥所中使用相当精密的设备使其运转，这些设备包括固定电话线缆以及加密无线电台。但是，真主党还采用了由小型作战单元组成的分布式网络，这些小型作战单元具有相当大的行动自主权，展现出合力和一定程度的自同步。真主党还采用了一种颇为分散的媒体（宣传）策略，而不是常规军队中那种较长的消息审批流程。各成员都清楚地知道需要发布什么样的消息，他们中很多人都配备了相对便宜的新媒体技术设备，这使其能够快速地将消息发布出去，从而在舆论战中完胜以色列。

以色列国防军与巴勒斯坦武装抵抗团体及真主党在指挥控制方法空间中的位置示意图如图 4-6 所示。

19 世纪前，军事上的变革主要在于组织而不是科技。从西方的马其顿方阵、古罗马军团到我国的戚继光阵法，都在组织方面给人留下了深刻印象。以古罗马为例，其军队是当时最强大的军队，但就科技而言，古罗马并不比同期的迦太基、马其顿或塞琉西帝国更有优势。"古罗马军队的优点在于有效率的组织、铁一般的纪律，以及庞大的后备力量。古罗马军队从来没有研发部门，在几世纪间，所用的武器大致上并无不同。"[①]

当指挥功能的抽象层次并不直接对应于等级结构中的某一个层次时，可能会有各种各样的结果。图 4-2 显示的"拧 10000km 长的螺丝刀"的例子，其中处于等级型组织高层的

---

① 尤瓦尔·赫拉利. 人类简史：从动物到上帝[M]. 林俊宏，译. 北京：中信出版社，2017：75.

边缘战及边缘指挥控制

个体正在执行底层级的指挥功能,接触的是在指挥链上与其间距几个指挥层级的人。这种类型的微观管理通常认为是一种不可取的工作方法,因为它剥夺了离战场最近的那些人的主动性。在使用无人机作战时,一线士兵操作无人机,无人机传回的是现场图像;但指挥过程中大量使用的是战场态势图,而这种态势图又是计算机处理过的,并不能反映战场上全部信息,而且有些信息还是敌人欺骗的结果,这就更容易使上级和下级看到的不一致,造成误解。[①]同时,上级指挥员干涉多了带来的严重后果就是,下级指挥员唯命是从,事无巨细都依赖于上级做决策。

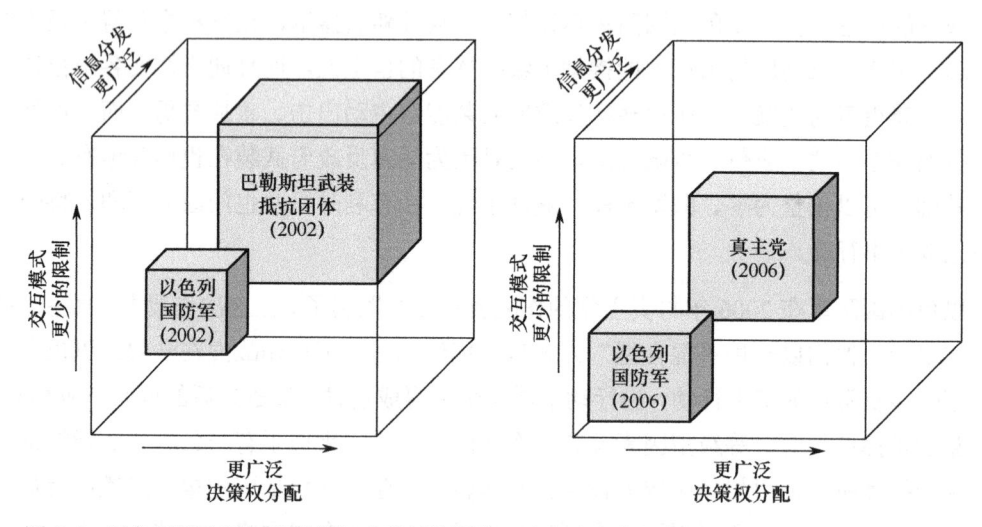

图 4-6 以色列国防军与巴勒斯坦武装抵抗团体及真主党在指挥控制方法空间中的位置示意图

"三街区战争"是美国海军上将查尔斯·克鲁拉克(Charles Krulak)在担任海军陆战队司令(1995—1999)时提出的。根据海军陆战队在索马里和南斯拉夫所面临的挑战,克鲁拉克提出了"三街区战争"的概念,用以描述现代战场。他认为未来战场主要在城市进行,存在明显的不对称性。战斗人员和非战斗人员区别很小,先进武器很容易获得。战场环境瞬息万变是这一概念的决定性因素。在他看来,海军陆战队需要在同一时间、有限空间内进行多项行动:在某个时刻,军人们将向流离失所的难民提供食物和衣物,也就是人道主义援助;在下一个时刻,他们要将两个正在交战的部落分隔开来,即所谓的维和行动;到最后,他们要打一场高致命性的中强度战斗。所有的行动都发生在同一天,在城市的三个街区,这就是所谓的"三街区战争"。

在"三街区战争"中作战的"战略下士"执行了许多高层的指挥职能,并自主地指挥他的小分队,其团队成员或许也有类似的独立行动。

边缘战组织关系显然更为复杂。美国战略司令部提出了基于 Web 的异步协同系统,该系统拥有整个国防部各级指挥机构的 2 万多个用户,从将军到前线士兵,任何人都可以发

---

① 胡晓峰. 战争科学论——认识和理解战争的科学基础与思维方法[M]. 北京:科学出版社,2018:304.

布信息,所有人都能访问信息,用户也可以对其他人发布的信息进行扩展、更正和评论。该系统对非层次化的信息流动起到了促进作用。

如果说中心化组织是典型的他组织,那么边缘组织则是自组织。边缘组织与中心化组织在指挥、控制、领导、决策、信息等诸多方面有着重要的区别,恰好可以弥补中心化组织的不足。例如在边缘组织中,上级主要创立初始条件并提供整体意图,力量不再集中保持在一个重心上,而是将力量赋予边缘;决策不再是指挥员一个人的职责,而成为所有人员的任务,随着在军事行动中信息越来越重要,担负信息搜集、分析和分发的责任线将变得与指挥同样关键;信息也不是由下而上地囤积的,而是一种共享的资源;在中心化组织中,处于边缘的个体是受到限制的;而在边缘组织中,边缘个体是被赋予力量的。中心化组织和边缘组织属性的比较如表4-1所示。

表4-1 中心化组织和边缘组织属性的比较[①]

属　性	中心化组织	边缘组织
指挥	通过上级指令	上级创立初始条件和提供意图
控制	通过指示,取决于指挥	取决于初始条件、对手和环境等
领导	通过地位	通过能力
决策	主要是指挥员的职责	所有人员的任务
信息	囤积、严控	共享
信息流	烟囱式体系垄断	兼收并蓄
主导信息流	垂直的,与指挥链耦合	水平的,独立于指挥链
信息管理	发送	发布—接收
组织过程	既定的、规定的	动态的
遂行任务	按次序	同步进行
边缘个体	受到限制	被赋予力量

中心化组织在技术欠发达的漫长历史时期内对维系社会和组织的稳定发挥了不可或缺的作用,但这一模式对急剧变化的社会环境越来越低效,甚至在某种情况下会成为一种障碍。存在重心的中心化指挥控制模式的困境源于它基于过去已有的知识和经验,对假想的环境和事件做出充分而完美的设计,并未充分考虑到未来的不确定性和突发事件。同时,支持中心化组织的系统是由烟囱式体系建立和控制的,往往在灵活性、自适应性和高度弹性方面存在不足。一旦出现新的事件、环境变化或者自身变化,都有可能导致系统出现混乱甚至崩溃。因此,单纯依靠中心化组织和等级型指挥控制显然是不够的。最明显的是,当处于指挥控制末端的部队提出一个行动计划并且等待批准时,这个计划所针对的战场态势已经发生了改变。这种自上而下的指挥控制方式无法预测敌人会攻击哪里,而且当敌人发动攻击时,也无法足以快速地做出反应。为了在不确定的环境中获胜,传统的组织和指

[①] 阿尔伯特,海斯. 信息时代军事变革与指挥控制[M]. 郁军,朱建冲,等译. 北京:电子工业出版社,2005:274.

挥控制方式必须获得补充和完善，边缘组织和边缘指挥控制恰恰适应了这种时代的变化，能够对传统组织和指挥控制进行有益的补充和完善。

4.6　C2 组织结构的六维视域

C2 方法空间主要从信息和决策权的角度形成三个维度来划分不同的 C2 组织结构，广义地分辨了 C2 组织结构的一些类别，概括了 C2 组织结构在宏观层面的逻辑。从宏观和微观相结合的视角来看，可以引入一般性组织结构的新观测维度，即 C2 组织结构的决策权分配程度、横向协调程度、交互程度，以及 C2 单元的规模大小、C2 单元数量和 C2 单元之间的关系影响程度这六个维度，作为观测 C2 组织结构的重要参数。

从决策权分配程度的视角来看，在 C2 组织结构中，收集信息、共享信息、解析信息在决策形成中发挥着至关重要的作用。层级之间的信息差意味着能够对下一层级形成控制，为了避免决策权过于集中所带来的决策效率低下，需要对不同层级赋能，实现决策权自上而下更广泛地分配，从而形成多中心网状 C2 组织结构，增强 C2 组织结构的韧性和敏捷性。

从横向协调程度的视角来看，C2 组织结构中各层级的 C2 单元在同层次水平上也需要加强协作与沟通。当面临战时决策时，一方面需要各作战区域内的 C2 单元在横向层级上实现信息交互和透明沟通，协调作战计划和战时决策；另一方面需要各 C2 单元做好跨职能的响应，一旦某个节点出现问题，其他指挥控制组织单元能够迅速响应，代替问题完成相应作战行动。

从交互程度的视角来看，C2 组织结构在横向上的协作沟通和纵向上的信息共享，与决策权分配联合，形成 C2 组织结构的交互。每一个 C2 单元都可以形成局部决策中心，由其他 C2 单元辅助协作、共享信息，横向和纵向的概念也就转变为围绕着该局部决策中心的交互矩阵形式。

从 C2 单元规模大小的视角来看，C2 组织结构中的 C2 单元包含具有决策、感知、行动和保障功能的各个功能单元，以决策节点的形式表现出来。C2 单元的规模越大，其制定作战决策、获取情报信息、发起作战行动和后勤支援保障的能力就越强。

从 C2 单元数量的视角来看，所有 C2 单元构成整个 C2 组织结构，C2 单元的数量越多，所能掌握的信息来源就越广泛。C2 单元的数量优势，一方面使形成共识决策的共享信息更多；另一方面在分析作战态势、制定局部作战决策、展开局部作战行动时形成帕累托最优，使局部决策错误损失最小化。

从 C2 单元之间关系影响程度的视角来看，C2 单元会基于就近原则把信息提供给所能辐射到的其他 C2 单元共享，在 C2 组织结构网络中，更高的连通性能够促使其更快地达成共识。关系影响程度影响着 C2 单元之间对情报信息的响应和局部决策的制定，以及对局部行动的支撑和保障。

宏观视角的三个参数虽然不能与 C2 方法空间的坐标轴直接对应，但放诸 C2 方法空间中，实体之间单一或对等的决策权分配对应着决策权的分配程度，实体之间的单一或者更广泛的信息分发对应着横向协调程度，实体之间的交互模式对应着交互程度。如图 4-7 所示，以一次海空联合作战为背景来刻画 C2 组织结构，我方主要打击的敌方目标为驱逐舰 2 艘和巡航舰 2 艘，我方的 C2 组织结构包括 1 个中心 C2 单元 A 和 4 个边缘 C2 单元 B、C、D、E，中心 C2 单元 A 为海空联合作战指挥中心、空中指挥中心和海上指挥中心所构成的联合中心单元，边缘 C2 单元 B、C、D、E 各自包含决策、感知、行动和保障功能单元，其中决策功能单元为预警机、歼击机编队、无人机编队和驱逐舰的指挥官 $D_1 \sim D_7$，感知功能单元为预警机雷达和驱逐舰雷达 $S_1 \sim S_{10}$，行动功能单元为歼击机编队、无人机编队

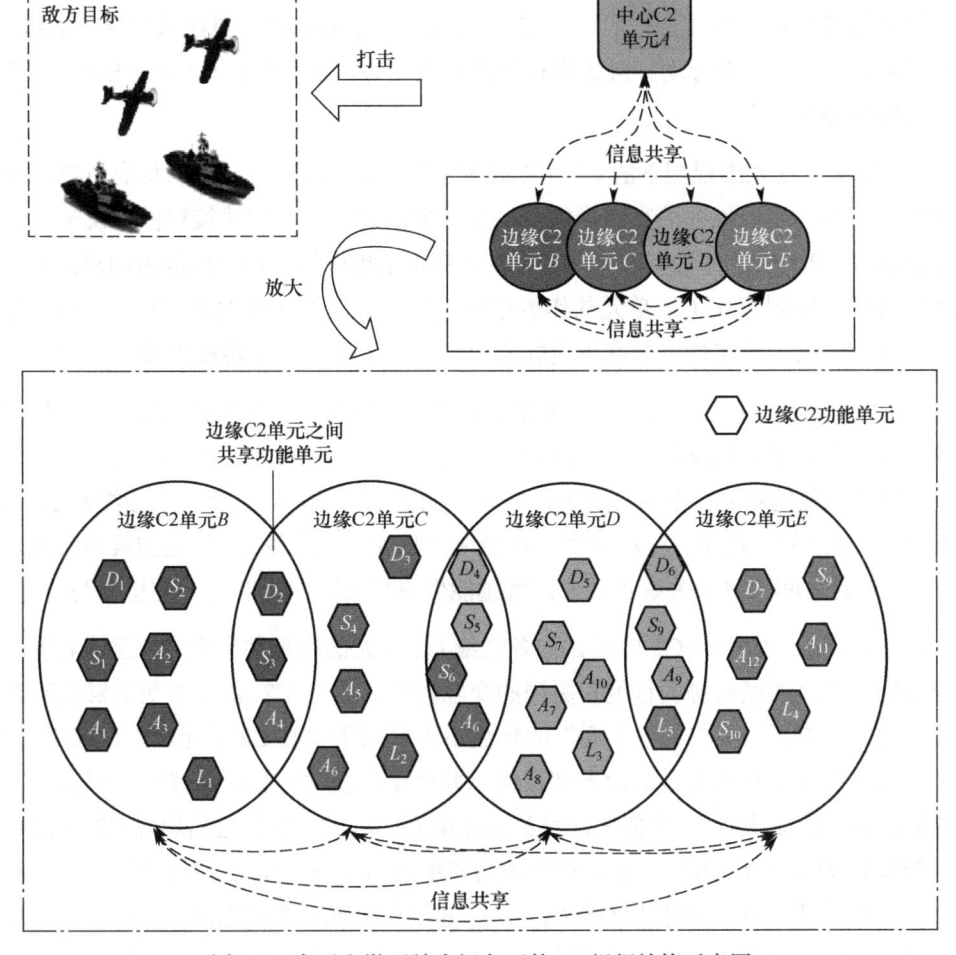

图 4-7　宏观和微观结合视角下的 C2 组织结构示意图

和驱逐舰的武器单元 $A_1 \sim A_{12}$，保障功能单元为空中加油机、装备保障编队 $L_1 \sim L_5$。从中心 C2 单元 A 到各边缘 C2 单元实现信息共享和决策权的分发，边缘 C2 单元的数量越多，意味着 C2 组织结构能够获取数量更多的、来源更广的信息资源；边缘 C2 单元中所包含的各决策、感知、行动和保障功能单位数量越多，表明边缘 C2 单元的规模越大；各边缘 C2 单元中重合共享的功能单元数量越多，说明 C2 单元之间的关系影响程度越深，整体的 C2 组织结构便是由所有 C2 单元构成的纵横交互的网状组织结构。

4.7 C2 组织结构的六维模型作用机理分析

C2 组织结构从决策权分配程度、横向协调程度、交互程度，以及 C2 单元的规模大小、数量和 C2 单元之间的关系影响程度这六个维度的考量，表现在三维空间中，则是以中心 C2 单元为起点，向更广泛的决策权分配、更高的横向协调程度和更深入的交互程度不断辐射，联结各边缘 C2 单元，弱化了中心 C2 单元的唯一中心地位，更注重发挥各边缘 C2 单元的自任务、自组织、自行动、自适应和自评估的优势，平衡中心 C2 单元与边缘 C2 单元之间的决策权分配。

中心 C2 单元在六维视域下的 C2 组织结构中，向边缘 C2 单元辐射信息、赋能赋权，在对敌作战时作为运筹帷幄的高级指挥员，在必要时利用自身的决策权做出决策，分发指令传递给边缘 C2 单元。中心 C2 单元的主要角色还是集中于分析对抗敌方的总战略，根据战争态势协调、控制边缘 C2 单元的作战行动，使总方向不出现大的差错，从而在最高层面克服战时态势的不确定性，提高反脆弱能力，而将决策行动权转移给边缘 C2 单元。

边缘 C2 单元在 C2 组织结构六维模型中，主要承担着自主决策的功能，可根据所掌握信息量的多少和赋予决策权的大小而成为新的决策中心，与其他 C2 单元相互协调、共享信息，做好跨职能的响应，不仅表现为横向和纵向上的协调，还有交互上错综复杂的协调。边缘 C2 单元的感知、决策、行动和保障功能单元越完善，边缘 C2 单元的规模越大，与其他边缘 C2 单元之间的协作关系越紧密，就越能促进横向、纵向和交互的协调与协作。

如图 4-8 所示，由中心 C2 单元 A 向各边缘 C2 单元的信息共享辐射，意味着更广泛的决策权分配、更高的横向协调程度和更深的交互程度。中心 C2 单元 A 仍能够实现其"决策中心"的重要作用，但"决策中心"的角色不再局限于中心 C2 单元。以边缘 C2 单元 B 为例，当其能够获取更多有效的敌方情报信息并处于对抗敌方目标的优势情形时，它可以果断成为新的"决策中心"，在依托自身各功能单元的同时，和邻近的边缘 C2 单元 C 共享决策功能单元 D_2、感知功能单元 S_3 和行动功能单元 A_4。其中，S_3 通过驱逐舰雷达获得感知信息，不仅反馈给 B，同时共享给 C，从 C 处整合局部完整信息后反馈给 B，实现信息的共享和横纵向的协同；D_2 中的指挥官辅助 B 和 C 迅速形成决策，并联动 B 和 C 的所有行动功能单元，共同展开作战行动。其他的边缘 C2 单元在不同的作战环境中均具有成为

"决策中心"的可能性，通过与其他边缘 C2 单元横向上的交流协作、纵向上的信息共享，快速响应不确定的战场环境，实现了向边缘 C2 单元的积极赋权。

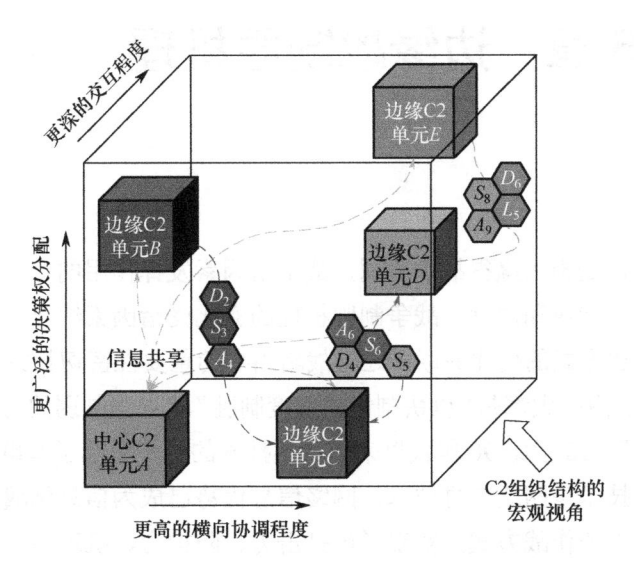

图 4-8　宏观视角下的 C2 组织结构示意图

中心 C2 单元和边缘 C2 单元在这六维上的传递路径和逻辑关系表明，通过形成从中心 C2 单元到边缘 C2 单元、更加注重边缘 C2 单元的全体共治型的团队，实现决策权和信息的广泛分发与共享，有助于形成迅速敏捷的对敌作战优势，在危急关头敏捷感知、决策与行动，在战争中抢得先机。

本章提出的 C2 组织结构六维模型，借鉴吸收了网络信息时代一般性组织结构的共性特征。概括出宏观层面上的衡量维度（包含决策权分配程度、横向协调程度及交互程度）和微观层面上的衡量维度（包含 C2 单元的规模大小、C2 单元的数量以及 C2 单元之间的关系影响程度）。依据这六个维度，借助 C2 方法空间的三维坐标图模式，可以构造 C2 组织结构的粒度小、灵活的可视化模型。

通过研究发现，在 C2 组织结构中，信息在各 C2 单元间的传递与交互影响着决策的制定与响应，因此需要以从中心 C2 单元到边缘 C2 单元、更加注重边缘 C2 单元为原则，构建共同体团队，纵向分权，横向协作。各边缘 C2 单元视其所拥有的信息资源决定其决策权的大小，边缘 C2 单元间的关系影响程度影响着其信息的交流和决策的制定，继而被传导至中心 C2 单元，形成中心 C2 单元与边缘 C2 单元的平衡以及横向与纵向平衡。以此形成的 C2 组织结构在面临未来充满复杂性、不确定性的战时环境时，能够迅速、灵活地做出响应，缩短 OODA 循环周期，形成对敌决胜优势。

第 5 章 边缘战制胜机理

战争制胜机理,是指为赢得战争胜利,战争诸因素发挥作用的方式及其相互联系、相互作用的内在机制、规律和原理。战争制胜机理的变化受诸因素综合作用的影响,与战场作战力量聚合与释放方式的变化关联,还与战略指导的重要性密切相关。[①]自有战争以来,制胜机理除了少数战例,大都是"以快制慢的速度制胜"、"以强制弱的力量制胜",以及"以高制低的技术制胜"。20 世纪 90 年代以来,科学技术的进步引起了军事领域的技术革命。其中起核心作用的技术是网络信息技术,网络信息优势已成为信息化战争制胜的关键,催生了"发现即摧毁"的作战方式,实现了由打击力、防护力、机动力、信息力向决策和行动的转型,战争制胜机理也发生了深刻变化。现代边缘战在制胜机理上融入了时代特征和高新技术发展特点,丰富和拓展了战争制胜机理的内涵和深度。

5.1 智能决策制胜

决策是指挥控制链路的核心活动,战争始终是指挥团队的决策较量。孙子言:"夫未战而庙算胜者,得算多也。"科学准确决策是战争制胜的先决条件。在边缘战中,随着大量自主无人系统的出现,传统以人为中心的辅助决策模式已难以应对边缘战场的复杂性和快速性。战场决策在于以人工智能等新一代信息技术增强指挥员决策智慧,以决策优势增加对手的战争"迷雾",进而掌控边缘战的主动权。边缘战的决策是指挥员指挥艺术与机器辅助决策混合主导的高层智能行为。在边缘战中能否最大限度地发挥人工智能的作用,取决于能否在边缘场景下找到人类智能和人工智能的最优组合,实施人机混合决策,适合人决策的地方由人决策,适合机器决策的地方由机器决策,发挥好两者各自独特的优势。

5.1.1 依托下放决策权和算法提升决策速度

边缘战充满不确定性,加之很多关键时刻需要现场决策,谁在最前沿,往往谁就最熟悉当前的态势情况,也就最能做出合适的决策。下放决策权,降低决策门槛,确保部队的

---

① 曹智,张铁柱. 强军策[M]. 上海:上海远东出版社,2016:156-157.

行动自由,可以有效提高作战指挥的时效性。在基层对影响条件的可靠认知基础上,用行动部署代替完整计划。同时,科技赋能"边缘"后,边缘节点将具备更强的决策、判断和协同能力。因此,在边缘战中,特别要去除不必要的人工干预,尽可能下放决策权,让听得见炮火的人拥有决策的权利。

算法是解决复杂问题的规范化过程和策略,堪称代码化的"智能"。智能指挥决策的核心是智能算法。"智能算法作为信息生成、分发、传播、接收的底层逻辑和实现手段,决定了信息的产生形式和呈现方式。"[①]美国第三次"抵消战略"的提出者罗伯特·沃克认为,未来高端战争就是以人工智能为核心的算法战争。美军提出"算法战"概念,在作战辅助决策系统和武器装备中融入人工智能与机器学习,就是应对决策复杂度增加的体现。边缘战情报数据量急剧增加,决策复杂度空前加大,用智能算法破解战争决策问题已经成为必然趋势。在边缘战中,软件、算法成为核心装备和新型武器。边缘战通过算法的灵活、精准、快速等特性应对战争的复杂性,拉大与作战对手的能力差距。

在边缘战中,数据可算提升了决策速度。边缘战不是缺数据,而是被数据淹没。算法通过搜索、对比、关联、学习和预测,去伪存真,去粗存精,抽丝剥茧,为指挥员找到战场"迷雾"后隐藏的真相。例如,面对海量的全动态视频情报数据,依靠人力研判是一个几乎无法完成的任务,但通过智能算法精准分析情报,锁定目标,实施快速行动,在不增加任何实体装备的情况下,可以实现作战能力的提升。

算法不仅可以"计算",同时还能"算计"。在边缘战中,基于算法的智能自主系统甚至能够独立完成战场态势感知、动态战场仿真推演、作战意图领会、谋划策略、行动方案生成与优选、快速调整资源和重组、火力打击与评估等活动,以"机器-机器"配合方式进行平台间的信息交互和协作,快速给出可行决策,极大地缩短了从观察到行动的时间,能够形成决策优势。当然,算法漏洞和缺陷也会成为边缘战的新"命门"。当前人工智能还处于弱发展阶段,算法存在数据依赖性、可解释性差、环境适应性差等漏洞和"软肋",这些问题在相当长时间内难以根本解决。通过污染数据、伪造样本、攻击算法漏洞等使自主系统失效、失能,将成为边缘战决策对抗的新思路。当前,军事发达国家敏锐地意识到算法对抗的巨大隐患,相继推出了相关政策和能力建设方案,主要包括以伪造示假为手段,干扰对抗决策算法,以漏洞和脆弱性为目标,开展智能算法攻防对抗等。

决策算法面临的是声音、视频、图像和文字等多模态信息,可以通过逼真的伪造,干扰智能决策算法的效能。超现实的深度伪造品可能会产生严重的影响,如国际危机或军事突发事件。伪造的视听内容可能被用来降低指挥员的态势感知能力,例如通过在地面上构建"事实",或者通过操纵合法的数据流来掩盖真相。此外,还可以以漏洞和脆弱性为目标,开展智能算法攻防对抗。利用智能算法的漏洞,可以在军事载具上使用数字

---

① 黄彦龙,吴穹,蒋日烈. 智能算法:认知域作战的制胜利器[N]. 解放军报,2021-03-21(7).

伪装技术，以迷惑和欺骗人工智能系统。比如利用雷达系统上的人工智能算法漏洞，可以使坦克被误识别成汽车，使它们在雷达屏幕上"隐身"。为了应对机器学习平台固有的漏洞，特别是篡改、破坏或欺骗这些在系统方面严峻的安全挑战，DARPA 创建了确保 AI 对抗欺骗的稳健性（GARD）项目，旨在开发新一代技术，以抵御对机器学习模型开展的敌对欺骗攻击。

5.1.2 发展边缘智能，制造对手决策"迷雾"

边缘战强调发展边缘智能，坚持复杂性导向决策，综合应用人类指挥和机器控制，快速建构、组合、汇聚军事力量，增强自身军事力量的复杂度，并降低对手决策效能，通过将多重困境施加于对手，使复杂性成为制造对手决策"迷雾"的"新质武器"。美国"马赛克战"的目标就是增加对手预判其作战体系重心和作战意图的难度，开展决策层面的高级对抗。同时，边缘战强调指挥决策流程从"集中式决策"向基于场景的边缘决策转换。决策节点分布在战场前沿，根据所处边缘场景自主协同感知和判断并快速行动，主要通过比对手更快的决策而不是通过硬消耗来赢得边缘战的胜利，打断对手的 OODA 循环，使对手陷入"观察—判断"的短循环中，难以有效应对。2020 年美国刺杀苏莱曼尼就是典型的基于场景的边缘决策、快速行动的范例。在确定对苏莱曼尼的车队进行打击后，美国空军 MQ-9 "死神"无人机精确锁定目标车辆，通过携带的 AGM-114R9X"飞刀导弹"和 AGM-114"海尔法"精确制导导弹，对苏莱曼尼乘坐的车辆进行了复合攻击，在使用 AGM-114R9X "飞刀导弹"之后，又使用携带爆炸战斗部的"海尔法"导弹打击了现场，从而确保 100%刺杀苏莱曼尼。

边缘战是人机环境形态融合的战争，也是机器的计算结合人的"算计"的战争，是一种结合计算的"算计"或是一种洞察，有效的人机协同作战是其主要手段，通过有效的人机协同方式形成智慧化系统作战模式。在未来的边缘战中，战斗节奏不断加快，杀伤能力不断增强，将越来越依赖于专家系统来担负决策任务。对目标进行辨识、锁定、交火的节奏如此之快，以至于单纯地凭借人工的决策过程是不行的。那些同样快速变化的相关领域，如空中即时任务指令的编排、后勤保障计划的制定和救护直升机巡回的路线等也是如此。采用传统的技术手段，一般需要几小时乃至几天的时间策划一次复杂的多机种编队攻击，而且还需要多次反复计划之后才能实现同步并消除矛盾。协同规划工具可以使分布在不同舰艇或岸上不同单位的攻击策划者在一起谋划和协调飞机编队攻击方案，从而极大地减少了任务计划所用的时间。与传统战争相比，边缘战特别强调人机共谋决策。边缘战强调持续推进决策智能化水平，打造指挥员的"虚拟外脑"，与现行指挥系统协同运行，辅助指挥员应对战场的各种复杂情况，对多分支行动计划进行预测评估，共谋作战方案，分工实施作战决策。随着智能辅助决策技术和"云端大脑""数字参谋""虚拟仓储"的出现，战争决策由单纯的人脑决策发展为人机混合决策、云脑智能决策和神经网络决策，通过"人的决策+AI 决策"形成最终决策，在执行环节往往交由机器自动执行。边缘战中人机混合决策示意图如图 5-1 所示。

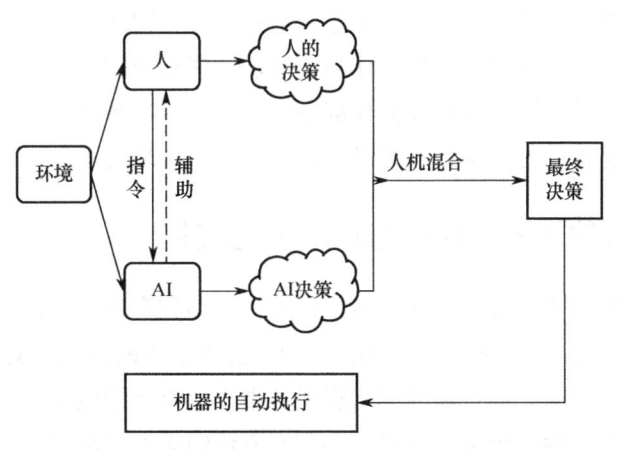

图 5-1　边缘战中人机混合决策示意图

人机混合决策不同于人决策的经验性、反思性、洞察力、辩证观，也不同于机器决策的形式化、机械性、反馈性、二元化，而是发挥了两者的优势，通过人机交互和协同实现人类智能和机器智能优势互补，更加高效地解决复杂问题，是人机深度共智的新型决策范式，推动判别式被动辅助决策向生成式自主决策的能力跃升。人脑的优势在于创造性、灵活性、主动性；机器的优势在于速度快、精度高、不会疲劳。高层决策等创造性强的工作由人脑来处理，大数据计算由机器完成。研究表明，"以往战争运用手工作业时，指挥员需耗费 85%的时间进行重复性、机械性的作战计算、决策互动，用于谋划作战问题的时间仅有 15%；而利用基于网络的计算机辅助决策后，指挥员用于创造性思考的时间增加至 85%。"[1]早在 2015 年 DARPA 推出"半马人"的研究计划，发展人机协同作战体系。美国海军为发展分布式海上作战概念，推进濒海协同作战能力建设，其核心也是人机混合决策能力。在这里，人和机器发挥各自的优势，人优则用人，机器优则用机器，是典型的人机混合决策，以"人在回路上"和"人在回路外"对决"人在回路中"，使对手难以有效应对。未来边缘战指挥决策必须大量融入大数据、人工智能、云计算等技术，实现"人脑+外脑"深度耦合、"定性+定量"优势互补、"艺术+科学"相辅相成的人机交互决策。

5.2　分布式制胜

在互联网出现之前，我们无法实时地协调上百万人，也无法召集成百上千的人员为一个项目一起协作一段时间，当然更难以调动边缘的力量。现在则可以轻而易举地实现，边缘成为一支不可忽视的力量。边缘战是以高度智能化的网络信息体系为支撑，将物理域上

---

[1] 王健，董伟. 把握作战指挥模式新变化[N]. 解放军报，2024-02-06（7）.

相对分离的智能化指挥、火力、情报、通信、数据等链接为一个整体，实现作战体系的分布式打击和防御。边缘战体系能够基于网络进行灵活构建，面向不同类型的作战任务需求，依托自适应动态网络，将分布式部署的海量作战单元进行快速灵活的组合，构建出最优情报获取链、数据传输链、火力打击链及作战协同链。在边缘战中，作战体系本质上就是一个物联网。美军强调采取网络化分布式作战方式，即将分散部署于不同作战方向、不同作战领域、不同空间位置的力量实体实时组合，科学编配，共同发力。

5.2.1 体系分散部署，实现"重心"动态变化

边缘战的新目标是作战体系化整为零，作战重心动态变化，实现从高价值、技术高度集成、离散式作战平台，向低成本、分布式、更具弹性的作战体系转变，重塑质量与数量、战争成本和能力的新平衡。通过弹性网络实现各类作战单元的敏捷协同与动态配合，构建分布部署、有人无人混编、形散神聚且重心动态变化的柔性作战体系，营造战场上不可还原的涌现性，打造现代版高端游击战，实现新的柔性体系对抗的制胜机理。

分散部署是边缘战概念中实现有效隐藏、消除己方作战重心的基本思想。边缘战强调以边缘力量、分散力量，起到以小博大、事半功倍的效果，这与机械化战争时代强调"集中优势兵力，各个歼灭敌人"大不相同。未来集团军、师的编制可能会最终消亡，旅、营或更低级别的战术单位将成为主要的作战单元，并可能出现按作战职能编成的小型联合体。打造小规模分队，以最少投入取得最大回报，成为边缘战的制胜法则。"分布式杀伤"和"自适应基地"都体现了体系分散部署的理念。值得一提的是，网络导致"去中心化"不是说这些"中心"不重要了，它们仍然很重要，但也不能忽视其他"草根节点"，因为"草根节点"也有可能发挥大的作用。[①]

"分布式杀伤"要求军队分散部署于广阔的地理空间，形成多个攻击源对敌方多目标实施打击的局面，使敌方面临决策和资源分配困境。分散并非静态的空间概念，而需要从时间、空间两个维度来理解，按需动态变化是实现分散的基本要求。"自适应基地"可以快速利用简易机场支持远征作战编组行动，提升作战灵活性。其核心思想是将过去大规模、中心式、未加固的基地，转变为小规模、分布式、高弹性、自适应的基地，通过少量运输机，可实现基地的动态、按需部署。

分散部署的技术前提是基于信息基础设施实现作战力量的高效协同与按需聚合。美军推进联合信息环境的建设，将军队各类网络、服务、系统、应用整合为通用共享的整体架构，构建无缝、透明、敏捷、安全的作战信息环境。其核心是使用"全新架构，相同技术"，连接"每一个传感器，每一个射手"，构建面向无人化、智能化作战的"网络之网络"。未来将创建军事物联网，使联合部队可整合成一个整体的战斗网络。

---

① 胡晓峰. 战争科学论：认识和理解战争的科学基础与思维方法[M]. 北京：科学出版社，2018：188.

5.2.2 边缘能力增强，有人无人混合编组

在边缘战中，分散部署的形态与无人蜂群、智能班组等新技术具有天然的契合性，各类智能化、小型化的无人平台为分散部署的作战体系提供了最佳的力量形态。通过大量低成本无人系统与模块化的人机混编部队的动态组合，构建弹性作战体系，是边缘战中的重要思路。

从技术发展的角度看，通信、芯片、智能等新技术的发展将大幅提升单兵、平台的信息处理与态势感知能力，使得作战体系中的边缘节点具备更强的感知、通信、计算与作战能力。这一技术的发展趋势目前仍然遵循摩尔定律。

从作战效果的角度看，在可有效形成集群的前提下，梅特卡夫定律揭示出无人集群的数量优势可以有效弥补单个无人平台载荷有限、能力有限的短板，从而将数量优势转换为质量优势。此外，无人集群的数量优势使其更易突防，并通过饱和攻击，提升对敌有效毁伤的概率。例如，美国海军使用装备宙斯盾系统的伯克级驱逐舰对由 8 架无人机组成的集群进行多次拦截作战实验，平均每次有 2.8 架无人机可以突防并造成毁伤。

从经济学的角度看，小型、廉价的无人装备可以在同等预算、同等运力的情况下进行大规模投送，给对手造成更大的压力。利用廉价装备打击敌方高价值目标，可以有效降低作战成本，实现非对称优势。

因此，为充分利用边缘的新能力，边缘战强调大量利用自主/半自主系统，进行有人/无人混合编组，构建数量更多、更灵活的多域任务部队，打造新型作战力量，大量使用无人平台进行人机混合编组，具备规模小、易部署、多域态势感知、多维杀伤能力等优势。

5.2.3 力量形散神聚，即时聚优

边缘战强调从集中到分布，集中的原则发生了深刻变化，实现了由传统的"以兵力集中实现火力集中"向"物理分散能力仍集中"转变。这一转变对协同和战场管理提出了更高的要求，需要有效克服分散、多域以及平台规模所带来的决策复杂性，有效进行多域战场管理与行动协调，塑造和把握临机优势窗口。

针对军事行动不确定性以及复杂性的加剧，保持优势力量是正确的响应。部队的集结正转型为效果的集结，很大程度上不需要物理上的运动。机动也越来越少地表现为能够使得一定规模数量的人员和装备抵达某地，而越来越多地表现为正确地预先部署，或能够使得小规模的战斗队在非线式战场上运动自如。同时，在兵力设计上出现一种变革式创新，即设计可根据任务变化动态组合和调整的"可调焦式"全新兵力结构，这样就能实现像搭积木一样灵活组合兵力，像用凸透镜一样汇聚各域能力。那种变化很小乃至一成不变的固定式兵力结构，其敏捷性严重不足，执行任务时难以因地制宜、因事而变，会不可避免地

出现反应迟钝、资源浪费等弊端。"马赛克战"体系就是依托高度智能化的战场网络实现自组织、自适应和自重构的,将空中、海上、陆上等集成系统进行有机聚合,实现平稳运行并涌现出整体作战效能。现代战争的作战节奏不断加快,杀伤链反应时间不断缩短,传统作战模式已经难以应付现代战争,"马赛克战"的出现正好弥补了这一缺陷,能够将不同时间和空间的集成系统进行智能化聚合,从耗费最低、效率最高、能力最强的角度出发,构建有效应对战场态势变化的智能化作战体系。美军各种无人作战系统通过在共用"武器池"统一注册,实现身份认同和敌我识别。边缘战部队一旦需要调配无人机时,即可从"武器池"中快速调配无人机,实现资源和能力的瞬时按需聚合。

5.3 维度制胜

近年来,域成为各类作战概念的重要逻辑起点,多域战、多域作战、全域作战、联合全域作战等,甚至都以域作为新概念的重要标签,反映了提出者对未来作战环境和联合机制的基本认知。军事强国重新理解域的整体认识基于多域融合、跨域交链的作战环境和联合机制,作战维度从单个域、少数域的能力空间跃升到多域乃至全域能力空间,利用域协同和融合优势,创新作战模式,发展不对称侦察、打击与防护、指挥与控制新手段,实现域的维度对抗的制胜优势。边缘战不再是一个军种包打天下,而是依靠异质军种力量快速链接组合,依靠异构武器集群网络化自助协同打击技术,基于通用数据接口、数据链网络,打通作战平台中的信息"孤岛",实现多域平台的任务互操作,实现面向任务的全维度敏捷可重构和快速打击。边缘战高度依赖太空和网络域的能力,通过太空和网络空间实现传统作战域之间的深层联动与跨域铰链。

5.3.1 构建新型太空体系架构,形成全域高点支撑

放眼世界,太空成为大国战略博弈的新战场,太空实力成为塑造国际竞争格局的决定性力量和衡量综合国力的重要指标。因此,军事发达国家无不将太空视为军事竞争制高点和新型作战域,不断推进和完善太空战略,持续推动航天前沿科技发展,大力发展新型天基弹性基础设施,实现统一的网络管理和综合防御,支撑低时延高可靠全域通信,把天基能力推至最基本的战术单元。通过布局在天基的数据传输卫星,以及无所不在的网络信息环境,各军种的指挥控制系统(如陆军、空军、海军的一体化防空火控系统等)实现了集成,兵力和武器实现了自由链接,构建起基于卫星网络的杀伤网;海洋深处的潜艇可以读取空中、陆地武器平台的传感器数据,实现了传感器到射手的自由链接。通用终端可同时访问多个网络,能跨越预设环境和体制,实现不同域的高速联通,最大限度地提高全球应急响应任务的能力和弹性。

为了提升战术单元和边缘节点的能力,美军大力发展新型卫星及其发射与组网技术,

构建以大量低轨星座卫星为骨干的网络系统，形成一个稳定的卫星网络，依托去中心化结构和规模数量优势，最大限度地提升太空体系弹性。通过应急发射、按需补网、功能重构等手段，快速补充受损能力，实现体系的抗毁能力与韧性。同时，美军聚焦太空域感知，提供时敏目标的全天候监视能力，将太空域作为全域态势感知的重要组成部分，大力发展 S 波段"太空篱笆"雷达、"太空监视望远镜"（SST）等先进情报、监视和侦察（ISR）系统。

2019 年 7 月，美国太空发展局发布了首份信息征询书，阐述了下一代太空体系架构发展设想，提出由"传输层、跟踪层、监视层、威慑层、导航层、作战管理层、支持层"七层组成的"下一代太空体系架构"。为实现"保持太空优势和太空行动自由"的战略目标，美国通过发展弹性太空先进技术、开展弹性太空试验演习、建立天空军事联盟等战略举措，构建对威胁更有弹性的太空体系。美军 2027 年将基本建成"下一代太空体系架构"，在轨各类卫星总数预计达到近万颗，将成为各类传感器、指控系统和武器平台安全可靠的信息传输基础设施，促成全球、全域互联的兵力形态，也将成为太空作战的主要平台，支撑全域、全维度、全天候的一体化战略支援与太空军事任务。目前，美国太空军正在进行结构调整和力量生成新模式的设计，目的是追求更高的灵活性和快速响应能力。每支德尔塔部队（Delta Force）都将配备先进的侦察和监控设备，确保能够在第一时间获取准确的太空态势信息，为决策提供有力支持。更为重要的是，一线德尔塔部队被赋予了更大的自主权和灵活性，使其能够根据具体任务需求进行快速调整和部署。太空域的"赋权到边"将使一线德尔塔部队在面对复杂和多变的太空环境时，能够迅速适应并做出有效应对。

21 世纪以来的几场高技术局部战争实践充分证明，无论是陆战、海战，还是空战、电磁频谱战，都高度依赖卫星系统在预警、监视、跟踪、定位、打击以及打击效果评估等方面的支援与保障。在边缘战中，制信息权将成为作战双方对抗的焦点，信息的获取、传输、共享等环节都离不开太空卫星系统的支撑，可以利用侦察卫星，全面、准确、实时地收集敌方军事情报，使一线指挥员实时掌握敌情，从而有针对性地采取相应的措施；利用通信卫星，可以实现全地域、全天候、不间断的通信，使边缘战力量单元实现信息共享，达成系统理解和互信，且保密性强、可靠性高；利用导航定位卫星，不仅可帮助己方部队实施快速、准确的机动，还能提高武器的命中精度，对敌实施精确打击。同时，未来边缘战将更加重视各种战场数据的争夺，而太空又是各种信息数据的"资源池"和"富集区"，可以预见，边缘战对太空卫星系统的依赖程度只会进一步加深。只有夺取制太空权，才有可能充分发挥参与边缘战的各个一线作战单元的作用，从而达到理想的作战效果。

5.3.2 以连为要：打破边界的快速连接与共享

边缘战在网络信息时代的诞生得益于共享。边缘战的核心是靠网络赋予力量。也就是说，联网后整体比分散的个体之和的反应更迅速，思维更敏锐，行动更敏捷。单个战士也可以获得信息并掌握态势，从而改变作战方式。

当每个个体为实现一个更大的目标而共同工作时，群体层面的结果就会涌现出来。例如，Flickr 和 Tumblr 上的爱好者们不仅为网站提供数十亿张照片，他们还会无偿地对照片进行分类、贴标签、加关键词，社群中的其他人则会遴选照片做成合辑和剪贴板。"知识共享"许可的流行意味着从某种程度上说"你的照片就是我的照片"。任何人可以使用他人上传的照片，就像校园的学生可以使用校园所有的共享单车一样。例如，我不用再拍一张岳麓书院的照片，因为网络社群可以提供一张比我自己拍得更好的。这也意味着，当你要做展示、报告、海报、网站时，你可以做得更好，因为你不是一个人在奋斗。小米也是同样的例子，有 10 万个粉丝帮小米开发产品和销售，而这 10 万个粉丝是小米公司的人吗？显然不是，这是小米社群里面的人，是靠虚拟世界连接起来的人。小米需要给其粉丝发工资、发奖金吗？需要给粉丝提供办公室和各种各样的福利吗？什么都不需要，小米只是建立了跟粉丝的连接。连接的重要性有史以来第一次超过了资源的重要性。将个体的"星星之火"聚合起来并加以处理和组织之后再散播给个体，就能产生"燎原之势"。"互联网与其说是受经济学支配的产物，莫如说是由共享意愿驱动的作品。"[①]

万物互联，是智能化时代的一个显著特征，也是边缘战的一个鲜明特点。由于历史、文化和技术等原因，各国军种指挥信息系统和战术网络长期独立发展、各自为政、互不兼容，存在着巨大的技术鸿沟和差异，难以实现信息的有效融合和综合集成。通过打造的新型指控链、杀伤链，各军种能够很便捷地融入边缘战。

以连为要，就是要通过人工智能和智能平台把战斗力要素和作战行动的多个维度连接起来，推动作战行动从传统"陆、海、空、天、电、网"物理域向泛在社会域、认知域拓展，构成智能化战争实践的基本面。在边缘战中，不针对单个军种、单个领域进行感知、调整、决策和行动，而是打破域的边界，围绕着任务来组织不同域的资源，不断动态调整，实现不同军种、不同域的兵力和武器快速连接，达到提高自身适应能力，同时降低对手适应能力的目标。边缘指挥控制使陆军装甲车辆、海军舰艇、空军战机、太空轨道卫星、网络空间力量等，不仅能向各自域提供目标数据和各种支持，而且能向任何其他军种提供目标数据和各种支持，真正打破军种边界，确保对威胁做出最有效、最快捷、最致命的反应。基于人工智能的这种高效连接，战斗力要素和作战行动更加聚合为一个无缝连接的统一体，战场空间越来越融合成一个无影无形、无边无垠的整体。

5.3.3 夺取网络空间关键地形，控制全域信息环境

网络空间是边缘战中信息环境的重要组成部分，嵌入陆、海、空、天等物理域中，起到相互联结的作用。从域的"嵌入"角度出发，网络空间作战能力成为边缘战概念牵引下

---

① 凯文·凯利. 必然[M]. 周峰，董理，金阳，译. 北京：电子工业出版社，2016：163.

各军种作战能力建设的关键领域，包括战略层面的网络空间攻击能力以及网络/电磁行动能力等战术能力，目标是同时在物理域、信息域和认知域中投射作战效果。

在传统作战域中，战场环境塑造的主动权属于防御方。但由于信息环境的复杂性、网络行动的隐蔽性，网络的攻击方（技术优势方）具有无与伦比的塑造战场环境的主动权。在边缘战中，必须高度重视网络空间的战场预置，通过对数据污染、前出性预置、漏洞植入等长时间、常态化作业，塑造对其有利的网络战场环境。针对网络空间的复杂性，美军强调"网络空间关键地形"对夺取网络空间行动优势的重要价值。对网络空间进行测绘和可视化，并根据作战意图动态识别、控制关键地形，成为美军网络空间能力建设的重要组成部分。

与传统火力不同，网络"火力"可以全空间全时域作战，并具备高费效比、隐蔽性以及逆向操作的特点，从而为边缘战指挥员提供了更灵活的跨域火力选项。在民事领域，可以利用网络攻击，中断或操控对手数字广电系统和社交传媒系统的信息传播，使对手电力、交通、通信、能源、金融等关键基础设施瘫痪，破坏城市水、电、气等民生设施，全面打击对手国家的战争能力和长期对抗意志。在军事领域，可以全面攻击对手太空系统、防空反导系统、战场指控中枢、作战武器系统等关键军事目标，扫清大规模军事行动障碍。

5.4 自组织制胜

战争系统的中心问题同时也是复杂系统的中心问题，即他组织与自组织问题。在他组织中，组织力来自系统外部，有外界特定干预，"设计师"本质上是"人"。在自组织中，组织力来自系统内部，没有外界特定干预，"设计师"是自身，或者说没有"设计师"。一直以来，指挥控制的实现机制主要是他组织的。在网络信息化条件下，边缘战战场空间多维、参战力量多元、战场态势多变，很大程度上需要自己寻找资源和伙伴，即自组织。

5.4.1 自组织对抗他组织，实现去中心化指挥控制

有机系统和一些社会系统具有的最神奇的功能，是它们能够通过创造全新的结构和行为，彻底改变自身。在生物系统中，这种能力被称为进化；在人类社会与经济领域，则被称为技术进步或社会革命。用系统的语言来讲，这被称为自组织。

什么是自组织？按照德国理论物理学家哈肯的观点，就是系统内部各要素能够按照相互间默契的某种规则，各尽其责而又相互协调，自动形成某种有序结构的过程。美国系统动力学家德内拉·梅多斯认为："自组织是系统具有最高适应力的表现形式。一个能够自我进化的系统，可以通过改变自身来适应各种变化，以维持生存。"[①]在自组织中，组织力来

---
① 德内拉·梅多斯. 系统之美：决策者的系统思考[M]. 邱昭良，译. 杭州：浙江人民出版社，2012：222.

自系统内部。反过来，如果一个系统靠外部指令才能形成组织结构，就是他组织。简单地说，一个组织，其组织力源于内部，不需要外部指令而自发组织和发挥功能的，是自组织；组织力源于外部，需要外部指令才能组织起来发挥功能的，是他组织。

信息技术、网络技术、传感器技术以及新型武器平台的快速发展，使得当前体系作战的动态性和复杂性不断提高。在未来边缘战中，由于局部通信被破坏而无法实现敏捷、高效的指挥控制，将导致先进装备的高"质"低"效"和整个作战体系的运转失效。由其他原因引起的信息不完整、状态不确定，将造成作战指挥控制面临巨大的不确定性、多样性与复杂性。想要准确地预见未来战场态势并提前做好准备，是不现实的；想要让复杂的系统只做符合我们期望的事情，也是不现实的。为实现上述情形下作战体系的韧性，提高终端在指挥条件下的作战行动效能，美军运用复杂自适应系统中的"自组织"理论，开发出多域作战、分布式杀伤、"马赛克战"等新型作战概念，在一定程度上摒弃了中心化指挥控制，效仿了复杂生命系统具备的自组织、自适应、涌现性等典型特征。在"马赛克战"概念开发中，推进智能空战演进系统（ACE）、先进作战管理系统（ABMS）等项目，发挥未来前端作战单元的各类智能自主能力，运用博弈论及仿真推演、智能学习等技术构建人机协同战术作战行动模型，学习演化而形成了新的战法战术，辅助指挥员针对多个可能的战术行动制定最优对抗策略，增强战斗的自主性及指挥员对机器的信任等各项能力。同时，以任务为中心编组，高度自组织的混编部队可更加灵活地以模块能力小组的形式进入战斗，根据不同来袭目标类型，灵活运用各种武器手段，拦截对方火力打击的各种目标。这些技术为战场失去联系的"无人"作战单元、被斩断通信的"有人"作战平台提供了强力的自组织行动保障。这一现代版高端"游击战"，实现了各类作战单元临机协同与配合，从机理上实现了去中心化的指挥控制模式。

5.4.2 速配共识对抗预规划，加速全域敏捷协同

在抗美援朝战场上，被誉为人类历史最强"轻步兵"的中国人民志愿军能够战胜机械化联合作战的强敌，其中一个重要因素是长达 20 多年的协同作战已经让中国人民志愿军形成了作战行动中的行为默契，这种默契带来的"生物学"合成效应超过了美军"物理学"机械组合的战斗力。

协同学是重点探讨系统从无序向有序转化过程中的共同规律的科学。按照协同学的理论，战场复杂适应系统的"序参量"决定了从无序向有序转化过程中的对抗演化胜负结果，而在边缘战场景下的"序参量"首先是"共识度"，即所有参战单元基于对态势判读、行动意图、火力分配、兵力组合等的一致认识。边缘战试图通过脑机接口、高速通信、智能判读等技术来推动作战单元在执行任务过程中实现快速"共识"匹配，构成共同决策架构。

计算智能技术的快速发展,将突破图灵机模型所受到的线性叠加运算的限制,实现全面模拟和控制战场作战单元的"自学习"能力,达到"类人"化甚至"超人"化。未来具备了智能感知和协同认知能力的无人单元,将大大提升在有人无人混合编组、临机任务中的"共识"能力。区块链技术的发展与应用,也将为大量作战单元之间协同"共识"提供有效的安全和互信机制,从机理上解决"拜占庭将军问题"(无组织的独立个体之间如何达成共识)。在智能空战中,通过探索自下而上的技术集成,首先在局部作战飞行的机动行动中建立人类对自主系统的"信任",然后在空战格斗中建立对自主系统的"信任",最终在多个作战任务中建立对自主系统的"信任",达到实际战斗中的认知"共识"目标。

5.4.3 利用战场管理系统和集群实现自组织

在边缘指挥控制中,理想状况就是将分布的传感器、"射手"和来自所有域的数据与参与边缘战的部队相连,通过自主任务规划系统实现从传感器到"射手"的跨域连接,针对任务同步构建最优杀伤方案;联通陆、海、空、天、网络、电磁等域的所有传感器资源及作战单位,共享战斗资源,实时协调所有作战域的军事行动,按需聚合,建立所谓的"军事物联网",抵消对手各种战略威慑。

与分散、边缘的体系形态对应,边缘战强调将指挥权更多地下放到边缘,任务式指挥和事件式指挥是指挥的重要样式。因此,对决策的自主性、临机性和实时性的要求将更加凸显,以应对战争中体系被割裂的碎片化状态。因此,美军大力发展先进作战管理系统(ABMS),利用先进的信息和网络技术,实现传感器到射手的跨域数据融合、态势共享、人工智能辅助指挥决策和协同行动,并将其视为未来全域联合指挥控制的关键、"动态兵力运用"的基础。美军的自主系统能够独立完成态势感知、意图判读、行动方案生成、计划制订和火力打击等一系列活动。其中,"普罗米修斯"人工智能系统能够迅速获得对目标的精确定位,"火力风暴"(FireStorm)人工智能系统能够实现快速弹目匹配。无人作战集群根据实际战场情况,自主完成识别、决策、打击等智能化"认知"行为,不但能够使战争"迷雾"降低几个数量级,还可以有效应对复杂多变的作战行动,极大提升应对智能化战争的高效性和灵活性。谁在最前沿,谁最接近对手,谁的资源和能力最能给对手造成威胁,谁就用最快的速度把这些能力聚合起来完成这个任务。与此类似,Uber 根据打车者的位置、距离和路线等综合信息,快速为其提供最便捷的网约车,将 OODA 循环的周期由之前的 10 分钟缩短至秒级。首批打击任务完成后,利用天基监视层卫星和加装在武器平台的感应系统,实时回传图像评估打击效果,并根据评估情况,实时控制尚在执行任务的武器平台优化火力分配,实施补充打击。

集群是由各个独立的单元组成的,不管这个单元是蜜蜂,还是拿着 AK-47 的叛乱分子,他们都没有一个中心指挥员或控制者。如果把这种体系想象成一幅地图,这幅地图就像一张带有节点的网,每个微小的节点都同任何其他的节点直接或间接地相连。在联系汇集的

边缘战及边缘指挥控制

地方，就是采取行动的地方，同时这种汇集的点又是能够根据形势快速转换和移动的。因此，这些集群的自组织能力，就是他们作为一个整体发挥作用的关键。每个单元的行动都是相似的，没有能够切断的指挥链、通信链和补给链。集群攻击的节奏和方式都是千变万化的，他们可以有起伏地攻击目标，攻击、散开、再攻击，如此循环反复，直到摧毁敌人的防御能力。很难准确地预测他们下一步会做什么，这在战争中可以说是极具优势的一点。这样的行动更像是"云"，成群进入战场，然后分散开去，从各个不同的方向包围目标。克劳塞维茨曾描述了游击战中与此类似的战术，在此战术中，攻击体系会变成"一团漆黑而令人畏惧的云，其中闪电随时都会发生"。集群也可能像"团雾"，覆盖一定区域，但从不会完全凝结于一个地方。

第 6 章　边缘指挥控制

21世纪军队最显著的优势是灵活性，转变指挥控制方式是增强军队灵活性的主要途径。实际上，指挥控制是边缘战的"大脑和中枢神经"，在边缘战中发挥着全局和枢纽的作用。边缘战具有瞬间交战、即时聚优、体系对抗等特点，要求指挥控制必须与此相适应，实现方法就是该集中的就集中，该分散的"放权到边"，即由中心向边缘分散权力和责任。如果一个指挥系统不能快速转换和有效分散权力和责任，不能调动组织和个人的主动性，势必会导致系统效率下降，甚至功能瘫痪。

6.1　边缘指挥控制概念

"范式"是美国学者库恩在《科学革命的结构》一书中阐述的核心概念，其本质上是一种理论体系，有两层内涵："一方面，它代表着一个特定共同体的成员所共有的信念、价值、技术等构成的整体。另一方面，它指谓着那个整体的一种元素，即具体的谜题解答。"[1]将该概念引入指挥控制领域，可以将范式视为指挥控制广泛采用的具有公认性的模式。

在网络信息体系出现之前，指挥控制主要采用中心化指挥控制模式，这种指挥控制模式在解决静止性问题以及不确定性较少的问题时得心应手，因此长期以来为指挥员所娴熟运用，并成为一种固定的思维模式，堪称网络信息时代之前指挥控制的范式。中心化指挥控制模式设计的科学原理如下：通常基于过去的经验和对未来的假设设计组织的使命任务，对使命任务进行分解，建立最佳程序或过程，设置程序或过程处理需要的决策单元，建立决策单元之间的层级关联，形成"决策中心"。[2]中心化指挥控制模式的基本程序示意图如图 6-1 所示。

边缘战是从大规模正规战争向高技术局部战争，从他组织向自组织的巨大转型，在核心思想、基本内涵、作战领域和指挥控制方式上与中心化指挥控制相比有着革命性的变化。边缘指挥控制是"位于体系边缘的作战单元，在应对突发事件时，可及时赋能或释能，实现角色互换，从行动单元转为指挥控制单元，或从指挥控制单元转为行动单元，或两者兼而有之"。[3]

---

[1] 托马斯·库恩. 科学革命的结构[M]. 金吾伦，胡新和，译. 北京：北京大学出版社，2012：147.
[2] 阳东升，张维明. 边缘崛起：边缘 C2 背景、概念与模式机理分析[J]. 指挥与控制学报，2020，6（2）：114-115.
[3] 黄松平，闫晶晶，张维明，等. 从重心到边缘：指挥控制的历史及进程[J]. 指挥与控制学报，2020，6（4）：345.

▶ 边缘战及边缘指挥控制

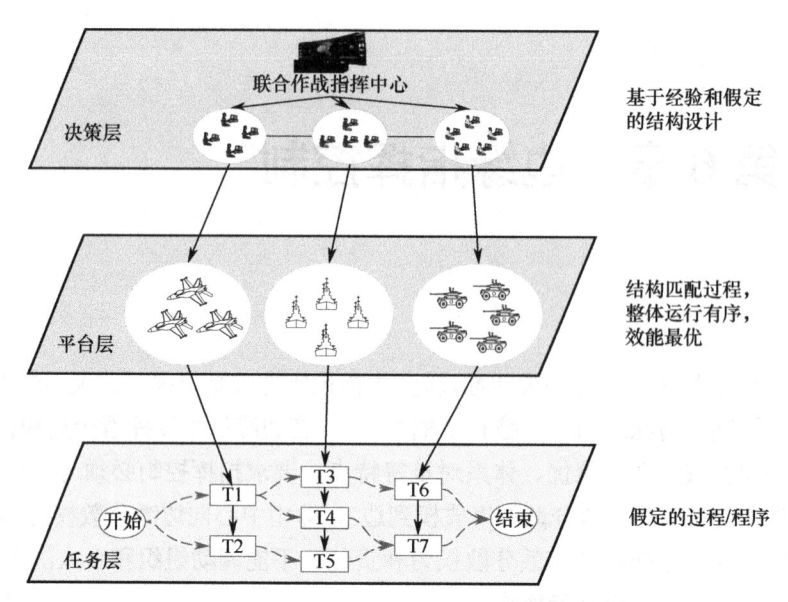

图 6-1 中心化指挥控制模式的基本程序示意图

边缘指挥控制的本质是"中心"与"边缘"关于"能"的转换，所谓"能"是指调用可获取资源解决问题的能力，解决问题可以理解为完成被赋予的任务。"中心"与"边缘"之间的"能"的转换有两种形式：赋能和释能。"赋能"通常是"中心"到"边缘"的转换行为，被赋能的角色通常由边缘角色转换为中心角色；而"释能"通常是"边缘"到"中心"的转换行为，被释能意味着角色从"中心"转至"边缘"。"赋能"或"释能"要素不仅仅体现在作战资源的使用权限，更体现在边缘指挥控制授权、作战指导和保障。边缘指挥控制授权是任务责任主体的委托及相关要求与规则的明确，如任务下达（受领）、作战目标、相关交战规则或作战要求等；作战指导是"中心"与"边缘"之间更详细的交互活动，如在筹划时对其决策方案进行修订、调整，在行动实施时对其执行过程进行直接干预，通过指导活动，确保边缘战单元的行动具有更高的价值和效果，突发事件处理符合全局整体的需求，任务执行符合中心指挥控制意图；保障是对边缘战单元处理突发事件、完成既定任务给予相关要素的支持，这些要素通常指保障要素，包括作战保障、后勤保障和装备保障等。[①]

边缘指挥控制本质上是复杂系统在应对不确定事件时的自适应、自组织和自行动。值得一提的是，边缘指挥控制并没有抛弃传统的中心化指挥控制模式。边缘指挥控制在一个确定的时间内仍然存在中心，只是这一中心不是固定的，而是随机调整和变化的，即每个边缘单元都不是传统意义上的中心，但又都可以成为中心，这是一种"泛在中心"的指挥控制形态。与传统指挥控制相比，边缘指挥控制存在着明显的优势：一方面，通过决策中心的分布式部署，增加了对手攻击的难度，即便在部分指挥控制节点被摧毁的情况下，依然能够维持作战体系运转，不会出现"一招不慎，满盘皆输"的状况，提升了作战体系的

---

① 阳东升，李强，朱凤华，等. 基于 PREA&OODA 的边缘指挥控制模式框架及关键技术[J]. 指挥与控制学报，2023，9（4）：395.

韧性；另一方面，通过指挥控制能力的泛化，"处处都是中心，处处又都不是中心"，极大地提升了体系的生存能力。

6.2 边缘指挥控制的特征

边缘指挥控制与传统指挥控制相比，具有自主发现任务、自主寻找资源、自主决定行动、自主调整改变和自主评估效果，即"自任务、自组织、自行动、自适应、自评估"的鲜明特征。

6.2.1 自任务：自主发现任务

在未来网络信息体系背景下的边缘战中，战争节奏显著加快，战争复杂性大幅提升，战争灵活性不断加强，以往的作战计划很可能与实际进程存在出入。面对海量的、瞬息万变的战场数据和信息，以及各方面因素相互依赖的环境，指挥员，特别是一线指挥员应该学会根据动态形势变化自主发现任务，自主做出决策判断，形成与不断产生的作战任务相匹配的作战方案，及时应对不期而遇的各种危险和挑战，而不是像传统的中心化指挥控制那样一味恪守上级制定的方案和规划。

边缘战中的自任务是一线指挥员抓住"即时优势窗口"，掌握战场主动权的逻辑起点。"即时，意为立即、即刻，强调不是随时、全时，而是基于某一关键时刻或时节，即通常所说的战机。"[1]随着军事技术的发展和战争形态的演变，现代战争，特别是信息化、智能化战争，军队行动链中的侦察、机动、打击、保障等各环节运转速度，以及作战指挥链中的OODA循环速度等都在持续加快，导致创建和利用"即时优势窗口"发生了根本变化。"即时优势窗口"的有效期越来越短，窗口可能转瞬即逝。[2]指挥员必须有在"战争隙缝""战争窗口"和对方薄弱点找到"战机"的眼光和能力，依托智能泛在的网络信息体系，把边缘战效能在最短时间集中到关键域、关键点，对敌形成即时局部优势，以局部优势博求整体制衡，进而牢牢把握战场主动。为提高自主发现任务和抓住"即时优势窗口"的能力，指挥员应深入研究敌方作战体系构成、运行规律及关键节点，结合对敌方作战思想、编制装备和实战情况的跟踪研究，分析查找其固有短板与弱项，为寻找优势窗口提供依据。

6.2.2 自组织：自主寻找资源

德国物理学家哈肯的自组织思想主要源于对激光理论的研究。他发现诸多相互独立发光的原子及其所产生的光电场在一定的约束条件下，能产生出相位和方向都协调一致的单

---

[1] 贺润生，程双平. 即时聚优：现代战争制胜之钥[N]. 解放军报，2021-02-09（7）.
[2] 袁艺，高冬明，张玉军. 把握未来战争"即时优势窗口"之变[N]. 解放军报，2022-08-11（7）.

色光——激光，进而把在激光研究中得到的一般原理，运用于解释其他自组织现象。通过对其他物理学、生态学、经济学、社会学中的典型现象的类比分析，哈肯发现了完全不同的系统之间的惊人的相似性，认识到自组织系统从无序到有序地演化，不论它们属于什么系统，都是大量子系统之间协同作用的结果，都可以用类似的理论方案和某几种数学模型进行处理。哈肯于1976年第一次在科学意义上提出了"自组织"概念，并用一个通俗的例子解释了自组织与组织的区别：比如有一群工人，如果每一个工人都是在工头发出的外部命令下按完全确定的方式行动，我们称之为组织，或更严格一点称之为有组织的行为；如果没有外部命令，而是靠某种相互默契，工人们协同工作，各尽各的职责来生产产品，我们就把这种过程称为自组织。

自组织是描述动态系统由于其内部组成部分之间相互作用而产生的一种有序状态，是复杂性科学的一个基本范畴。很显然，一个系统自组织功能越强，其保持和产生新功能的能力就越强。美国学者德内拉·梅多斯指出，自组织具有学习、多元化、复杂化和进化的能力。自组织作为有机系统的一个基本特性，对于大部分冲击力都有一定适应力和免疫力。正是依靠这种能力，单个受精卵经过不断生长、分化，最终演化成一只青蛙、一只兔子或者一个人，体现了令人难以置信的复杂性；依靠这种能力，大自然中的一抔泥土有机质也能生生不息，滋养着不计其数、多姿多彩的生命物种。①

在传统的军事领域，指挥控制的实现机制是他组织的。军队通过外部设定目标、指令而被组织起来，并通过这种机制展开部署、发挥力量。普利高津"非平衡是有序之源"的论断和自组织原理的发现证明了高效边缘的自组织是完全可能实现的，也是技术发展的必然趋势。网络信息化条件下，边缘战远离中心，态势瞬息万变，机会窗口稍纵即逝，指挥控制很大程度上需要自己寻找伙伴和资源，仅凭他组织显然难以满足现代战争的需要。实际上，在边缘指挥控制中，自组织与他组织两种组织形式都需要，本质上是一个不断适应的过程，需要两者之间进行快速转换。一方面，边缘战的自组织趋势并不完全排斥他组织性，边缘组织应接受上级组织赋予的任务，是他组织的一员，自然需要接受他组织的框架约束，这种约束主要通过贯穿在整个组织中的自我约束以加强。另一方面，边缘组织更需要有自组织的特性，通过多维空间的智能化侦察和感知，一线作战单元可以自主获取敌、我、友的兵力部署、武器装备和战场环境等信息，即便在群体无明显中心化指挥控制的条件下，可以自己寻找资源和伙伴，主动围绕发现的任务形成任务联盟，由局部作战单元间的智能交互触发全局整体的灵活变换，实现作战组织集强聚优，使敌无法知"彼"，陷其于战争"迷雾"之中。

"马赛克战"就是一种通过自组织实现的作战体系设计，可快速拼装出复杂杀伤网体系。将各种传感器、通信网络、指挥控制系统、武器系统或平台等功能角度视为"马赛克碎片"，通过网络信息系统将这些"碎片"单元链接起来，"碎片"单元和"碎片"单元之间动态协

---

① 德内拉·梅多斯. 系统之美：决策者的系统思考[M]. 邱昭良，译. 杭州：浙江人民出版社，2012：109-110.

同组合，增强"碎片"的自主性，形成一个极具弹性、灵活机动的作战效果网。这种体系在时空上分布更广，动态变化性更强，使得战场态势更加复杂，增大对手的认知负重，从而实现不对称优势。

6.2.3 自行动：自主决定行动

自行动就是根据任务决定自己的行动，当没有上级的命令或环境已发生变化时，参与边缘战的部队能够根据战场整体态势和作战总体目标决定自己的行动。在传统指挥控制中，指挥决策单元和行动单元是泾渭分明的，行动单元很少做决策和自主规划行动。在边缘战中，各个作战部队对自身的优劣有着客观的认知，并且知道自己擅长什么不擅长什么，该干什么不该干什么，即具有某种程度上的自觉，因此，很多时候不用上级下达具体的指示和命令。这就使得下级部队指挥员的主观能动性得到极大的发挥，而不是像中心化指挥控制那样要固守上级的具体行动规划。很显然，这就要求各部队指挥员具有很高的综合素质，能根据战场整体态势和作战总体目标决定自己的行动。这种自行动能力的发展能够直接促进其他能力的发展，能更加有效地应对边缘战的各种任务。在以往的层级式、宝塔式指挥体系下，由于缺乏横向沟通，各作战单元很大程度上处于信息孤岛状态。在边缘战中，指挥控制单元或行动单元可按照具体冲突需求，促成原来分属不同组织的各种单元实现快速、智能、战略性的转换、分解和重组，依据赋能或释能快速重组可获取的战场资源，生成成本较低廉的具有多样性和适应性的多域杀伤链，可以应对诸如城市战、荒漠战、无人作战等多作战场景以及各种突发性事件。任务完成后，重组的单元可以释放回归到原来的系统，彻底改变军事行动的时间周期和作战体系的适应性。

未来边缘战中，平台组网协调更加便捷、更加灵敏、行动更加自主，能够实现多平台编组行动和多群组协同行动，极大地改变着作战力量结构和运用方式，一线参战部队指挥员主观能动性得到极大的提升。同时，由于战争的不确定性增加，作战计划很可能与实际情况存在差距，在战场情况超出既定规划的情况下，可以根据作战总体目标、作战任务和战场整体态势自主规划和控制行动。自行动能力需要相关实体间具有更强的共享理解，这需要实体能够更广泛、更容易地获取信息，更高程度地共享信息，实现更丰富、更连续的交互，以及更大范围的决策权分配，从而形成一个稳健的、网络化的集合。

值得一提的是，在边缘战中，随着无人作战装备在作战体系中的占比越来越高，其智能化水平和自主性能力越来越强，在作战中的应用范围也越来越广，特别是在有人作战力量执行任务比较困难的场景下更能发挥作用，如无人海岛值守、远域海空域管控、高原边境线监控、海洋水下作战等任务场景。为了在有人力量很少参与或不参与的情况下有效应对突发威胁，无人作战装备需要在受到外部事件"刺激"时能够智能反应、自主规划行动，自发或半自发地构建起面向任务的作战体系。

6.2.4 自适应：自主调整改变

自适应就是在应对战场态势或环境变化时改变工作流程和组织结构的能力。以往的层级式、集中式指挥体系下，作战指挥通常按照自上而下的层级顺序进行，上下级间纵向联系多、横向沟通少，各作战单元往往处于信息孤岛状态。未来边缘战中，在智能化系统、数据链、作战云的支撑下，作战体系由以往的相对固定性向快速重构性和自适应转变，各作战单元能够按照具体冲突需求进行自适应组合，促成原来分属不同组织的各种单元实现快速、智能、战术性转换，分解和重组可获取的战场资源，生成成本低、样式多和适应性强的多域杀伤链，实现力量的精确匹配，能更加有效地应对未来作战的各种任务。

1994年，霍兰教授在美国圣菲研究所（Santa Fe Institute）成立10周年时，正式提出了复杂适应性系统的理论。在圣菲研究所举办的乌拉姆系列讲座的首次报告会上，霍兰以"复杂制造简单"为题做了报告。在报告中，他在多年研究复杂系统成果的基础上，提出了关于复杂适应性系统比较完整的理论。霍兰认为，是"适应性造就了复杂性"，因而那些能根据环境不断调整适应的系统，就被称为"复杂适应性系统"，如生物体、群体、组织等。复杂系统的个体结构可以根据环境变化而变化，产生演化行为。适应性导致系统结构改变，成为复杂系统不断进化的主要驱动力。正确、准确、精密和可预测是简单系统的特征。在复杂系统的反复无常与巨大变化面前，生存的重要性更加凸显。争取生存、不断进化、不断适应才是复杂系统的特征。

进化得到的可能比设计出来的更厉害。"鼻涕虫进化出来的东京路网"就是现实世界中自适应的神奇现象。2010年1月，日本北海道大学的Tero和Takagi等人在Science发表了一篇题为 Rules for Biologically Inspired Adaptive Network Design（黏菌具有建立高效运输网络的能力）的论文，他们利用现实世界的一团黏菌（俗称鼻涕虫）设计了一个连通东京及其附近城市的铁路网。我们知道，黏菌是一群裸露的、无细胞壁的、多核的原生质团，它们可以通过连续的形变而缓慢移动。当这团裸露的细胞在空间上遇到多个分散的食物源的时候，就会构建起一些疏运营养的通道。Tero和Takagi等人正是利用了黏菌的这种天性，在实验室中为黏菌设计了一套人工食物源环境，让这群简单的原生质团形成疏运营养的网络。研究人员将一张东京以及附近城市的地图作为黏菌生长的环境，在初始时刻，让黏菌集中在地图上的东京点，然后在其他几个附近的城市点放上黏菌喜欢吃的食物，随后就让这群黏菌在实验地图上缓慢变形、游走。经过一天多的时间后，这些黏菌最终演化出了一条条营养疏运通道。

起初，这群简单的细胞在地图上扩散，几个小时后，当它们遇到食物之后就开始精炼扩散模式而形成若干疏运食物的隧道。再经过几个小时，一些较大的疏运隧道开始慢慢形成，而更多的小型隧道逐渐消失，最终，只有几个主干隧道保留了下来。实验人员将黏菌构建的食物疏运网络与现实中东京附近的地铁网络进行对比，发现这两种网络非常相似。

这群看起来笨拙、简单，没有任何智力可言的黏菌"完成"了可观的计算任务——修筑轨道网络；而人类构筑起这套网络，花费了无数科技工作者数年时间。

战争对抗的就是适应能力，以形成不对称优势。大到快速适应时代的军事变革，小到快速适应战场态势并及时做出处置等。美国三次"抵消战略"就是战略上适应改变的典范。

6.2.5 自评估：自主评估效果

边缘指挥控制的基础是自组织，自组织意味着一种自发性、自觉的行为，是系统要素按彼此的相关性、互补性和协同性形成特定结构与功能的过程。由此可见，边缘指挥控制是一种自我调节型的指挥方式，作战力量必须不断地适应变化的战斗环境，实施必要的紧密协同。这种协同是通过局部行为而实现的，而不是通过中心支配实现。因此，边缘指挥控制应具备评估完成任务的能力，为发布任务以及构建任务组织提供依据，为任务的实现提供合理保证。

自评估表现在对作战要素、资源和能力的理性认知，形象地说就是我们在建立一个完成任务的"微信群"时，对哪些人具备入群的条件和完成任务的能力有一个清晰的认知。边缘指挥控制的资源是动态构建的，指挥控制的有效性依赖于灵活重组的各参与方主动加入与积极协作。因此，必须解决随之而来的监管问题，建立奖惩机制，以利于边缘组织共同参与任务的完成。一方面，鼓励具备相应资源的边缘组织共同参与任务的完成，在完成任务后，对提供"耳目""手脚""拳头"的组织进行"好评"和激励；另一方面，对出于保存实力，具备相应资源而没有积极协作的边缘组织进行复盘分析和惩罚，避免类似事件再次发生。同时，随着物联网、数据链、新一代移动通信等技术的发展，未来边缘战中各作战单元能够自主采集、汇聚打击效果信息，依托人工智能、大数据、分布式计算等工具手段对打击目标实时状态进行有效识别、精确分析和自主式评估，并依据评估结果为下一轮指挥决策和作战行动提供支撑。

6.3 边缘指挥控制的模式

在边缘战过程中，预料不到的机会和冲突会随时出现，要求一线指挥员临机决策并勇于承担责任。因此边缘指挥控制的基调是自主决策，主要实施以自组织为特征的自下而上的事件式指挥。同时上级将在远方关注边缘情况，当情况变化超出边缘组织的能力范围时，边缘组织需要与上级保持密切联络，及时获得上级的指导和帮助。因此，边缘战也需要实施以他组织为特征的自上而下的任务式指挥，即自组织和他组织的有机结合。

6.3.1 他组织为特征的任务式指挥

任务式指挥虽强调对下级授权，但本质上是一种自顶向下的指挥控制方式，主要是他组织形式，也是实现边缘战指挥控制的主要方式之一。其基本内涵是统一意图下的按级指挥，上级通过明确作战意图和下放指挥权，充分发挥下级的主动性和创造性，使其在充满不确定性的战场上及时决策、果断行动。它"既打破了以全能型指挥员为核心的'团体迷思'效应，又可防止下级出现各自为政的局面"。[①]任务式指挥的中心化特征虽然很明显，但并非单纯的集中指挥或分散指挥，"而是一种分散与集中融为一体的指挥方式"。[②]任务式指挥的集中，主要体现在统一的意图上；任务式指挥的分散，主要体现为一定程度的决策和行动自由。网络信息时代的作战强化了分散指挥和授权下级及参谋人员及时做出反应的需要。因此，上级指挥员应聚焦"做什么"和"为什么"，而不是聚焦行动的细节，应该让下级发挥主观能动性，以增强灵活性和效率。国外一些军队将任务式指挥能力作为未来作战所需的第一项能力，即在任务条件下对任何编组实施指挥的能力。这与边缘战使命任务的快速变化是高度吻合的。

6.3.2 自组织为特征的事件式指挥

在著作《控制论》中，诺伯特·维纳基于建立在诸如蚁群和鸟群的动物群体行为模型，描述了人类自组织的过程，这一过程也可以用于机器，它们可通过适应环境来学习。自组织是整体所具有的一种高等级的属性，这种属性是组成整体的各个个体所不具备的。系统各部分运行是按照逻辑信息和全局的秩序进行的，而非需要外部的控制。

事件式指挥是实现边缘战指挥控制的另一种主要方式，与任务式指挥相反，它是一种自底向上的指挥控制方式，因此主要是自组织的。事件式指挥是处理边缘战不确定性的最佳途径。OODA 循环和"观察—调整—决策—行动"周期随着指挥层级的降低而缩短，下放决策权，降低决策门槛，确保部队的行动自由，可以有效提高作战指挥的时效性。边缘战强化了分散指挥和授权下级及参谋人员及时做出反应的需要，因此需要下放部分决策权，减少上级决策的压力，提高下级决策的灵活性和速度。事件式指挥"实现的方法是下级发挥主动性，并进行必要的协同"。[③]指挥员应当接受下级的冒险和失误，促进信任和相互理解，与下级保持交流，并培育团队精神。

6.3.3 边缘指挥控制是自组织和他组织的有机结合

一直以来，指挥控制的实现机制主要是他组织的。军队通过层级化的上级设定目标、指令或指导而组织起来，并通过这种自上而下的机制分配资源和发挥力量。网络信息化条件下，战场空间多维、参战力量多元、战场态势多变，指挥控制很大程度上呈现出"自任务、自组织、自行动、自适应、自评估"的特征，需要自己寻找任务、自己寻找资源和伙

---

① 杨洋，王云雷. 任务式指挥为不确定性的应对提供新思路[J]. 指挥与控制学报，2018，4（4）：332.
② 曹继锴，于淼，王建立. 集中还是分散？——美军任务式指挥解析[J].国防科技，2015（5）：85.
③ 张维明，黄松平，朱承，等. 多域作战及其指挥控制问题探析[J]. 指挥信息系统与技术，2020（1）：5.

伴、根据任务决定自己的行动，同时具备自我改变的能力和自我评估的能力。显然，单纯地依靠任务式指挥或事件式指挥显然难以满足现代战争的要求。边缘指挥控制既需要自组织这只"看得见的手"，也需要他组织这只"看不见的手"，是自组织和他组织的有机结合。在大处主要是"看不见的手"起作用，需要经过"任务规划、任务准备、任务执行、任务评估"等环节；在小处则是自组织起作用，一线部队按照"刺激、假设、选择、响应"，或按照"观察、调整、决策、行动"的步骤来应对各种情况。他组织和自组织都要用好，努力形成自顶向下和自底向上灵活协同指挥的格局。

6.4 边缘指挥控制的过程模型

指挥和控制实质上是一个反复做决策的循环过程。边缘指挥控制也是上下交互，"放权—赋能—演进"螺旋上升的新范式，其遵循的原理是由科学管理变为逆科学管理，放弃完全控制；方法是由自上而下优化设计变为相对确定的部分进行自上而下优化设计，不确定部分则保持开放，通过赋能增加边缘能力，激励边缘自组，构建协作机制；变以往的静态设计为反复迭代，通过反复涌现，不断演进，提取正确模式，从而形成新的模式。边缘指挥控制的核心是围绕边缘场景形成指挥协同、行动协同、目标协同和资源协同的作战体系，从而提高战场整体作战效能。

边缘战的关键原则是集中控制和分散执行，需要更高程度的授权、更大程度的自主决策，减少对上级集中规划和任务指挥的依赖。为实现这一点，指挥员必须清晰地传达意图，且下属应被授权在没有进一步指导的情况下根据该意图自主采取行动。此外，在边缘战中，支持与被支持关系将会在不同的部队和领域之间迅速切换，相对静态和固定的支持关系可能不足以支持未来的作战行动。各部队都应有人员长期"嵌入"，这将有助于各部队之间相互关系角色的快速切换。

边缘指挥控制过程既不同于 PREA 环[筹划（Planning）→准备（Readiness）→执行（Execution）→评估（Assessment）]，也不简单是经典的 OODA 循环，其本质是围绕快速决策构建的一种自适应、分布式、开放式体系架构，可以简单地用激励—观察—干预—反思（Stimulus-Observe-Act-Reflection，SOAR）模型来刻画。SOAR 指挥与控制模型由 4 个相互动态影响的部分组成，其结构如图 6-2 所示。模型中各部分的作用如下：

（1）激励（S）——决策过程的开始。提供当前态势的信息和不确定性。

（2）观察（O）——及时掌握战场上各作战域的情报信息，保持持续的全域态势感知。

（3）干预（A）——决策者采取行动。

（4）反思（R）——对行动进行评估。

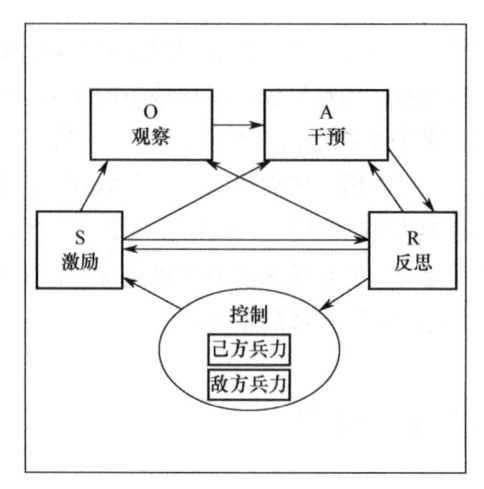

图 6-2　SOAR 指挥与控制模型示意图

边缘战指挥控制的 SOAR 模型是经典行为主义心理学刺激反应（SR）模式的基本延伸，提供了在不确定性决策过程中必须要处理的三个范畴，即观察、干预和反思。

（1）信息输入的庞杂性和不确定性，以及空间、时间、博弈对抗等多个方面的复杂性，产生了观察的需要。

（2）利用跨域和瞬时聚优的优势破解对方体系的挑战，产生了干预的需要。这种干预需要一种极高的整合度，且这种整合必须在更低的战术层级进行，并将太空战、网络战、认知战等更为全面、灵活地融入陆、海、空战场。

（3）行动结果的不确定性，产生了反思的需要。在边缘指挥控制中，遂行作战任务的指挥员实际上扮演了"买方"的角色，各作战能力是"卖方"，"买方"可以向众多"卖方"提出能力"竞标"，"交易物"为作战能力，"交易平台"就是指控系统和指控平台，而操作"交易平台"的任务则交由人工智能完成。[①]指控系统主要起到解析、翻译"买方"需求的作用，同时起到甄别和筛选"卖方"的作用。作战过程中，预料不到的机会和冲突会随时出现，"卖方"的资源和能力很可能与不断变化的需求不相适应，行动结果与预想情况往往会存在差距，必须不断对其进行评估和重新调整。

6.5　边缘指挥控制能力的提升途径

为实现边缘指挥与控制所需要的自组织与自同步，信息的有效共享和一线指挥员敢于负责任、敢于主动思考解决问题的态度，应发展边缘智能技术、保持军事技术自觉、建立敏捷网状组织、打破传统部门藩篱和创造宽松文化环境。

---

① 杜燕波. 从"多域战"到"联合全域作战"，究竟有何玄机[J]. 军事文摘，2020，27（11）：56-59.

6.5.1 发展先进的边缘信息技术

在军事领域，指挥控制作为"力量输出"的核心，一直紧跟着信息技术的发展快速迭代升级。[1]边缘指挥控制的产生同样得益于边缘信息技术的异军突起。边缘指挥控制要进一步发展，无疑需要边缘信息技术源源不断地支撑。

所谓的边缘信息技术，主要指能将权限、信息以及能力赋能给边缘，从而构建起一个自组织和他组织相结合，收放自如、进退裕如、灵活多变的敏捷组织，以增强末端力量投射能力的技术。边缘信息技术的应用解决了数据传输成本高、延迟大、安全隐私性不强等问题，使数据的处理更加高效。边缘信息技术主要包括边缘计算、边缘网络和边缘智能技术，其中边缘网络和边缘计算是基础，边缘智能是释放能力的倍增器。

边缘计算主要强调计算发生的位置，即计算发生在云的边缘、网络的边缘还是设备的边缘。[2]边缘计算作为云计算的扩展，在靠近数据产生和需求的位置提供计算、存储和能量资源。[3]随着数以亿计的终端设备连接到互联网，更快、更可靠的数据处理和存储将变得至关重要。边缘计算能够密集分布式部署、降低时延、提供态势感知服务、有效提高响应时间、节省网络成本、增强隐私和安全等，与云计算相比具有突出的优势，如表6-1所示。

表6-1 边缘计算与云计算对比

特 点	边 缘 计 算	云 计 算
处理能力	中等	较强
与用户的距离	相对较近	相对较远
分布情况	分布式	集中式
时延	短	长
安全性	较高	较低
移动性	支持	有限支持
主干网络宽带消耗	低	高
应用场景	适用于时延敏感的计算密集型应用场景	适用于时延相对不敏感的计算密集型应用场景

边缘网络中的小型服务器、网关、路由器、路边单元以及智能终端本身都可以作为边缘节点为用户和终端设备提供计算、存储、能量等资源。边缘智能旨在利用机器学习、语音识别、计算机视觉等人工智能技术为数据产生端的边缘侧赋能，可以实现在智能终端侧的数据搜集与决策。边缘智能在边缘战的应用将覆盖作战指挥、管理、保障等各个环节，成为边缘战的重要支撑。

---

[1] PANG C K, HUDAS G R, MIKULSKI D G, et al. Command and Control for Large-Scale Hybrid Warfare Systems[R]. Unmanned Syst. 2015(3): 1-15.
[2] 计红梅. 打通"人工智能最后一公里"[N]. 光明日报，2020-10-15（3）.
[3] PORAMBAGE P, OKWUIBE J, LIYANAGE M, et al. Survey on Multi-Access Edge Computing for Internet of Things Realization[J]. IEEE Communications Surveys Tutorials, 2018, 20(4): 2961-2991.

▶ 边缘战及边缘指挥控制

科学技术是推动指挥控制进步的原动力。边缘计算很好地契合了边缘战的特点和需求，提升边缘指挥控制能力，应大力发展边缘信息技术，基于此技术构建边缘智能指挥控制系统，向军事指挥控制应用提供态势动态感知、权限下放、算力共享协同、装备智能协作、后勤联合保障等边缘智能服务，实现边缘战态势感知、资源动态构建和功能重组、边缘指挥控制能力的聚合，进而促进指挥控制的革命性变化。

6.5.2 保持军事技术自觉

军事技术自觉是军事技术主体对军事技术的本质与内在动力、特点与规律、结构与功能，以及其在人类文明进化链上的地位和作用的理性认知，其本质上是军事技术主体对军事技术的一种理解能力。[1]其中，军事技术主体是指与军事技术发展有关人员的总称。军事技术自觉意识强，就能够敏锐地懂得和感悟军事技术发展所显现和蕴含的全部意义，敏锐地洞察军事变革的"风吹草动"，提前谋划，变道超车；反之，则对新出现的军事技术视而不见或漠然处之。对军事技术的不同认知所产生的不同效用，必然导致完全不同的发展方向和效应。

文艺复兴之前，科学技术发展缓慢，如恩格斯所说的那样，"科学只是教会恭敬的婢女，不得超出宗教崇奉所划定的边界。"作为科学技术物化的兵器也因此发展缓慢。实际上，在漫长的古代战争时期，军事技术一直没有进入军队指挥者和军事理论家的视野。对于这种忽视军事技术重要性的现象，我们不妨称为军事技术自觉意识的缺失。

技术认知力不足的指挥员因不能洞察新科技的意义，在战争史上留下遗憾和笑柄的事例比比皆是。富尔顿在1803年向拿破仑建议用蒸汽机作为动力建造无帆战舰时，竟被拿破仑当作"痴人说梦"而轻率地否定了。结果美国率先洞悉到蒸汽船的军事价值，延揽富尔顿为其建造了数艘蒸汽炮舰，使得美国海上力量走上了快车道。鸦片战争爆发，参赞大臣杨芳随靖逆将军奕山赴广东迎敌，杨芳在主帅奕山未达到广州前实为清军前线最高指挥官。杨芳看到英军炮火威力强大且落弹准确，认为"夷炮恒中我，而我不能中夷。我居实地，而夷在风波摇荡中。主客异形，安能操券若此，必有邪教善术者伏其内"[2]，于是采用传统文化中污秽制妖术的古训，传令保甲遍收民间妇女所用马桶、溺器，用所谓的"阴门阵"对抗英国的坚船利炮，被时人和后人嘲笑，留下千古笑柄。讽诗"粪桶尚言施妙计，秽声传遍粤城中"，说的就是此事。有专家曾言，"东方军人重谋略，西方军人重技术"。[3]这在某种程度上道出了中国古代轻视技术的事实。

文艺复兴的蓬勃开展使自然科学摆脱了神学的局限束缚，促进了近代自然科学的兴起，同时也促进了军事技术的发展。"从形成新兵器或改进新兵器的思路，到实践中采用新兵器

---

[1] 黄松平. 军事技术自觉：推进军事变革的基础[N]. 解放军报，2012-01-05（10）.
[2] 梁廷枏. 夷氛闻记[M]. 北京：中华书局，1959：58-59.
[3] 陈歆耕. 点击未来战争[M]. 北京：解放军文艺出版社，2000：77.

的原型，其中的间隔变得越来越短。"[1]伴随着武器性能的大幅提升，人们在惊讶之余，开始意识到军事技术的极端重要性，军事技术的发展也因此开始获得源源不断的智力支撑。值得一提的是，军事技术自觉意识的觉醒与火药的西传密切相关。贝尔纳在考察火药技术的发明应用过程时指出："火药的采用对军事技术产生了显著的影响，促成了封建制度的解体。"[2]这一时期，军事技术的打击力、防护力、机动力和信息力均取得了突破性的进展。以杀伤力为例，1850年以后，每次杀伤力的大提高均可看成足以改变战争特性的新飞跃。这种飞跃属于一种革命性的变化，随之能引起一系列的革新。[3]用后坐力来带动的带式送弹马克沁机枪的发明就是明证。19世纪中叶后，军事技术进入系统时代，各个领域迎来了发展的"春天"，特别是火器、铁路与电报技术深刻地影响着战争。睿智的哲人已经看到了军事技术在未来战争中举足轻重的地位，恩格斯就告诫人们："当技术革命的浪潮正在四周汹涌澎湃的时候，让这些保守的偏见在军队中占统治地位，是没有好处的。我们需要更新、更勇敢的头脑。"[4]

19世纪末20世纪初，科学技术进入了高速发展时期。特别是第一次世界大战后，科学技术进入"狂飙"时代，军事技术发展也一路"高歌猛进"。在这种背景下，军事技术自觉意识逐步走向成熟。这突出地表现在"大科学"的兴起与在技术上被击败而沦为第二流的国家。"这种担心是很现实的，因为政治挑战往往以军事为后盾，而军事技术水平似乎起着相当重要的作用。"[5]在这种强烈的忧患意识下，各国纷纷采取措施，集中人力、物力和财力，大力推进军事技术创新。一些军事强国建立起庞大的国防科研和国防工业体系，军事技术逐渐形成了门类齐全、结构完整的学科专业体系。

现在，军事技术不但已成为衡量一个国家军事是否强大的重要标志，而且也是衡量一个国家综合国力是否强大的重要尺度，发展军事技术已成为国家根本战略利益之所在。因此，各国在综合国力的竞争中都高度重视军事技术的发展，无不将其置于重要的战略地位，发达国家斥巨资开发高新技术特别是信息技术。正是由于各国对军事技术的重视，从而促使军事技术发展取得了令人瞩目的成就。就武器装备的发展而言，世界各国所制造出的新武器数量之多，技术之先进，无不令人惊叹。随着现代军事技术的不断发展，一个越来越引人注目的事实是，一个国家要想维护或谋求其国家利益，必须以先进的军事技术为后盾，二战后的历史尤其如此。军事技术水平比较高的国家在军事上所具备的优越条件因此也越来越无可争议，军事技术水平低的国家不但难以研制出高性能的新式武器装备，而且难以正确使用从别国购进的高技术装备。在历次中东战争中，以色列总是比阿拉伯国家略胜一筹，其根源也正在于此。

---

① T.N.杜普伊. 武器和战争的演变[M]. 严瑞池，等译. 北京：军事科学出版社，1985：412.
② J·D·贝尔纳. 科学的社会功能[M]. 陈体芳，译. 北京：商务印书馆，1986：241～242.
③ T.N.杜普伊. 武器和战争的演变[M]. 严瑞池，等译. 北京：军事科学出版社，1985：350.
④ 马克思，恩格斯. 马克思恩格斯全集（第22卷）[M]. 北京：人民出版社，1965：445.
⑤ J·阿尔伏德. 新军事技术的影响[M]. 金学宽，译. 北京：宇航出版社，1987：4.

边缘战及边缘指挥控制

纵览美军演进史,"技术制胜"可以说贯穿了其力量发展的全过程。正如美国前助理国防部部长托马斯·曼肯所说:"在近代史上,没有哪个国家像美国这样如此重视技术在规划和进行战争中的作用。"自二战之后,这种强调"科技预见"的思维模式就已深深嵌入美国高层和美军战略思维。当苏联于 1957 年 10 月 4 日发射了世界上第一颗人造卫星——斯普特尼克 1 号时,包括美国总统艾森豪威尔在内的很多美国高层人士意识到,一场"全面的冷战"已经打响,科学、技术、教育和对国家威望的追求已经和军事和经济实力一道成为决定胜负的关键力量。[①]美军一直对颠覆性技术突破可能带来的"战略与技术突袭"保持高度警惕,不断渲染科技进步可能带来新的"斯普特尼克时刻"[②]或"奇点时刻",连续在多个版本的《国家安全战略》中强调必须将"颠覆性技术与革命性作战概念紧密结合",近年来抛出的网络空间作战、穿透性制空、蜂群战、算法战等概念本身就打上了鲜明的技术烙印。

俄乌冲突是网络信息条件下军事科技创新范式变革的一次重大实践。乌克兰以多点发力、以小博大、机动灵活、持续韧性为特征的边缘战的活跃,在很大程度上得益于星链网络及其移动终端、人脸识别、语音识别等智能技术的广泛应用。美国陆军战争学院战略研究所 2024 年 8 月发布的《俄乌战争中的卫星》报告说:"这场战争的一个突出特点在于,乌克兰对太空的利用可能多于俄罗斯。"新一轮科技革命通过技术迭代、赋能嫁接、场景拓展等极大地提升了新域新质战斗力,也极大地改变了战争的形态。现代战争逐步演变成"科学家+工程师"式的战争,这一转变深刻体现了科技对战争形态的革命性影响,使战争越来越依赖高科技。

今天,军事技术和战争成为各国与社会各界普遍关心的话题,军事著作、军事文学作品以及战争影片所拥有的观众一直居高不下,军事技术的发展成为各国大众传播媒介中不可或缺的内容。"这一切充分说明,军事技术已作为一种文化存在,深入到人们日常生活的各个方面,使人的精神生活变得更加充实。人们的思想、价值观念、道德情操和修养也因此而受到影响或熏陶。各国人民无不因自己国家拥有先进的武器装备而感到自豪,爱国主义精神无不因此而受到激励,各民族尚文习武、崇尚武德的文化传统也无不因此而得到发扬。"[③]军事发达国家已普遍意识到,保卫国家的钢铁长城不是建立在地面的砖石土木结构和火枪火炮的基础上,而是建立在海上、空中、太空和网络空间,建立在高技术武器等新的物质文明的基础上。

保持军事技术自觉不仅仅是能敏锐地洞察军事变革的风向标,提前谋划,抢占先机,也包括能识别对手的陷阱和找到一条适合自己的军事技术发展之路。苏联在冷战时期盲目跟进与美国的军备竞赛,追求"你有我也要有,你强我比你更强",一味地和美国比核武器的数量、比导弹的射程、比舰艇的吨位,在军事技术的发展路径上走了一条与美国"龙王

[①] 王作跃. 在卫星的阴影下——美国总统科学顾问委员会与冷战中的美国[M]. 北京:北京大学出版社,2011:13.
[②] 斯普特尼克时刻:1957 年苏联制造的人类首颗人造卫星"斯普特尼克"上天后曾在美国引发深重的危机感和巨大反思。
[③] 温熙森,匡兴华. 国防科学技术论[M]. 长沙:国防科学技术大学出版社,1995:463.

比宝"的道路,结果造成了武器装备发展与经济发展严重失调的境地,这个教训极其深刻。当前,新一轮科技革命和军事革命迅速发展,战略高新技术群体迸发,武器装备技术的发展同样一日千里。武器装备核心技术是国之重器,买不来,也换不来。我们要加快走军事技术自主创新式发展道路,不管别国怎么发展,心无旁骛地发展自己独有的武器装备,做到人无我有,敢为人先。

6.5.3 建立敏捷网状组织

层级管理、追求效率的中心化组织是根植于工业革命的产物,它在解决确定性问题时得心应手,但敏捷性和韧性显然不足。打破层级架构,强调个性化的灵活设置,构建去中心化的网状组织在效率上未必高于传统组织,但这种网状组织拥有充分的调整适应能力,易于实现指挥控制结构与流程的可重构、可重组,即柔性设计。它不会因为一个节点的挫败或损失而崩溃。伊拉克"基地"组织的权力去中心化使美军所采取的"斩首"战术难以达到预想的效果。曾经担任驻伊拉克、阿富汗美军司令官的麦克里斯特尔在认清"基地"组织适应力强和网络化的特质后,就意识到特遣部队僵硬的、自上而下的架构的弊端,并积极开展去中心化,特遣部队不断地"去中心化",直到"去中心化"到了让其不舒服的地步。我们也越来越多地看到,为了生存和发展,许多公司和机构都主动采用海星式组织,主动去中心化,建立起敏捷网状组织。通用汽车公司给它的员工赋予了更多的权力,通用电气(GE)董事长兼 CEO 杰克·韦尔奇让通用电气公司中的许多圈子具有了独立性,并获得了巨大的能量。

网络信息时代的军事组织,显然期望对决策权进行最低程度的集中分配。边缘战和边缘指挥控制的成功依赖于信息的广泛分布以及多种交互方式,单个实体拥有制定有效决策的能力、信息以及手段。因此,在边缘战中,往往不再只有一个指挥员,而是存在一批指挥员和关键枢纽点,根据有关功能、资源、态势等进行分配。上级领导的职能主要是让所有相关的人员清楚任务和行动的主要经过或完成这个任务的基本方法,即保持意图一致性,同时掌握每个成员和团队的能力,对其进行不间断的激励,使其保持高昂的精神状态。英军主帅纳尔逊在特拉法尔加海战中的角色很好地证明了这一点。纳尔逊和他的舰长们不仅非常熟悉他们自己的舰队和人员的能力,也熟悉敌方的能力。他们熟悉敌人的战术并懂得用什么战术去对付他们。

真正的敏捷网状组织类似"特种分队",每个个体直接参与每个决策并且具有相同的发言权,他们形成了一个网状共同体,即小世界网络。在这个"特种分队"的共同体中,每个成员之间互联,使得共享感知、理解、协作和基于边缘作战成为可能。从更大的范围来看,这种"特种分队"又类似一个网络簇。在不同的"特种分队"中,通过一些担负连接器功能的单独节点连接到其他的"特种分队",信息从网络的一部分移动到另一部分仅仅需要很少的几个步骤。这些网络簇在接到临时的军事任务时,可以极速聚合成型,变成更大的网络簇，簇和簇之间可以交换信息，发展共享环境的感知，并一起协作来同步他们的计划和行动。任务完成后，"特种分队"便逐步消失，因此具有很强的敏捷性。

6.5.4 打破传统部门藩篱

高边疆理论的创立者丹尼尔·奥·格雷厄姆曾说："在整个人类历史上，凡是能够最有效地从人类活动的一个领域迈向另一个领域的国家，都取得了巨大的战略优势。"这其实是强调了跨域和打破藩篱的重要性。在应对自然灾害或恐怖主义事件的大规模行动中，打破壁垒、建立连接的益处尤为明显。如果美国情报界能够打破壁垒分享情报，"9·11"事件的悲剧似乎可以避免。然而，美国中央情报局（CIA）、国家安全局（NSA）、国家侦察局（NRO）、国防情报局（DIA）和所有三个军种在内的一大堆情报机构之间根本就没有相互交流。美国联邦调查局（FBI）在处理美国潜在的恐怖分子时没有与上面提到的任何一家机构开展合作。如果情报机构能够建立一个公用的信息平台，共享信息和判断力，就会构建起一个更加智能的工作网络，实现不同机构之间的信息资源共享，最终实现不同群体的力量整合。

在边缘战框架下，作战窗口稍纵即逝，只有突破"深井"、破除"筒仓心态"、打破部门藩篱、实现作战要素深度融合乃至无缝融合，才能创造优势窗口，为边缘战部队达到己方既定目标创造机动自由。谁能打破藩篱，联合更多的作战单元，谁就能创新催生出新质作战模式，获得代差，并在战争中赢得先机。作战要素融合化是边缘战理论框架下的一个突出特点，没有作战要素的深度融合化，就没有边缘战。边缘战要求在时间、空间上跨多个域、多种作战环境，整合与运用军队乃至非军事部门的力量、致命能力与非致命能力，这就要求构建一套能够将上述作战资产有效整合起来的新框架、新条令、新组织、新能力。各作战单元建立起"可调焦的力量态势、可运用的多域编组、可聚合的作战能力"，以形成要素、能力深度融合的作战体系。

边缘战强调的融合，从军兵种看，是由形式组合转向功能耦合。或许在过去，陆军与海军在共同参与的军事行动中也强调联合，但这种联合是松散的，甚至是形式重于内容。具体而言，陆军的特种部队与海军的特种部队，所处理的问题没有多大关联，它们各自为战也没有什么问题。在 2019 年江苏卫视播出的军旅题材电视剧《空降利刃》中，有一个代号"天蝎"的行动就给人留下了深刻印象。该行动的背景是：一架载有重要情报的飞机于公海被劫持，空军特战团队员奉命到公海岛屿上进行搜救。事后总结的原因中，最主要的一条就是空军参谋给出的坐标和海军的坐标存在误差，海军和空军缺乏跨域协作，援助飞机用的海景图还是十几年前绘画的。误差导致了飞机来迟了 1 分钟，任务虽然完成，但也付出了特战队员牺牲的惨痛代价。特战队员牺牲的真正原因不是恐怖分子，而是迟来的援助飞机，如果援助按时到达，这一切都不会发生。这也成为空降兵某特战旅组建蓝军"锅盖头"特战队的一个重要原因。

在现代战争中，OODA 循环比对手慢 1 分钟都足以造成全盘皆输的局面；而在边缘战中，这种情况将被最大限度地避免。边缘战更加注重行动速度、协调与同步，防空力量可能由陆军部队实施，反导任务可能由海军陆战队担负。一线指挥员将努力运用来自各域的、建制内及外部的各种能力，为边缘战部队提供互补的能力。如此，以往军种能力的短板将得到弥补，边缘战部队将更具敏捷性。

6.5.5 创造宽松文化环境

价值观和文化信仰是不断推动组织运转的驱动力，绝大多数成功的组织都得益于价值观和文化的凝聚作用。如在丰田汽车公司，每一个员工都隶属于一个工作团队，他们每个人的贡献在这个团队中都很重要、不可或缺，并且每一个成员在自己的工作范围内都有很大的自主权。[1]丰田汽车公司实际上将其员工视为一种关键性资产，经常鼓励员工给公司提出改进生产的建议。不管员工们提出什么想法，只要是为了创新，公司都会试验。公司中所有人相处得很融洽，团队意识也非常浓厚。"在日常工作中当一位员工暂停生产时，会发生什么呢？这时会响起一声很悦耳的'叮咚'声，整个团队会仔细研究发生了什么状况，大家会不断努力来改进整个生产流程。"[2]因此，要创造宽松的体制环境，在组织中培育一种宽松文化，让组织中所有的个体都能进行创造性的思考，反对简单地执行命令。在这种宽松的文化氛围中，每个人的创造性和主观能动性才能最大限度地发挥出来。2010 年，伍利（Woolley）等人在 Science 发表的研究结果表明，群体智慧与群体的社会敏感度相关，也与参与者个体之间的平等关系相关。那些花最多时间让团队成员轮流发表意见、同时强调倾听的群体，能够最大限度地利用团队整体的大脑能力，测试结果证明其是"最聪明的"群体。

美国科学技术走在世界的最前列，在很大程度上得益于活跃的学术氛围。实际上，1940 年以前，美国整个科学技术水平并不在世界各国的最前列。那时候，美国科学界也还没有充分体会到创新精神对于发展科学的重要意义。后来一大批优秀的欧洲科学家，特别是一些物理学家，如费米、西拉德、泰勒等到了美国，他们起初从事核能的研究工作，于 1942 年建成了世界上第一个核反应堆，于 1945 年成功研制原子弹，受到美国政府的重视。这些物理学家思想都非常活跃，他们脑袋里总爱想些新东西。美国"氢弹之父"泰勒几乎每天都有 10 个想法，其中有 9 个半是错的，但他并不在乎。"每天半个对的想法"积累起来，使泰勒获得了巨大的成功。二战结束后，这些科学家大多被聘请到大学里担任教授，进一步发挥他们的作用。这些学者通过到大学里讲学，把欧洲科学界，特别是理论物理学界活跃的学术氛围带给了美国，产生了广泛而深远的影响，促进了一大批有创新精神的人才成长。像杨振宁、李政道这样一些后来有成就的学者，当年都是这批欧洲教授的学生。这些教授很有名气，又没有架子，在黑板上写写画画，说说笑笑，喝喝咖啡，广泛交谈；有时也有

---

[1] 奥瑞·布莱福曼，罗德·贝克斯特朗. 海星式组织[M]. 李江波，译. 中信出版社，2019: 183.
[2] 奥瑞·布莱福曼，罗德·贝克斯特朗. 海星式组织[M]. 李江波，译. 中信出版社，2019: 183.

▶ 边缘战及边缘指挥控制

争论,在每一周或两周一次的小型讨论会上,大家在一起谈谈,互相受点启发,回去继续工作。由于活跃的学术氛围,科学家们发挥出自己的创造能力,青年们受到熏陶,在后来的30年里,美国发展成为世界上科学技术发达的国家,这期间获得诺贝尔奖的美国科学家数目也最多。①马克思指出,人是一切社会关系的总和,因此,社会中的每个人都不可避免要面临极其复杂多元的人际关系。"科技工作者也和普通人一样,要和社会建立无数的关系,虽然科技工作者一般并不追求人情练达、长袖善舞式的人际关系,但是一种和谐民主的人际关系对科技工作者是绝对必要的。"②

众所周知,国际著名学术中心都是非常注重创造宽松文化环境的。如丹麦物理学家玻尔领导的哥本哈根理论物理研究所作为现代量子力学的研究中心,不仅形成了著名的哥本哈根学派,而且还先后培育出了十几位诺贝尔奖获得者。一些著名的思想成果,如测不准原理、海森堡方程等,都是萌发于此。为什么玻尔领导的哥本哈根理论物理研究所能够成果辉煌、群星辈出呢?玻尔认为其主要原因就是,他们自觉地形成了鼓励创新、宽容失败的学术风气。③1961年5月,玻尔最后一次访问苏联,当他在一次讨论会上做报告后,有人问他,为什么你能在自己周围聚集那么多具有创造性才能的青年物理学家?玻尔回答说:"可能因为,我从来不感到羞耻地向我的学生承认——我是傻瓜。"钱学森在加州理工学院的学习经历也印证了宽松文化环境的重要性。"加州理工学院给这些学者、教授们,也给年轻的学生、研究生们提供了充分的学术权利和民主氛围。不同的学派、不同的学术观点都可以充分发表。学生们也可以充分发表自己的不同学术见解,可以向权威们挑战。……加州理工学院的学术风气,民主而又活跃。我们这些年轻人在这里学习真是大受教益,大开眼界。"④人类战争史表明,军事上的对抗同时也是文化之间的碰撞。恩格斯早在一百多年前就富有远见地看到文化在军事领域的基础作用。他精辟地总结道:"从所有过去的战争经验中,我们可以得出一个结论,而且每个不抱成见、思想健全、富有经验的军人都会证实这一结论,这就是:在目前军事公开的情况下,只有多动脑筋,在军事领域和国家资源的利用方面不断地改进和发明创造,以及发展本民族特有的军事素质,才能在一个时期内使一个国家的军队在竞争者中间跃居首位。因此,我们就看到,文化水平比较高的国家与不够发达的邻国相比,在军事上具有怎样的优越条件。"⑤恩格斯提到的"多动脑筋",无疑点出了创新的重要性。只有大力培育创新文化、宽容失败,才能为推动科技创新、开展发明创造活动、发挥主观能动性提供良好的文化氛围和社会环境。

随着人类社会的发展,文化越来越多地渗透到战争的肌体中,深刻地影响着战争参与者的思想意识和行为方式,进而影响着战争的进程和结局。可以毫不夸张地说,军事强国

---

① 钱三强. 科坛漫话[M]. 北京:知识出版社,1984:90.
② 朱亚宗. 科学家的人文素养:品味与创新[J]. 湖湘论坛,2010(1):79.
③ 张浩. 学术民主与创新思维[J]. 晋阳学刊,2004,25(2):68.
④ 涂元季,顾吉环,李明. 钱学森的最后一次系统谈话——谈科技创新人才的培养问题[N]. 人民日报,2009-11-05(11).
⑤ 马克思,恩格斯. 马克思恩格斯军事文集:第1卷[M]. 北京:战士出版社,1981:226.

的崛起不仅仅是经济现象，更是文化现象。"战争的精华，不是在胜利，而是在于文化命运的展开。"[①]德国哲学家奥斯瓦尔德·斯宾格勒这句名言可谓道出了战争与文化、与人类命运关系的实质。在科学技术成为第一生产力的今天，文化的力量突出表现在其对科技进步的影响上。诺贝尔奖获得者詹姆斯·沃森在回忆发现 DNA 双螺旋结构的过程时写道："科学很少会像门外汉所想象的那样，按照直截了当、合乎逻辑的方式进行。相反，科学的进步（有时则是倒退）往往全盘是人为的事件。在这些事件中，人物本身以及文化传统都起着重要的作用。"[②]沃森发现 DNA 双螺旋结构的这番切身体会清楚无误地表明文化对科学技术的作用。同样，如果把西方近代两次工业革命"浸润"在文化变迁的背景中考察，就会看到其清晰的发展路径。正如美国著名学者默顿指出的那样："全部这方面的讨论已经一再强调了社会的互动的程度和类型与科学技术之间的关系的概括，只是对在某种文化史境中的这种关系才是有效的。"[③]

文化既是一个伟大民族不断实现自我超越的精神路标和力量源泉，也是战争制胜、军事变革和军事技术进步的深层主导因素。文化揭示了个人和组织面对不同形势的危机和挑战时将如何做出响应，它也一向符合从军事角度如何看待外界以及如何面对并适应当前和未来的刺激与挑战。军事上的对抗首先是军事文化之间的碰撞，在两种军事文化的碰撞过程中，处于相对弱势的军事文化能否在强势军事文化的冲击下，积极地进行自我更新、灵活应对，是能否长久生存下来并实现自我超越的一个前提条件。"未来战争中，文化的地位和作用日益突出，耀眼的战争桂冠往往属于文化水平较高的一方。"[④]

边缘战变革的核心，是一种全新的参与方式。这种参与方式已经发展成为一种建立在分享基础上的新兴文化。英国作家亚当·尼科尔森在总结纳尔逊获胜的奥秘时认为，"英国人拥有的优势并不在技术上，而是在文化上，与所谓的'兄弟帮'息息相关。"纳尔逊的核心做法是，在其所统领的组织中培育一种在危急时刻能够进行关键性思考的文化。一个崇尚自上而下命令式指挥运转的部队，其成员都只会等待来自上级的指令，以至于他们面对突如其来的情况时会缩手缩脚，无法有效做出反应。那些精心制订的作战计划，到了战场上，会出现无数个意外，让行动的实际情况脱离预想轨道。如一个大街上等待救援的女孩就可能改变你的行动路线；直接面对的对方兵力可能跟预先侦察的情况有很大出入；远处有其他人突然要求控制支援，就有可能使你能够获得的后方支援大为减少，从而改变作战人员所要承担的风险系数……一旦打响了第一枪，实际作战情况往往会迅速偏离计划，预料到的风险和没有预料到的风险都会接踵而至。指挥员应该主动改变平时的思维习惯和行事风格，去繁就简，将一切多余的、低效的空转虚耗赶出战场。要充分运用先进技术手段，

[①] 斯宾格勒. 西方的没落[M]. 陈晓林，译. 哈尔滨：黑龙江教育出版社，1988：110.
[②] J.D.沃森. 双螺旋：发现 DNA 结构的故事[M]. 北京：科学出版社，2006：13.
[③] 罗伯特·金·默顿. 十七世纪英格兰的科学、技术与社会[M]. 范岱年，等译. 北京：商务印书馆，2000：279.
[④] 黄松平，朱亚宗. 战争胜负早已由文化决定[N]. 学习时报，2012-07-02（7）.

边缘战及边缘指挥控制

剔除不必要的指挥流程，优化指挥网络和决策指挥方式，熟练运用指挥口令和作战文书，减少信息流转和作战循环用时，快速果敢决策指挥。[1]所有这些不仅需要应变能力、担当和果敢，更需要一种文化来保证这种应变能力、担当和果敢的涌现。边缘指挥控制就是打破一些旧的传统，打破"自上而下"的条条框框，避免"刻板程式"的空转虚耗，尽可能压缩己方的OODA循环周期，力求以快于敌人的指挥和行动战胜敌人。边缘指挥控制往往就是在不经意间的灵光一现，如果迫于制度和环境压力没有去实现，这个难得的"窗口"也就关闭了。如果一线指挥员因情况危急而自主决策和行动就要承受惩罚，那么这种事件式指挥控制就会大大减少。

当前，我们还存在一些不利于甚至阻碍一线指挥员事件式指挥的文化因素。传统文化中的某些消极因素、计划经济时代遗留下来的一些不合时宜的思维定式、教育中的一些不足等，都阻碍着一线指挥员创新意识的培育和创造力的发挥。因此，在全社会培育创新意识，完善创新机制，形成宽松、包容、开放、对创新友好的社会文化氛围，是建设世界一流军队中的一项十分紧迫的任务。鲁迅先生在百年以前曾针对中国重群体轻个人的传统文化，发出了"任个人而排众数"[2]的呼吁，这句话虽是鲁迅年轻气盛时为矫枉过正而发，却与马克思、恩格斯"每个人的自由发展是一切人的自由发展的条件"[3]的经典理论相一致，值得百年之后关心指挥控制主动性和创造性发挥的人们深思。如果能培育出尊重创造、平等交流、宽容失败的体制环境和文化氛围，那么可以期待，边缘指挥控制模式必将得到大力贯彻和推广，边缘指挥控制能力也将得到极大提升。

---

[1] 裘佳法. 培塑制胜现代战场的指挥意识[N]. 解放军报，2023-11-09（7）.
[2] 鲁迅. 鲁迅全集：第1卷[M]. 北京：人民文学出版社，1991：46.
[3] 马克思，恩格斯. 共产党宣言[M]. 中共中央马克思恩格斯列宁斯大林著作编译局，译. 北京：人民出版社，1964：46.

第 7 章 边缘战的典型样式：无人作战

以智能化军队、自主化装备和无人化战争为标志的军事变革正在加速推进。以空域为例，在不久的将来，在空战环境中的自主无人机集群无疑将代表着空中力量的革命性飞跃。可以毫不夸张地说，随着人工智能技术的发展，无人作战正在成为未来智能化战争的重要作战样式。[①]实际上，无人作战系统在军事领域的应用十分广泛，并且仍在不断扩展。甚至有人断言，以无人作战系统为代表的智能化武器正在颠覆传统战争，重构作战法则。无人作战是典型的边缘战。

7.1 无人作战异军突起

对无人作战的探索，从 20 世纪 20 年代第一架无人驾驶遥控飞机的发明开始。从越战时的有限使用，到在伊拉克战争、阿富汗战争中发挥不可替代的突出作用，无人作战至今已走过了逾百年的历程。到底什么是无人作战，或无人化作战、无人系统作战，这显然是一个仁者见仁、智者见智的问题。我们认为，无人作战主要指以人工智能技术为核心，以无人平台为基本依托的作战样式，是人类智慧在作战体系中的前置，是机械化、信息化、智能化复合发展的集中体现。

无人作战以无人化装备系统为主力。在 21 世纪几场高技术局部战争中，无人化装备得到广泛应用，且有不俗的表现，已成为实用且非常有效的战争工具。美国、俄罗斯、以色列等国大力发展战斗机器人装备。其中，美军计划在 2030 年将其无人平台占作战力量比例提高到 50%。为了明确战斗机器人的发展规划，俄军先后出台了《2025 年前未来军用机器人技术装备研发专项纲要》《2030 年前人工智能国家发展战略》《未来俄军用机器人应用构想》等纲要性文件，将战斗机器人的研制提上日程。到目前为止，俄罗斯已经拥有了包括"平台-M""野狼-2""天王星-9""维克"等多款具有独立作战能力的战斗机器人。同时，俄军也将在下一步加大对"阿尔玛塔"这类能够"计算战场上的局势，并据此做出正确的决定"的战斗机器人的研究力度，以此提升机器人的决策能力。据俄罗斯《2025 年前未来军用机器人技术装备研发专项纲要》，到 2025 年俄军无人装备数量将占武器装备总量的

---

① 侯绿林，钱红林，陆亮. 基于可控性的无人作战系统指挥控制研究[C]//中国指挥与控制学会. 第八届中国指挥控制大会论文集. 北京：电子工业出版社，2020：267.

30%，初步形成立体化的无人化装备体系。以色列空军则计划到2030年打造一支无人机占50%以上的新型空军。

在阿富汗战争中，小型特种作战分队的围剿行动得到了战略级多维战场态势感知信息支援，以察打一体无人机为代表的无人化作战首次出现在战场。[1]叙利亚战争进一步凸显了无人机在现代战争中的重要性，冲突各方都运用无人机来执行各种任务。俄罗斯和叙利亚用无人机执行侦察、监视和打击任务。"2015年底，俄军在叙利亚使用'仙女座-D'自动化指挥系统指挥6部'平台-M'和4部'阿尔戈'作战机器人，在自行火炮群、数架无人机的支援下，实施了世界首次以战斗机器人集群为主的地面作战，顺利完成作战任务。"[2]土耳其的无人攻击机在打击移动目标和高防护度目标时同样显示了很高的效能。

2020年无疑是无人化技术探索和应用的一个重要的拐点。2020年开年，一向不乏热点的中东局势骤然升级。1月3日，美方使用MQ-9"死神"无人机杀害伊朗高级指挥官苏莱曼尼。3月1日，土耳其发动针对叙利亚政府军的"春天之盾"军事行动，土叙双方冲突进一步升级。9月，阿塞拜疆和亚美尼亚为争夺纳卡地区控制权爆发冲突。这几场军事行动中，无人化装备都扮演了重要的角色，无人作战平台的优势体现得淋漓尽致。美国等军事强国更是将无人作战摆在前所未有的重要地位。2000年以来，美国国防部共发布了8版《无人系统综合路线图》，在最新的《无人系统综合路线图（2017—2042）》中，美军希望大幅增加无人作战系统比例，重在优化兵力结构，强化以无人打有人的能力优势，打人机混合和机机配合的战争，无人系统广泛分布部署，协同作战，在陆、海、空、天等各个作战域发挥越来越重要的作用。美军除在理论上加强无人作战研究外，也一直在推进无人系统的落地。美国海军大幅增加大中型无人舰艇占比，谋求以无人对有人的海上交战优势。美国空军则依托"忠诚僚机""小精灵"等演示验证项目，创新完善"蜂群"等新型装备部队。

7.2　无人作战的制胜机理

不同的作战样式有不同的制胜机理。无人作战在制胜机理上融入了时代特征和高技术发展特点，丰富和拓展了传统战争的制胜机理。无人作战的核心制胜机理体现为"以活胜僵、以群胜独、以自组织胜他组织"。

7.2.1　以活胜僵

无人作战本质上是一种去中心化的边缘战，与过去集中式、重心聚焦、基于消耗的传统作战相比，"以活胜僵"的优势非常突出。先进无人单元组成去中心化的网络，其具备自组织的性质，当集群的部分单元被防御系统摧毁时，具有相同或者相似功能的多个单元仍

---

[1] 李维亚. 运筹与将道[M]. 北京：国防大学出版社，2018：36.
[2] 杨彩霞，贾道金. 什么在推动战争形态不断演进[N]. 解放军报，2019-12-12（7）.

然可以组成完整的作战体系，整个集群仍然具有一定的完整性，仍可继续执行作战任务，作战效能没有出现根本性削弱。

美国当前大力发展的"忠诚僚机""山鹑""天空博格人""小精灵"等项目，无人装备对应的作战杀伤力指数高，且能够分散灵活作战，形成"以去中心化打中心化、以廉价打昂贵、以小型打重心"的优势。美国在"忠诚僚机"项目中发展的 XQ-58A（代号"女武神"）就是一个能够高度分散作战的无人机系统，该系统能大幅提升作战灵活性，降低人员伤亡风险。同时该系统有较低的采购成本，在较大批量采购情况下，其成本约为 200 万美元，与战术巡航导弹相差无几，运维成本也相对较低。[①]在"山鹑"项目中，一百多架微型无人机组成"蜂群"，这些独立"山鹑"高度联结形成即时自组织系统，通过分布式指挥节点进行决策，组合运用大量不计成本的廉价独"蜂"，令以往"打掉一个，损失一片"的大型平台相形见绌。兰德公司与美国空军作战集成能力中心（AFWIC）研制的"小猫"（Kitten）无人机则具有搜集情报，监视和侦察，导航、定位和授时，以及通信和突防等功能。这些项目和战法，通过无人机间信息实时交互、动态自主组合、集群协同突防的方式，既验证了"饱和攻击"理论的有效性，也发挥了"以活胜僵"的突出优势。

7.2.2 以群胜独

未来战争，我们所面对的敌人可能不再是有血有肉的士兵，而是成群结队的无人机。无人作战的优势在于以相对廉价的无人系统组成规模庞大的"蜂群""狼群""鸟群"，攻击相对孤立的、明显的高价值武器平台和指挥所，注重通过增加数量规模形成火力叠加效应来达成作战目的，形成"数量本身就是质量""攻易而防难"的效果，让对手防不胜防。

与以往智能无人武器"散兵游勇"式作战不同的是，所谓的"蜂群""狼群""鸟群"是以网络信息系统、智能化无人控制技术、微电子处理技术等为支撑的集群式作战武器。它们基于开放式体系架构进行综合集成，以通信网络信息为中心，以系统的群智涌现能力为核心，以平台间的协同交互能力为基础，构建具有分布式、敏捷性、低成本等优势和智能特征的作战体系。正因为如此，以无人机蜂群为代表的无人系统，以其卓越的作战能力，被美军视为可以改变未来战争规则的"颠覆性技术"。从理论上讲，数量庞大、来去自如的无人机群可以击败任何现有武器，并能够提供足够精确的火力，造成大规模毁伤效果。如美军通过 F/A-18 战斗机投放数量众多的"山鹑"无人机投入战场，充分发挥无人集群抗毁性强、单个平台自主性强、渗透突防能力强等特点，对敌方防御系统进行多维侦察和打击，使其难以招架，防御出现漏洞，进而达成渗透袭击和火力突击等目的。

7.2.3 以自组织胜他组织

无人作战系统之间采用信息共享、融合途径，执行体系化联合精确打击任务，具有自

---
① 吴捷, 胡盛华, 乔莎莎, 等. "忠诚僚机"式有人/无人机协同作战概念与任务管理技术研究[J]. 航空电子技术, 2021(2): 27-31.

任务、自组织、自行动、自适应、自评估等智能特点，其行动过程不可能做到事先精准筹划，没有固定的"招数"和"套路"。如无人系统集群控制就没有事先路线，而是由无人系统根据任务及外界环境的变化自主形成协同方案，按需聚合成一个即时系统，具有不确定性、分散性、非线性、即时聚能等特点，协同完成侦察、诱骗、干扰和攻击等作战任务，使武器作战效能成倍增加。美国在"金帐汗国"项目中，就积极探索网络化自主协同引导的集群攻击，传统战争中方案既定、模式固定、步骤拟定的"流程式"指挥控制方式（固定的招式）已被彻底打破。

在未来战争中，通过综合运用人工智能、自主性技术等进行人机混合协作和机机动态协作，其协调程度和行动速度将远超单纯由人控制的系统。在美国空军先进作战管理系统（ABMS）第二次演示验证中，美国成功运用"自适应跨域杀伤网"和"异构电子系统体系集成工具链"等关键技术，按需选择可用资源，构建"自适应杀伤网"，建立"以无人打有人"的非对称作战优势，达到"以无招胜有招""以自组织胜他组织"的境界。在海上，美国大力发展分布式敏捷反潜（DASH）系统和近海水下持续监视网（PLUSNet）等项目，推动水下各类无人平台和传感器构建察打一体网络。美国依托这些项目发展的大中型无人潜航器，能长期水下值守，实施"广域隐蔽监视、快速应召打击"，给对手水面、水下的目标形成巨大威胁。

7.3 无人作战指挥控制的主要特点

指挥控制是信息化战争的核心要素，无人作战指挥控制当然也是无人作战的核心要素。人工智能技术的狂飙猛进改变了战争的形态和特征，也给指挥控制注入了新的发展动力。无人作战在指挥控制方式上也发生了革命性的变化，除了具有边缘指挥控制的自任务（自主发现任务，Self-mission）、自组织（自主寻找资源，Self-organizing）、自行动（自主决定行动，Self-action）、自适应（自主调整改变，Self-adaptive）、自评估（自主评估效果，Self-assessment）的"5S"共性特征，还呈现出一些新的特征。

7.3.1 指挥控制领域虚实贯通、协同复杂

无人作战战场不但囊括陆、海、空、天等传统领域，而且拓展到电磁、网络和认知域，甚至包括伦理和价值观。无人作战指挥控制空间也从物理域、信息域拓展到认知域和社会域，指挥控制的对抗性虚实贯通，综合博弈的特征更加凸显。同时，随着智能技术发展，各军种无人装备系统涌入战场，作战力量更加多元，信息网络复杂度呈现数量级增长，无人系统作战下的指挥控制对象多元，要在极短的时间内实现信息共享，相互协同也将更为复杂。

7.3.2 指挥控制时间极度压缩、由环变点

在智能化无人作战中,由于诸多环节都是通过人机协同完成或机机自主完成,行动的自主化和智能化程度提高,基于网络和智能的作战体系高效运转,极大地改善了OODA循环中的各个环节,作战节奏明显加快,时间要素不断升值,OODA循环周期进一步缩短,乃至从观察到行动达成无缝衔接,OODA循环变化为OODA点,战争进入发现即摧毁的"秒杀"时代。美国陆军在2020年开展的一次多域作战杀伤链测试中,经过数据处理和分析,从低地球轨道卫星或灰鹰无人机发现目标,到射手开火,所用时间缩短至不到20秒,而传统的这一过程耗时一般在40分钟以上。

7.3.3 指挥控制重心形散神聚、边缘凸显

传统作战中往往存在一个重心,识别敌军的重心,判断重心的影响范围,是指挥控制的一项主要活动。[①]同时,这种重心基本是固定的,就是指挥中枢和重兵集团,类似"蜘蛛的大脑"和动物的中枢神经。无人作战因力量结构轻量化、分散化和不断自组织,没有固定的重心,主要通过弹性网络实现各类作战单元,特别是一线边缘战单元的逻辑连接、信息交互、敏捷协同与灵活编组。边缘获得前所未有的资源和能力,边缘的重要性提升,能够很快构建分散部署、形散神聚、重心动态变化的柔性作战体系,重塑质量与数量、显性与隐性、一线与后方、成本和能力的新平衡,实现协同"多体""群蜂"对抗孤立"单体""独蜂"的体系制胜优势。

7.4 无人作战指挥控制

传统的OODA循环模型主要是针对有人作战模式展开的,无人作战"平台无人,系统有人",但很大程度上是边缘战,其边缘自主程度按照人的参与程度可以分为三种模式。因此,无人作战指挥控制的过程模型也表现出三种类型。

7.4.1 无人系统边缘自主的三种模式

无人系统和军事人员,或者说主要是无人系统的人类操作员之间的关系可以分成三种基本的模式。

第一种是"人-人"模式,即"人在回路中"模式。这种模式是由人类直接操纵,以人为主,即由军事人员监视无人机或其他设备提供的信息,一旦达到开火的标准,再由人类直接发出开火的指令。在战争制胜问题上,人是决定因素。无人机并非真的无人,智能化

[①] 黄松平,闫晶晶,张维明,等. 从重心到边缘:指挥控制的历史及进程[J]. 指挥与控制学报,2020(4):341.

也不是武器变成人。这种模式涉及较多的人为控制，所有与无人机"追踪物"进行交战的操作一般由人直接完成。

第二种是"人–机"模式，即"人在回路上"模式。这种模式在无人机处理完信息并自动识别目标之后，机器人可以发出指令，但人类也拥有撤销机器人指令的权力。现代的无人机可以以超低的成本和超快的速度完成一些特定任务，如监视无人机可以超长时间完成监视任务，无人作战飞机可以完成一些简单的空对地攻击，但在分析情报信息、辨别平民与武装人员等方面与人类相比仍然具有较大差距。因此，在很多情况下人的介入不可或缺。

第三种模式是"机–机"模式，即无须人类干预和参与的"人在回路外"模式。这种模式中无人系统可以在无人干预的情况下自动侦察、选择目标并自主向选定的目标开火。这种模式是未来边缘战主导的模式，与前两种模式相比，具有诸多优势。"机器人不打瞌睡，不畏艰险，也不会'入乡随俗'。"[1]在形势紧张的边界地区，机器人最大限度地降低了军事人员在冲突中的伤亡率。随着技术的发展，这种人机关系必然会得到发展，人只需在回路外监视具有完全自主能力的无人装备作战即可。如以色列的"哈比无人机"（Harpy Drone）可以自主搜索敌方雷达，并在未经人类许可的情况下将发现目标摧毁。无独有偶，美军"阿尔法"（ALPHA）空战系统也是一种具有"机–机决策"特征的先进人工智能系统，可在高保真模拟环境中控制无人作战飞机遂行空战任务。2016 年，美国辛辛那提大学开发的"阿尔法"人工智能系统，在空战模拟器中战胜了具有丰富经验的退役空军上校李·吉恩（Gene Lee）。"阿尔法"人工智能系统响应速度比人类快 250 倍。2020 年 5 月，美国防部高级计划研究局举办了空战格斗模拟挑战赛，人工智能系统以 5:0 的巨大优势，完胜人类顶级战斗飞行员。美国"宙斯盾"在某种程度上也具备特殊的自动模式。一旦启动该模式，系统将自动攻击符合参数的威胁。人能够进行干预，阻止交战，但发射导弹并不需要人的进一步授权。[2]

7.4.2 无人作战指挥控制的过程模型

建立无人作战指挥控制的过程模型可以更加清晰地描绘军事人员和无人系统之间的三种关系模式，军事人员在传统自上而下作战中的指挥控制过程模型"PREA 环"[筹划（Planning）→准备（Readiness）→执行（Execution）→评估（Assessment）]在三种模式下和无人系统的"5S 环"[自任务（Self-mission）→自组织（Self-organizing）→自行动（Self-action）→自适应（Self-adaptive）→自评估（Self-assessment）]有着不同的联系。因此，无人作战指挥控制过程模型也呈现出三种不同模式。

---

[1] 约翰·乔丹. 机器人与人[M]. 刘宇驰，译. 北京：中国人民大学出版社，2018：109.
[2] 保罗·沙瑞尔. 无人军队：自主武器与未来战争[M]. 朱启超，王姝，龙坤，译. 北京：世界知识出版社，2018：181.

第一种"人在回路中"的模式，军事人员与无人系统的关系是：军事人员控制无人系统，无人系统学习并影响军事人员操作，军事人员对任务的操作和无人系统"5S环"的关系是一种紧耦合。对于一项任务，军事人员首先对任务进行规划，并对不合适的规划进行调整，规划调整的方式和策略直接影响到无人系统自主发现任务的评判标准，无人系统的"自任务"模块通过学习机制，将军事人员的操作数据纳入学习案例库中。

任务规划完成后，军事人员通过无人系统进行任务准备工作，比如协调资源、配置火力等，对资源的配置正是无人系统的"自组织"模块学习的重点内容。准备工作完成之后，军事人员开始执行任务，其间的操作直接或间接地由无人系统完成，无人系统也通过"自行动"模块进行任务执行中各种操作的学习。无人系统在进行任务的执行过程中，可以根据当前的地理形势、气候环境进行"自适应"，这一特征也是检测无人系统是否能够适应多域战场的重要指标。在任务完成后，军事人员对此项任务进行评估总结，并通过无人系统标记信息完成反馈，当然无人系统的"自评估"模块也将通过反馈信息完成学习。无人系统的模块对军事人员的各种操作不仅仅是学习，还能对比之前场景案例的数据及时给出优选方案，但最终的决策权还是在军事人员手中。这样一项任务在无人系统和军事人员的相互协作下完成，并且两者之间形成闭环操作。这一过程可以理解为"PREA环"与"5S环"紧耦合的指挥控制过程，如图7-1所示。

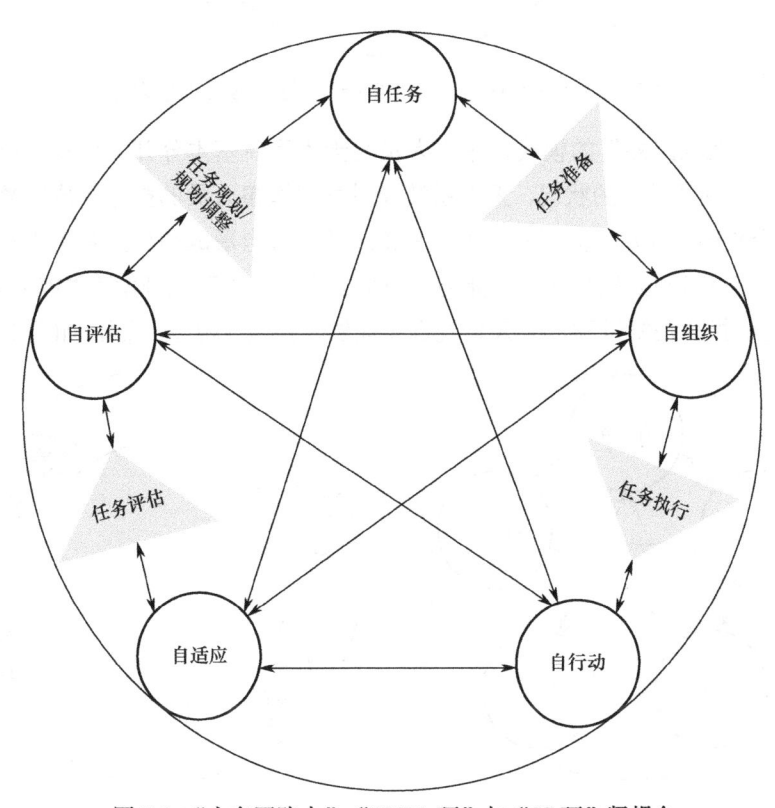

图7-1 "人在回路中"："PREA环"与"5S环"紧耦合

第二种"人在回路上"的模式，军事人员与无人系统的关系是：军事人员指导无人系统完成任务，无人系统半自主完成作战任务。无人系统在学习人类操作之后拥有较为完整的模型，模块之间相互连通形成独立闭环并且拥有一定的自主权，但自主权是有限的，仍是在人类的监督下行使，军事人员拥有对无人系统决策撤回并更正的权力。所以在无人系统闭环外部是"自顶向下"的 PREA 模式，表示军事人员对无人系统的监督，随时可以介入指挥控制过程。这一过程可以理解为"PREA 环"与"5S 环"松耦合的指挥控制过程，如图 7-2 所示。

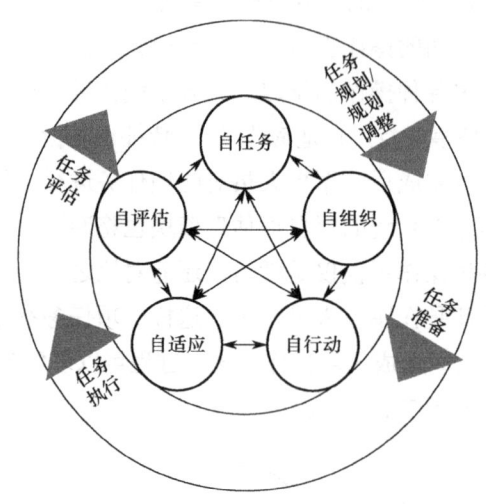

图 7-2 "人在回路上"："PREA 环"与"5S 环"松耦合

第三种"人在回路外"的模式，军事人员与无人系统基本分开，这种情况类似古代的"将在外，军令有所不受"的状况。无人系统通过学习军事人员的操作形成完整且优异的模型，并且其"5S 环"和军事人员对应的"PREA 环"各自形成闭环，互不干涉，无人系统很大程度上拥有可以独立执行任务的能力和权力。这一过程可以理解为"PREA 环"与"5S 环"基本分离的指挥控制过程，无人系统真正能够在战场上独当一面，如图 7-3 所示。

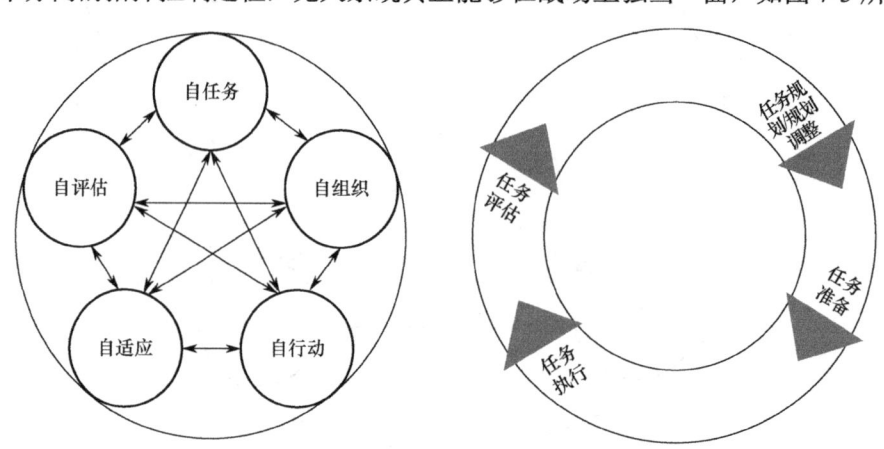

图 7-3 "人在回路外"："PREA 环"与"5S 环"分离

附录 A　基于区块链的快速机动指挥控制模式研究

指挥控制概念在 20 世纪 50 年代被正式提出以后，对其研究就在不断地丰富和发展。在指挥控制机理研究方面，早在 20 世纪 70 年代，包以德就基于自己的实战经验提出了 OODA 循环模型，该模型后来成为指挥控制领域的经典模型。然而该模型也存在着战争尺度属性模糊、筹划和纠偏过程缺失等不足。随后不少学者提出了新的模型，主要有劳森模型（Lawson Model）、SHOR 模型[①]和 HEAT（Headquarters Effectiveness Assessment Tool）模型，这些理论各有偏重，但都不能很好地描述信息化作战条件下指挥控制的特点。20 世纪以后，阿尔伯特提出了"自底向上"和"自顶向下"两种指挥控制模型。[②]在实践层面，2013 年美军以条令的形式明确了任务式指挥为首选指挥控制方式。

在韧性指挥控制研究方面，美国在 2013 年就提出了在军事系统中加强韧性设计的要求，同年美国空军航天司令部提出将韧性作为评估军事空间体系的重要指标，DARPA 随后提出构建分布式韧性指挥控制系统的建议。目前国内外对韧性指挥控制的研究大多局限于理论层面，缺少对军事领域指挥控制系统的相关研究，在韧性评估优化方法上也缺少可操作方案的研究。

在指挥控制系统设计方面，目前国内外的研究主要集中于指挥控制概念框架、架构设计、系统部署优化等领域，没有深入考虑多域任务下指挥控制系统相关的参考模型，设计过程中缺少对多域作战和全域作战任务背景下的敏捷性思考，对各类多域和全域系统资源如何稳健均衡发挥作用及系统资源如何灵活、适时部署等问题则较少研究。

在区块链与指挥控制结合的研究方面，《基于区块链的数字化指挥控制系统信息传输与追溯模式研究》阐述了数字化指挥控制业务场景下的信息传输与追溯模式。[③]《基于区块链的指挥信息系统用户权限管理问题研究》提出了一种基于区块链的指挥信息系统用户权限管理方案。[④]《区块链在分队战术协同中的应用构想》阐述了战术分队区块链的技术架构与

---

① SHOR 模型是指激励—假设—选择—响应（Stimulus-Hypothesis-Option-Response，SHOR）模型。
② 阿尔伯特. 理解指挥与控制[M]. 赵晓哲，杨健，译. 北京：电子工业出版社，2009：39.
③ 杜行舟，张凯，江坤，等. 基于区块链的数字化指挥控制系统信息传输与追溯模式研究[J]. 计算机科学，2018，45（S2）：576.
④ 舒展翔，李腾飞，余祥，等. 基于区块链的指挥信息系统用户权限管理问题研究[J]. 指挥与控制学报，2019，5（2）：31.

运用模式。[1]上述研究偏重区块链运用的微观层面，对于区块链技术如何在指挥控制领域特别是敏捷指挥控制领域发挥作用的研究还是空白，亟待加强对这一领域的研究。本节通过考察机动性在战争中的重要性，进而分析指挥控制因素在赢得战争胜利中的重要地位，得出机动力的实质是指挥控制水平的体现的观点。区块链技术的智能合约、网络共识等特性在构建快速机动指挥控制模式方面具有内在契合性，可以在一定程度上分散指挥，赋权到边，实现不同部队之间的快速协调和切换。

A.1　实施高效机动是战争制胜的关键

在战争中，战场机动力从古到今都是决定战争胜负的一个关键因素。恩格斯指出："军队在运动中要比停驻时有四倍的价值。"[2]无独有偶，拿破仑认为，大部队正确和迅速的运动是确立战役有利形势和确保优势力量的重要手段。"拿破仑的多数战役都是以迅速的、为他军队所能理解和很快执行的运动，集中优势兵力向敌人发动进攻而取胜的。在高度运动性的拿破仑军队面前，行动缓慢、动作笨拙的封建军队完全不适应了。"[3]时间因素在军事行动中无疑是最宝贵的，在战争中行动缓慢必然受制于人。"在古代军队的组成、兵器的使用以及战术的运用方面，能否机动是十分重要的。"[4]一支军队若能战胜对手，很大程度上凭借的是指挥控制的敏捷和机动性的相对优势。同样的道理，当其他军队在指挥控制和机动性方面超越这支拥有辉煌历史的军队时，其地位便变得岌岌可危。可以说，指挥控制和机动力是军队的生命。

军事历史学家杜普伊在《武器和战争的演变》一书中以翔实的史料反复指出指挥控制和机动性占据优势的重要性：亚述军队与当时别国的步兵相比，机动性更强；亚历山大统帅下的马其顿军队所向披靡的重要原因在于把具有高机动性的重步兵方阵当作骑兵实施突击冲锋的机动基地；哥特人将兵器与骑兵的机动性充分结合，使大批骑兵从远处迅速逼近古罗马军队的侧翼，使后者在阿德里安堡战役中遭受毁灭性的打击；"匈奴人之所以能够所向无敌，并非由于他们具有数量上的优势，而是因为他们具有高度的机动性"[5]；瑞典国王古斯塔夫·阿道夫基本的线式机动作战思想对后世影响深远，一直贯穿到了 20 世纪；"腓特烈大帝通过反复加强从父亲那里学来的训练方法和纪律手段，提高军队的机动性和速度"[6]；拿破仑是把机动作用发挥得淋漓尽致的伟大军事家。

---

[1] 邹傲，郝文宁，胡琨. 区块链在分队战术协同中的应用构想[J]. 国防科技，2019，40（3）：13-17.
[2] 马克思，恩格斯. 马克思恩格斯军事文集：第 1 卷[M]. 北京：战士出版社，1981：172.
[3] 李元明. 拿破仑的军事思想[J]. 世界历史，1979（2）：50.
[4] T.N.杜普伊. 武器和战争的演变[M]. 严瑞池，等译. 北京：军事科学出版社，1985：9.
[5] J.F.C 富勒. 西洋世界军事史：第一卷[M]. 钮先钟，译. 北京：战士出版社，1981：302.
[6] T.N.杜普伊. 武器和战争的演变[M]. 严瑞池，等译. 北京：军事科学出版社，1985：11.

附录 A　基于区块链的快速机动指挥控制模式研究

进入 20 世纪以来,从"二战"初期的德军到今天可以全球快速部署、远程机动的美军,都因其敏捷的指挥控制和高度的机动性而军力超群。同样的道理,德军在"二战"后期因各种原因失去了先前机动性的优势,因而逐步转变成了一支弱势军队,最终归于失败。值得一提的是,骑兵能够成为西方各国军队中最主要的兵种并称雄上千年时间,完全在于其快速机动性。因为骑兵与别的兵种相比纪律更严、技术更熟练,而且更加机动灵活,一匹战马在冲锋时的冲击力量与机动性使得步兵几乎没有招架之力。赵武灵王称雄一时、汉武帝驱逐匈奴、蒙古大军横扫欧亚,凭借的全是骑兵。恩格斯正是因为看到了骑兵突出的机动性而断言:"骑兵仍然是,而且将永远是一个必然的兵种。"[1]

在物理作战领域,占据战争历史舞台最久的陆域机动性的重要性已不容置喙,海域和空域的机动性在战争中的重要性更是自不待言。就海域而言,马汉关于利用海洋机动的便利条件建立海军强国的理论,给了美国海军发展以强大的动力,在 20 世纪世界海军的扩张浪潮中起了推波助澜的作用。就空域而言,从历史上多次战例来看,不论是近战格斗还是远程空袭,具备良好机动性的一方往往能占到更多优势。以色列把机动性最强的空军置于优先发展的地位,故能连战连胜,至今不衰;伊拉克战争中伊军米格-25 飞机都被埋藏起来,消极避敌,反而没有发挥任何作用。在未来空战中,空军机动性的重要性非但没有减小,反而更加重要了。由此可见,不论是在陆域、海域还是空域,机动性都是至关重要的。

A.2　与强敌对抗能否保持局部机动能力至关重要

现代战争中交战双方很难做到势均力敌,往往存在着一定的军事技术差距。然而战争的结局并不与这种差距高度吻合,弱势的一方仍然可以通过有效的指挥控制保持灵活机动,获得不菲战果。朝鲜战争、越南战争和海湾战争,交战双方的实力都不在一个水平线上。前两场战争美军伤亡惨重,海湾战争则达到了美军预期的效果。正如军事分析家所指出的那样,海湾战争交战双方武器水平整整相差了一代。然而,朝鲜战争与越南战争,交战双方的武器水平之悬殊,何止一代!可以十分公正地说,在这 3 场战争中,美军与对手军事技术差距最小的,恰恰便是伊拉克兵败如山倒的海湾战争。那么,为什么技术差距最小的战争,战败方的结局却最糟糕呢?除前两场战争正义性和士气的原因外,能否保持局部机动性也至关重要。无疑,险要的地形可以缩小劣势装备军队与拥有先进武器装备的军队之间的机动性差距,弱势军队甚至可以凭借有利地形在局部保持相对较强的机动能力。朝鲜与越南都是地形复杂的国家,朝鲜绵延起伏的山地形成大量天然障碍和死角隐蔽区,有利于我军穿插机动而不利于机械化部队展开行动。敌人虽有现代化的装备,在行动上却要受地形、道路、天候等条件的更大制约,这又给了我军寻找敌军弱点并加以歼击的机会。同

---

[1] T.N.杜普伊. 武器和战争的演变[M]. 严瑞池,等译. 北京:军事科学出版社,1985:474.

样，越南境内也多山，这给美军地面部队的重型装备输送带来了极大困难，但对于轻装上阵的越军来说，限制则要少很多。与朝鲜和越南相反，伊拉克沙漠即占国土面积的40%，大部分国土是一马平川的地形，同时植被极少，森林覆盖率不及越南的十分之一，这种地形为美军实施机动创造了绝佳的条件。

机动力从来就是部队的生命，且机动力对于相对弱小、处于战略和战役防御的一方尤为重要。可以说，实力较弱的军队也可以利用地形的优势实施相对较强的机动，使实力较强一方的武器装备难以在复杂地形上实施有效机动，减少武器代差造成的不利局面。从对二战后美军用兵规模最大的几场战争的比较中可以得出一个结论：在现代战争中，弱势军队在应对强敌时能否保持有效的指挥控制，进而保持机动，这一点至关重要。

A.3　机动力的实质是指挥控制水平的体现

机动性说到底是一个军事效率问题。军队机动能力的基础是军纪，军纪的基础是有效的指挥控制。因而，机动性更具体地说是指挥控制的效率问题，就是用最快的时间进行态势感知，遂行部队作战任务。指挥控制效率越高，机动性越好，指挥控制效率与机动性两者成正比关系。在未来战争中比拼的其实就是指挥控制周期的快慢，战争制胜机理是以敏捷制胜。

美国著名的作战理论研究专家包以德在对"以快胜慢"的制胜规律及其作用条件和作战范围认识不断深化的基础上，提出了OODA循环理论。作战双方中谁的OODA循环更短，谁就更占优势。这也非常容易理解，如在小规模战争中，假设空中有两架飞机正在交战，其中一架飞机需要请示授权才能开火，另一架飞机可以视情况自主开火，这两架飞机中哪一架胜算更大，一目了然。"美军提出的'快速决定性'理论认为要求提高OODA（观察—判断—决策—行动）循环速度，模式是'以快制慢'，手段在于谁能以更快的速度完成OODA循环。"[1]谁能在较短的时限内搜集到必要的情报和定下决心，规定任务和组织军队的行动，准备和实施对各个目标的突击，及时调集预备队和把它投入战斗，谁就能赢得胜利。

从指挥控制的视角看，鸦片战争也好，甲午战争也罢，我国军队失败的军事原因都是以慢对快，指挥控制周期过长。甚至到了今天，我军存在的主要问题仍然是机动速度过慢。"正如大家都承认的那样，时间是战争中一种最重要的因素。"[2]局部战争要求具有高度机动性和火力相当大的作战部队，他们要能够很快地被调到出事地点，并且要能够有区分地发挥他们的威力，快速部署的能力是最为重要的。快速机动无疑也是未来战争对军队的基本要求。托夫勒指出："第三次浪潮的战争形式更加重视时间而不是空间。"[3]因此，在24小

---

[1] 朱江，沈寿林. 智能时代的指挥控制：任务共同体机制和模型研究[M]. 北京：电子工业出版社，2018：69.
[2] A.T.马汉. 海权对历史的影响[M]. 安常容，成忠勤，译. 北京：解放军出版社，2006：62.
[3] 阿尔文·托夫勒，海蒂·托夫勒. 战争与反战争[M]. 严丽川，译. 北京：中信出版社，2007：200

时内运来一个营远比在一个星期后运来一个师更重要。所以把部队迅速调到出事地区的能力，便是抵抗决心的表示，从而有利于在任何一方把太大的力量投入以前重新建立均势。在未来战争中，"交战双方更多在机动战背景下，实施基于信息系统的、多维空间的非线式体系对抗作战。"[1]机动力的提高将带来战斗力的非线性提高，机动力每提高一倍，战争力就提高2～3倍。因此，应该不断提升多域指挥控制能力，取得战争主动权。

A.4 构建基于区块链的快速机动指挥控制模式

在现代战争中，胜利或失败不仅要看交战双方和武器的对比，而且还要看双方的机动能力，以及其背后体现的指挥控制水平。胜利的一方往往制人而不受制于人。从某种程度上看，信息化就是利用强大的感知能力和快速打击能力来迟滞和限制敌人的机动能力。未来战争快节奏的要求与指挥控制如何做到快速反应，是未来作战指挥控制面临的主要矛盾。因此，需要打破中心化指挥控制模式，实施基于区块链的自主化事件式指挥控制模式。

A.4.1 实施基于区块链的自主化事件式指挥

区块链、人工智能和边缘信息技术的结合，使一线部队能够获得以前难以企及的作战资源、信息和能力，使一线部队能够在很大程度上实现自主行动，贯彻灵活的事件式指挥。综合以上分析，我们可以看到，以往机动性更胜一筹而获胜的一方在指挥控制方面往往实现了自组织和他组织的有机结合，即该让自组织发挥优势的时候就大胆运用分散指挥，该让他组织发挥优势的时候就运用集中指挥。基于区块链构建的自主化事件式指挥模式本质上是一种快速机动的跨域敏捷指挥控制模式，它主要是自组织，但并不排斥他组织，应该说是自组织和他组织的有机结合。通过区块链技术的资源共享、动态授权、指令监管、自动执行等功能，实现权限下放、关系重组、激励参与、快速反应，从而构建起跨域敏捷指挥控制模式，其基本原理如图A-1所示。

基于区块链的自主化事件式指挥充分体现了自组织的优势。现代战争中，军事行动充满危险、迷雾和不确定性，而且随着作战过程的延长和作战环境的变化而增加。指挥员要敢于授权下属，特别是一线指挥员快速决策、行动并适应不断变化的战场环境，这就需要自组织。指挥员需要发现问题后就迅速做出决策，有时甚至需要当场决策。谁在最前沿，谁就最熟悉作战环境的当前状态，就能够最早感知到现实状况与预期想象存在的问题，即最熟悉战斗的自然发展趋势。因此，也就最有资格做出合适的决策，确定合适的作战方式。

---

[1] 潘金宽. 我军应重视机动防御作战剥夺敌方进攻能力[N]. 解放军报，2010-7-1(7).

可以说，基于区块链的自主化事件式指挥是处理战争不确定性的最佳途径，能让处于神经末梢的指挥员最大限度地利用可用时间，同时制订有效的计划并让其分队做好作战准备，以便能利用态势最顺利地完成任务。区块链的自治系统，可以提供一种更可行的设计，既可以保留他组织的优点，又可以发挥自组织的优势，最大限度地消除传统集中指挥控制固有的不足。

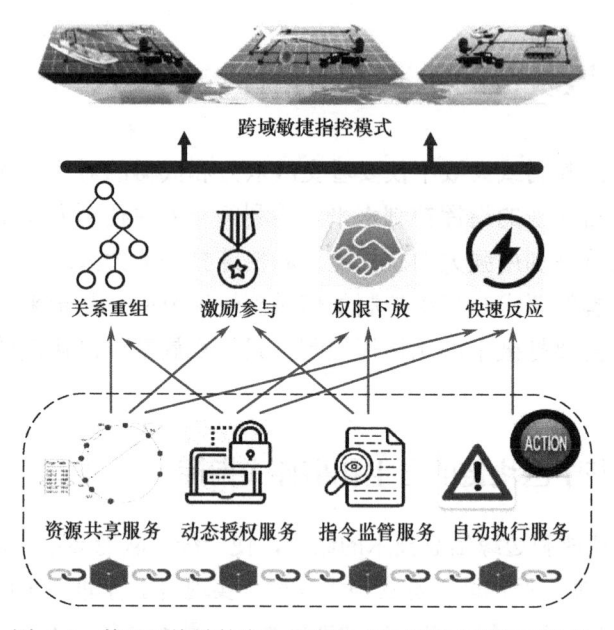

图 A-1 基于区块链的自主化事件式指挥基本原理示意图

A.4.2 利用区块链技术构建去中心化的组织

工业革命以来的中心化组织，以层级结构建立决策单元之间的关联，在面对静态环境和不确定性较少的环境时整体能够运行有序，效能最优。因此，我们看到，20世纪以前机动性较强的军队往往采用中心化指挥控制模式，这与时代的特征有关，因为之前的时代不确定性与现在不可同日而语。组织体系的使命任务一经确定，就可以对使命任务进行分解，形成"决策中心"。

未来作战依然追求机动性的迅捷。在不确定性的环境中，谁的反应最快、适应力更强，谁就占据有利境地。敏捷、适应力强在正常情况下是去中心化的团队才具有的特质。未来发生传统意义上的世界大战的概率已经微乎其微，甚至有的学者认为国际战争已经成为历史。[1]战争形态很大程度上是城市作战、反恐作战、边缘战。因此，一线部队和边缘部队的重要性开始凸显，去中心化也越来越成为一种趋势。传统指挥控制模式是层级指挥，体现了集中控制的特点，信息需要烦琐的人工确认，传输慢且难以被充分地分享。同时，下级

---

[1] 保罗·科利尔. 战争、枪炮与选票[M]. 吴遥，译. 南京：南京大学出版社，2018：101.

很难了解作战行动全貌，上级指挥员也很难实时了解和掌握下级特别是一线部队的状态，往往造成信息的延迟和"过时"。因此，迫切需要"根据任务的需要进行委托授权"[①]，将人工审批权限转移到智能合约，省去程序烦琐、效率低下的逐级授权环节，其基本原理如图 A-2 所示。

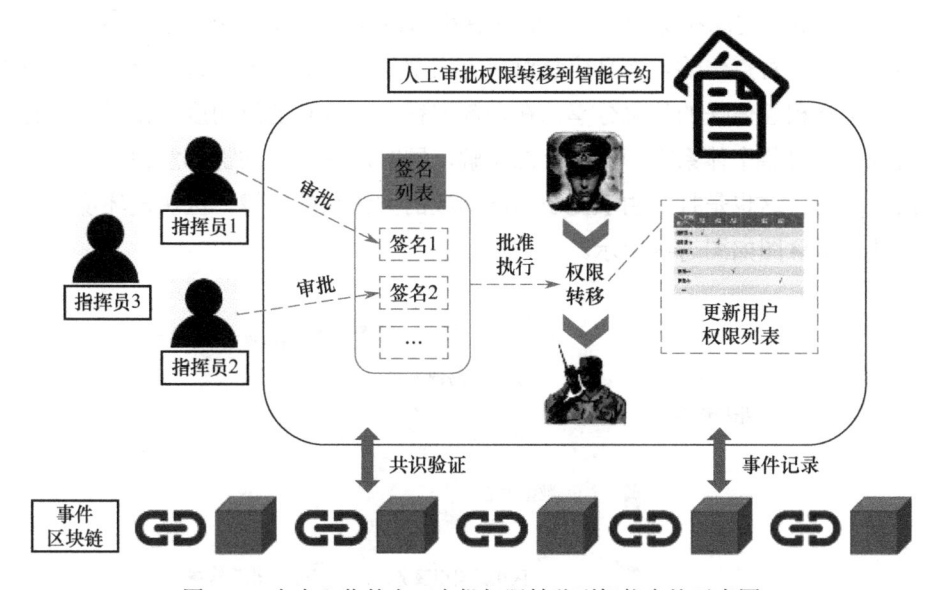

图 A-2　去中心化的人工审批权限转移到智能合约示意图

区块链本质上是一种去中心化的数据库，要充分利用这一技术特性构建去中心化的组织，提升边缘和一线部队的力量。实际上，去中心化、区块链智能合约和网络共识共同作用，"可减少指挥过程中人为因素带来的不确定性、多样性和复杂性"[②]，缩短指挥控制 OODA 循环周期。尤其是通过区块链赋能，能够实时获取任务相关的跨域信息资源，自动、快速建立协作关系，使错综复杂的问题能够得到自发式的解决，提升部队快速反应能力，有效应对战争的不确定性，达到快速机动的目的。

A.4.3　实现区块链环境下完全网络化的信息共享

当今世界正处在快速的变化中，其标志就是发展速度更快。特别是在军事行动这种激烈意志的对抗中，参战各方都在不间断地相互接触，都在不断适应战场的变化，以夺取战场主动权。然而作战环境不是静态的，也不是当前态势线性的延续，而是动态演化的。参战各方和作战环境的动态特性又决定着战场上诸多因果关系，并造成作战行动的不确定性。此外，偶然性与阻力也会增加作战的不确定性。应对不确定性更为可取的方法就是迅速抓住机会采取机动，压缩 OODA 循环周期，进而改变态势。在任何情况下，机动只有迅速才

---

① 阳东升，王坤峰，陈德旺，等. 平行航母：从数字航母到智能航母[J]. 指挥与控制学报，2018，4（2）：107.
② 何俊林. 区块链军事应用方兴未艾[N]. 解放军报，2020-01-07（7）.

能达到目的。在现代条件下，即使是正确的机动，如稍有迟缓也会落空。因此，机动必须企图简单、协调统一、实施不费时。要想解决这些问题，就要在全范围更快地感知和响应，以便满足"指挥节点反应敏捷，且支持自同步"的要求。[①]更进一步，"对态势的感知需要我们能够快速地引入：（1）许多来源，包括新来源的信息，（2）各种各样的专门知识和认识（以理解、过滤和综合可利用的信息和知识），（3）多个领域上同步的作用。"[②]区块链不但能实现点对点传输，而且信息对所有人都是公开的，能创造完全网络化的协作环境，让组织进行相互信任的信息分享，在内部取得前所未有的透明度，使组织中的各支小团队和边缘力量对整个体系有一个综合的了解，同时形成共同的群体意识和自发的、自行调整的组织智能，这也是打造由敏捷小团队构成的大团队的关键。区块链环境下指挥控制数据信息共享示意图如图 A-3 所示。

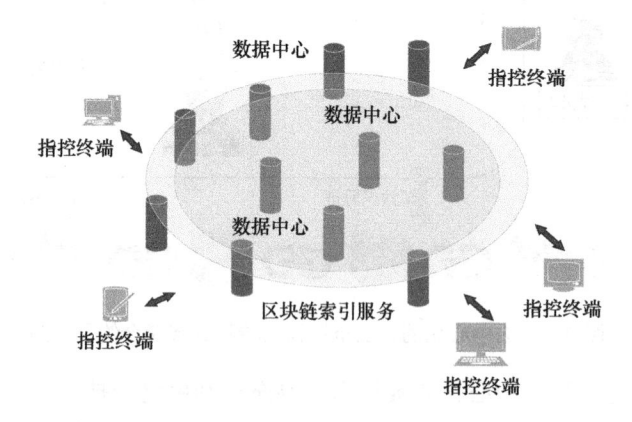

图 A-3　区块链环境下指挥控制数据信息共享示意图

区块链环境下的指挥控制数据信息共享消除了中间人，打破了以往中心化指挥控制中信息阻隔的壁垒，改变了通信能力和信息分布方面的挑战，能够第一时间让信息实现最大范围的共享，使许多需要发生的交互作用能更为有效地完成，确保信息被广泛而迅速地分享，确保了获取信息的真实可靠，确保了一线部队的快速机动。

A.4.4　建立源于区块链不可篡改数据的奖惩机制

在基于区块链的快速机动指挥控制模式中，各类权限、资源和信息可灵活转移和配置，必须解决随之而来的监管问题，必须建立健全奖惩机制。区块链的链上数据分布式存储，具有不可篡改的特性，战情记录数据基本不可能被篡改。[③]因此，上级和友邻部队都可以得到客观真实的数据，为奖惩机制的健全和完善提供了技术支撑。基于区块链的快速机动指挥控制所获得的权限、资源和信息是动态构建的，它的指挥系统（"神经中枢"）、控制系统

[①] 阳东升，张维明. C2 过程与机理的尺度关联性分析[J]. 指挥与控制学报，2019，5（3）：192.
[②] 阿尔伯特，海斯. 信息时代军事变革与指挥控制[M]. 郁军，朱建冲，等译. 北京：电子工业出版社，2005：169-170.
[③] 王飞跃，袁勇，王帅，等. 军事区块链：从不对称的战争到对称的和平[J]. 指挥与控制学报，2018，4（3）：175-182.

("手脚")、情报侦察系统("耳目")、通信系统("神经脉络")、火力打击系统("拳头")等可以是临时来自不同的单位,它们借助区块链集体参与的特性形成一个新的自组织,其指挥控制的有效性依赖于灵活重组的各参与方主动加入与积极协作,因此必须建立奖惩机制。

A.5 基于区块链的快速机动指挥控制过程机理

整体对抗优势的获取与维持必须建立在敏捷的指挥控制组织之上。基于区块链的快速机动指挥控制组织,可以高效地支持跨域的信息共享与自主协同,从而形成敏捷的指挥控制组织。

一个针对任务形成的指挥控制组织,包括多个决策者和平台资源,相互之间形成指挥、协同、信息交换等多类关系,在一定的规则(权限)条件下,配合完成相互关联的任务,形成组织过程,实现任务目标。指挥控制组织示意图如图 A-4 所示。其中,具备上下级关系的决策者之间形成指挥关系,不具备上下级关系的决策者之间可以按需建立协同关系;决策者拥有对所分配平台资源的控制权,指挥控制后者执行相应的任务。

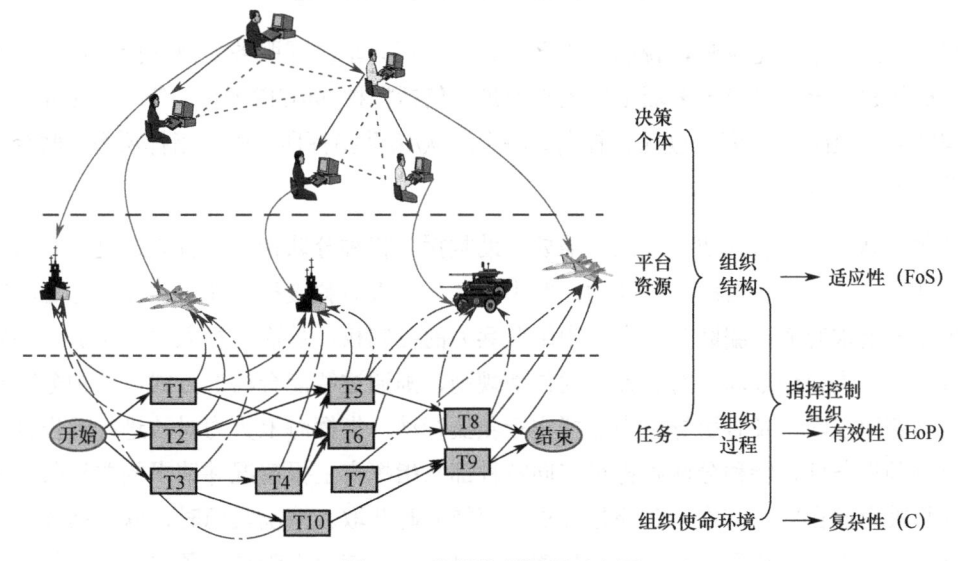

图 A-4 指挥控制组织示意图

当组织的任务环境出现变化时(如出现意料之外的情况),指控组织的结构和运行过程需要进行调整,以适应变化。指挥控制组织结构和过程变迁如图 A-5 所示。其中,DM 表示决策者,P 表示平台资源,T 表示任务。DM 之间的实线表示针对某个任务所形成的指挥关系,虚线表示协同关系。因为新出现了临时任务 T8,指挥控制组织的结构需要变化,包括决策者之间的指挥关系、决策者对平台资源的控制关系、平台资源到任务的执

边缘战及边缘指挥控制

行关系等。

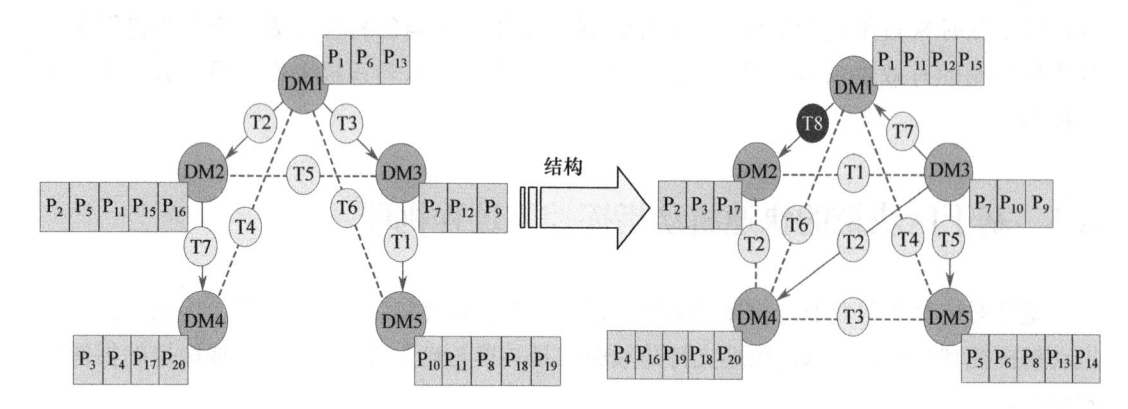

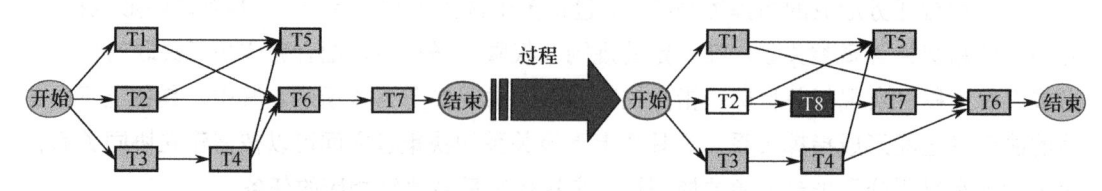

图 A-5 指挥控制组织结构和过程变迁

以下通过一个假定场景,说明基于区块链的跨域共享协同服务如何支持指挥控制控组织的敏捷构建。该场景属于多域指挥控制场景,包括特种部队/指挥官、空军空中指挥所、空中编队/编队指挥所、海军舰队指挥所、海上编队/编队指挥所、联合指挥所等,联合行动指挥关系如图 A-6 所示。

特种分队前去解救人质后被围,需要协助救援。特种分队指挥员首先通过分布式索引服务发现海上编队具备对敌打击能力,空中编队具备人质救援护送能力,然后通过动态权限管理服务请求对海上编队兵力和空中编队兵力的控制权,从而进行人质救援护送并发动对敌打击。如果该作战场景符合预设的作战规则,则通过智能合约的方式,特种分队指挥员将自动获取权限,及时引导空中支援实行救援行动,指挥海上火力对敌进行远程打击。若不符合预设条件,特种分队指挥员将向特种部队指挥官上报情况并请求相关权限,这些信息都将被存储在区块链中,各级指挥机构都能同时获取。情况紧急时,联合指挥所可直接指挥战斗,而不用逐级上报。联合指挥所可以通过动态权限管理服务将对应权限写入区块链,同步到全网,相关方将通过区块链确认该授权,确认成功后移交兵力指挥权到特种分队手中,由特种分队引导、指挥作战。作战过程中,指挥控制行为监管服务将所有指挥控制行为的信息抽取并自动记入区块链,供事后复盘评估。区块链敏捷指挥控制流程图如图 A-7 所示。

与之对应的传统指挥控制方式流程图如图 A-8 所示。其中,资源发现与授权均需要遵循层次化的逐级上报、下达和确认的过程,流程固化,中间任何一级的失效都可能造成整

附录 A 基于区块链的快速机动指挥控制模式研究

体过程失效，使得任务中断，贻误战机。相比起来，传统指挥控制方式延迟更长且脆弱。

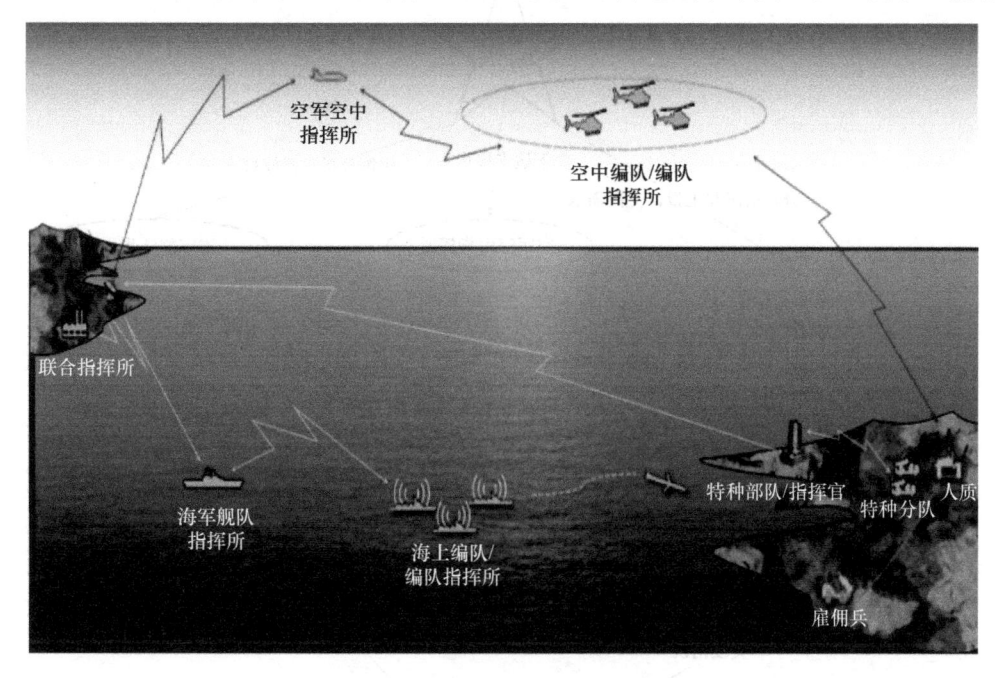

图 A-6 联合行动指挥关系示意图

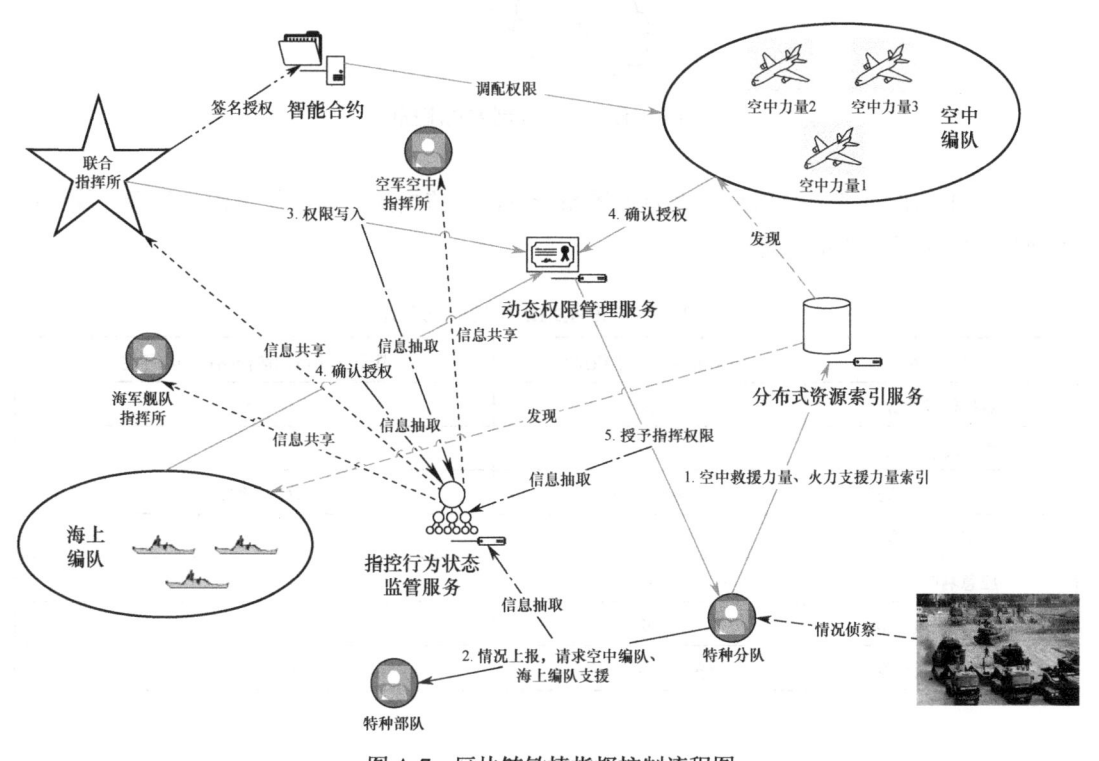

图 A-7 区块链敏捷指挥控制流程图

▶ 边缘战及边缘指挥控制

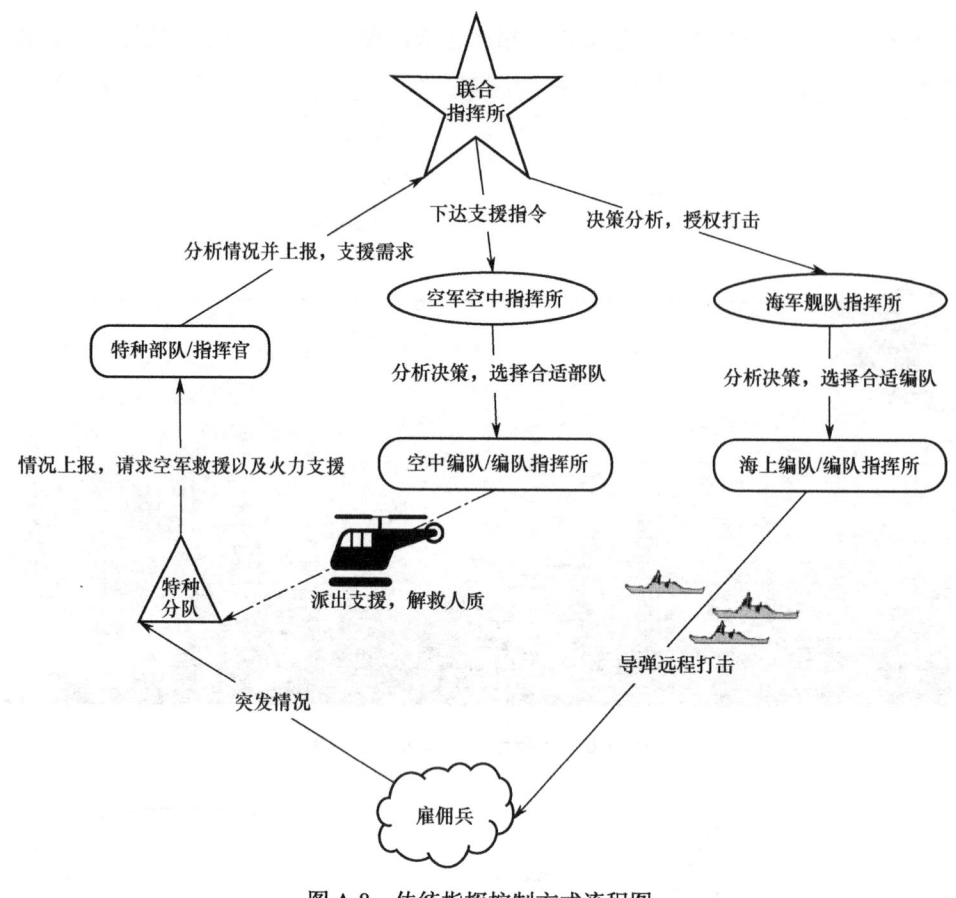

图 A-8 传统指挥控制方式流程图

表 A-1 列出了在近距离空中火力支援场景下，当前指挥控制组织结构与基于区块链的敏捷指挥控制平台的情况对比。

表 A-1 指挥控制组织结构情况对比表

属　　性	当前指挥控制组织结构	基于区块链的敏捷指挥控制平台
数据转发次数	多	少
指令转发次数	多	少
数据访问控制方式	控制流转范围	密码技术授权
数据请求步骤	多	少
应急响应速度	慢	快
指挥员决策次数	多	少
指令、战况数据	层级多，收集过程繁多	集中，便于访问

A.6 结语

本节研究了历史上强大的军队战胜对手的制胜因素，可以发现一个重要的原因就是，这些军队在机动性和指挥控制水平上往往比对手更胜一筹。机动性与指挥控制水平两者是息息相关的，机动性问题说到底又是指挥控制问题。在现代战争中，机动性和指挥控制的重要性仍然有增无减，弱势军队在应对强敌时保持有效的指挥控制，进而保持机动，这一点至关重要。区块链技术的兴起为构建新的指挥控制模式奠定了技术基础，应充分利用区块链技术的去中心化、分布式存储、信息共享、不可篡改等特性，打破传统的中心化指挥控制模式，构建基于区块链的快速机动指挥控制模式，即基于区块链的自主化事件式指挥模式，以有效应对现代战争的不确定性和突发性。

附录 B　未来战争的指挥控制应对之策

21 世纪以来，以智能化技术为代表的高新技术快速发展，正在从根本上改变战争形态和攻防格局，利用高端武器聚焦高端领域展开的高水平军事斗争成为战争的新样式。随着美国将国家安全战略和国防战略的重点从反恐转向长期大国战略竞争，美军以前所未有的力度开发基于大国竞争的作战概念，调整全球兵力部署，打造新型联合部队，积极增强指挥控制能力，不断加强与大国的高端战争准备。近年来，美军言必谈"高端战争"，声称打一场令对手"看不懂""跟不上""打不了"的战争，并将其作为美国整军备战的中心任务。打赢未来战争，迫切需要我们加强对高端战争的研究，找到打赢未来高端战争的指挥控制应对之策。

B.1　美军基于大国竞争的作战概念及指挥控制的发展之路

美国为应对中俄等战略竞争对手持续增长的能力，认为需要一种很难被打败的概念，以破解战略对手日益增强的"反介入/区域拒止"挑战，维持所谓的"行动自由"。美军认为自身以往的优势正在逐渐减弱，意识到自身存在不足，如地缘战略存在劣势、技术难保代差优势、成本消耗无力保持现有规模、高端平台不能解决现存问题、作战指挥不再宽松等。基于更综合地运用各种能力、更自由地投放所需效应、更具杀伤力和威慑力的考量，美军先后提出了"多域战""多域作战""联合全域作战"等概念，并积极探索"决策中心战"、"马赛克战"作战概念，合力打造联合全域指挥控制。指挥控制是作战概念的核心内容，其成效是战争胜负的决定因素。研究美军指挥控制发展之路，有助于更好地理解这些作战概念背后的深层意蕴。

B.1.1　开发联合全域作战概念

2020 年 2 月，美军参联会和联合参谋部正式提出联合全域作战（JADO）概念。联合全域作战是为获得优势并完成任务，联合部队在包括陆、海、空、太空、网络空间以及电磁频谱领域以所需的速度和规模筹划并协同实施的作战行动。这一作战概念立足于全域混联的作战云和数据空间，以任务为中心跨域临机组合，聚焦杀伤链遂行分布式作战，具有更综合运用各种能力、更自由投放所需效应、更具杀伤力和威慑力等特点。联合全域作战概念的发展源头，可以追溯到2012年，美军参联会在发布的《2022联合作战顶层概念》中提出"全球一体化作战"（GIO）的联合作战新概念，此后美军相继提出了"多域战""多域作战"，与之前的概念相比，已经由军种概念上升为参联会和联合参谋部统筹实施的联合作战概念，概念级别也由战术、战役级上升为战略级，更加凸显了各军兵种在未来战争中跨域协同的重要性。[①] 2020年3月，美国空军发表了《空军条令说明1-20：美国空军在联合全域作战中的作用》，6月发布了《空军条令附件3-1：联合全域作战中的空军部职责》。美国联合全域作战概念发展脉络如图B-1所示。

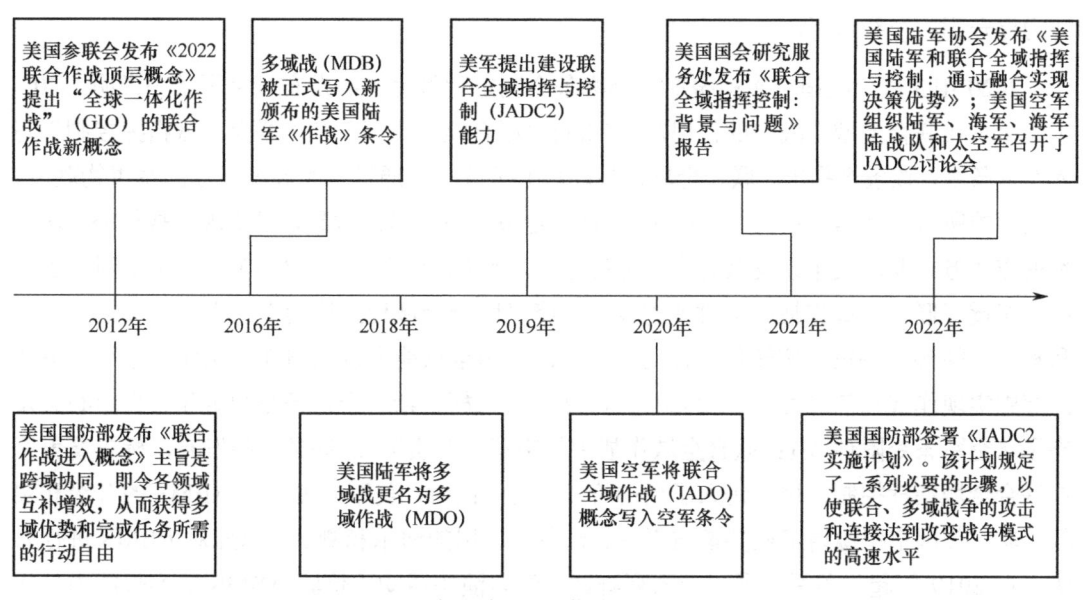

图 B-1　美国联合全域作战概念发展脉络

B.1.2　合力打造联合全域指挥控制系统

联合全域作战的核心是指挥控制。联合全域指挥控制能力一旦形成，会在态势感知、指挥决策、兵力运用、综合保障等方面领先对手，能够比对手更快地筹划、准备、决策和行动。联合全域指挥控制可以融合所有作战领域的感知信息，实时构建更为全面的战场态势，让决策者实时掌握战场局势走向，更为全面地掌握部队的状态，有效提高决策和判断水平。联合全域指挥控制体系的核心是"全新架构、相同技术"，这也是对网络时代各项前沿科技的整合，力图在军事领域发挥其最大的优势。2022年3月15日，美国国防部副部长凯瑟琳·希克斯签署了《联合全域指挥与控制（JADC2）实施计划》（简称《JADC2实施计划》），同一天美国国防部官网公开了《联合全域指挥与控制（JADC2）战略摘要》。美国各军种全力推进联合全域指挥控制系统建设，开展一系列计划和项目演示验证联合全域指挥控制的可行性。

---

① 刘科. 美军联合全域作战指控体系的理论思考[J]. 中国电子科学研究院学报，2021，16（7）：723.

空军主推先进作战管理系统（Advanced Battle Management System，ABMS），该系统是以网络为中心的分布式、互联、协同的综合系统，集成和融合来自第五代战斗机、驱逐舰、无人机、太空系统等各个作战域的传感器数据，通过人工智能、自动信息融合等前沿技术，绘制战场统一图景，为联合作战部队提供先进、有效的地面和空中目标指示及多域作战管理与指挥控制能力。该系统也是联合全域指挥控制的核心技术平台。美国空军使用开放系统来开发ABMS的软件和硬件，确保该系统适用于各军种。重点关注数据标准化和数据访问协议的开发，确保各军种部队及其通信和武器系统协同工作且相互兼容，将联合能力提升到一个新水平。

2020年3月，美国空军柯蒂斯·李梅条令制定和教育中心发布《空军条令说明1-20：美国空军在联合全域作战中的作用》，首次将"联合全域作战"和"联合全域指挥控制"写入空军条令，该条令指出，联合全域作战的核心要义是"通过一个高度连通的军事物联网，将美军的所有传感器连接到所有射手"，目标是整合所有域的效果，以实现作战优势。这种新的作战方式要求美军改变其思维和行动方式，不再依赖单一域的优势。[1]该条令阐述了美国空军遂行联合全域作战的关键能力需求，将"联合全域指挥控制"定义为"决策的艺术和科学，能够将决策迅速转化为行动的能力，利用全域能力以及与任务伙伴合作在竞争和冲突中实现作战和信息优势"。2020年6月1日，柯蒂斯·李梅条令制定和教育中心又发布了《空军条令附件3-1：联合全域作战中的空军部职责》。这些条令的发布，标志着美军在联合全域指挥控制发展上进入了新的阶段。与此同时，美军高度重视ABMS的升级和实战检验，美国空军邀请工业界参与平台、设备和应用的演示和测试，以此对ABMS进行升级。自2019年起，美军开展了一系列测试、演习演练活动，检验ABMS的实战能力。如2019年12月16日—18日，美军北方司令部在佛罗里达州埃格林空军基地举行了ABMS on Ramp军事演习。演习期间，ABMS实时地将模拟的巡航导弹信息发送给部署在墨西哥湾的托马斯·哈德纳号驱逐舰、埃格林空军基地的指挥官、空军F-22战斗机、空军和海军F-35战斗机，以及一支装备机动导弹发射器的陆军部队和地面特种部队，联合部队通过收集、分析和共享作战数据信息，成功识别并消除模拟的巡航导弹威胁。该演习和后续的一系列实战检验证明，ABMS项目在传感器到射手的网络互联、利用云共享信息、人工智能软件辅助指挥决策等方面取得了较大进展，其中安全云（CloudONE）等部分ABMS技术与能力已可以投入部署应用。[2]

美国陆军从2020年开始主推"融合计划"，近实时使用所有传感器、最佳射手以及最合适的指挥控制节点，实现联合杀伤网，旨在进一步将陆军整合到联合部队中。美国陆军以场景驱动验证新兴技术对杀伤链的影响，根据未来任务设置不同作战场景，每两周展示

---

[1] 周海瑞，张臻. 美国空军先进作战管理系统及启示[J].指挥信息系统与技术，2020（4）：61.
[2] DWYER M.Making the most of the air force's investment in joint all-domain command and control[EB/OL].（2020-03-06）[2020-04-06]. C4ISRNET网站.

一次创新技术应用演示实验，重点检验新兴技术对于杀伤链闭合时间的影响，以多域作战关键环节牵引杀伤链能力评估，以融合演练确定优先发展的军事系统。在亚利桑那州尤马试验场举行的"项目融合2022"年度演习中，OODA循环从20分钟缩短到20秒。

美国海军也从2020年开始主推分布式海上作战"超越计划"，以更快的海上火力集结、有人/无人集成、更快的决策和跨整个海军装备谱系利用信息，集成网络基础设施，连接海军所有资产，并注入数据分析、机器学习等人工智能技术，跨编队将最佳感知传递给最佳火力。其目标是使海军能够在海上集结，无论距离远近，无论位于哪条坐标轴、处于哪个作战域，都能提供同步化的杀伤效果。这样，无论系统中有多少单位参与，整个系统都作为一个整体作战。

美国各军种在合力共建联合全域指挥控制系统，其核心理念是，围绕动态任务按"发现—识别—定位—跟踪—交战—评估"进行体系化编组，高速重组效应链，而不再是围绕各域或各军种的行动编组。这种指挥控制系统实现了两个关键的功能，即"滴滴"和"翻译"的功能，实现了作战任务需求侧与要素能力供给侧通过"市场中介"按任务速度进行智能动态规划（保持足够的力量规模、丰富的能力组合、必要的攻击密度），以及不同能力要素之间按规则临时建立接口，用软件定义一切。

B.1.3 探索"决策中心战""马赛克战"作战概念

"决策中心战"是在高端对手对抗条件下更为务实有效和低消耗的一种作战概念。美国战略和预算评估中心（Center for Strategic and Budgetary Assessments，CSBA）认为，这一概念旨在推动美军从"以信息为中心作战"向"以决策为中心作战"转变，从"掌控信息优势"向"掌控决策优势"转变。[①]在这一作战概念下，由于充分利用和制造战场"迷雾"和混乱，对手即使掌握战场态势信息，也难以判断己方作战意图，进而难以确定打击重心和防御方向，且难以及时做出有效决策。

"马赛克战"是"决策中心战"的一种作战样式，它是由美国国防高级研究计划局（DARPA）于2017年8月首次提出的。2019年3月，DARPA开始大规模布局"马赛克战"相关技术项目研发，9月发布《恢复美国的军事竞争力："马赛克战"》报告，概述了"马赛克战"的内涵、组成和原则等。同年12月，DARPA等机构运用兵棋推演对"马赛克战"进行了评估。2020年2月，美军战略与预算评估中心正式发布《"马赛克战"：利用人工智能和自主系统实施"决策中心战"》报告，提出以"马赛克战"为抓手，实施"决策中心战"的构想。"马赛克战"的基本理念是"以决策为中心，将各种作战功能要素打散，利用自组织网络将其构建成一张高度分散、灵活机动、动态组合、自主协同的'杀伤网'，进而取得

---

① 赵国宏. 体系中心战：未来战争的顶层作战概念[J]. 指挥与控制学报，2021，7（3）：227.

体系对抗的优势"。①"马赛克战"的特点在于比对手更快、更有效地做出决策。通过在作战前和作战中动态地组合和重组部队，提升部队的灵活性和适应性，同时给予对手更大的不确定性。当然，目前美军实施"马赛克战"，指挥控制复杂度呈指数级增长，技术也尚未成熟，对军种融合程度远超联合全域作战，尚未在各军种各部门之间达成共识。未来美国可能建设"传统多任务平台+部分'马赛克战'部队"，实施"有限马赛克战"。

B.1.4 问题难点

美军力图打造一体化指挥控制还面临着很多问题难点。如美军联合全域指挥控制目前处于刚刚起步的阶段，距离真正实施还有很多工作要做。②同时，实现联合全域指挥控制也存在诸多问题难点，当前主要面临以下三大障碍：

一是以军种为基础的指挥控制体制与作战方式。虽然美军不断推动从"以军种为中心"向"以联合为中心"的转型，但这一转变远未完成，各军种仍然存在坚守军种所有权，而不是心甘情愿地提供自身能力和资源的问题。军种利益高于联合利益，必然影响联合全域作战向深度和广度发展；而且目前美军的组织架构也建立在军种基础之上，为了维护自身利益，原本用于引导军队能力建设发展的指挥控制系统建设，可能会扭曲为军种争取资源和项目的又一"角斗场"。

二是以平台为中心的采购机制。美国国防部现有采购机制适合研发和部署各域平台，如战车、舰船、飞机和各种有形作战平台。美国军工集团则是追求服役时间长且需要后续维修的大宗采购合同，研发联合全域指挥控制赖以发挥作用的通信网络并确保平台与指挥控制系统的连接，对其而言吸引力不足。国会议员也很难游说、建议和支持投资发展近似无形的"连接"与"数据"，而是更倾向于鼓动和投资发展有形作战平台。

三是综合国力层面的跨域协同与体制局限。当前美国各军种主要聚焦自身需求来发展联合全域指挥控制能力的各要素，呈现出"八仙过海，各显神通"的局面。陆军发展"融合计划"、海军发展"超越计划"、空军主推先进作战管理系统，"各吹各的号，各弹各的调"，就是明证。美军参联会副主席在接受采访时坦言，"各领域的无缝融合和有效指挥仍是一项艰巨的挑战，我们还不清楚究竟要如何做到，没人有现成的答案"。这也从一个侧面反映了综合各层面协同的艰难。

除了体制方面的障碍，联合全域指挥控制还存在若干技术瓶颈：如复杂作战体系的可计算性、权限设计、人与机器同步、对抗下通联等。实际上，指挥控制最终归结于组织结构与权限，根子上归结于文化。

---

① 于全. 从"网络中心"到"决策中心"——对美军"马赛克战"的再认识[N]. 解放军报，2023-12-26（7）.
② 陈彩辉，线珊珊. 美军"联合全域作战（JADO）"概念浅析[J]. 中国电子科学研究院学报，2020，15（10）：921.

B.2 我军指挥控制的应对之策

我军指挥控制与美军指挥控制在主要特点与认知上存在很多相同之处，但由于两军建设水平不同，也存在明显差异。一是在制胜策略上，我军强调立足现有装备，发挥指挥员的谋略优势，强调用东方的智慧战胜西方的技术；美军历来崇尚技术制胜，作战概念开发的发力点和指挥控制机理都是围绕打造新质能力、抢占新域制权、形成体系优势展开的。二是在支撑条件上，我军还处在构建高水平网络信息体系的阶段，而美军已经在发展联合全域指挥控制，尝试将联合部队的传感器和射手实时地连接起来，建立一个体系云解决方案的框架，最终使得各军种之间顺畅、无缝隙地通信。三是在侧重点上，我军新的联合作战指挥体制刚形成不久，还需要大力提升基于联合指挥控制的全域作战，需要加强理论研究，而美军联合作战体制已经成熟。[①]因此，面向联合全域作战则更加关注全域指挥和跨域协同，更加注重基于演习演练的实兵检验。联合全域指挥控制虽然目前还处于起步阶段，但其正在加速推进，且针对我军的意图明显。面对战争形态加速演变态势和对手遏制打压态势，我们必须聚焦指挥控制这个战争的核心要素，从 OODA 循环到 OODA 点的进化趋势出发，采取"你打你的，我打我的"策略，从指挥控制模式、决心构想、行动控制等方面，积极探索联合全域指挥控制的应对之策。

B.2.1 指挥控制模式上：快反制胜

指挥控制模式是遵循指挥与控制过程、履行指挥与控制职能的方式。[②]指挥控制模式的选择对战争胜负有着重要影响。在传统指挥控制中，指挥员习惯采取以既定任务为导向的干涉控制和循环控制。面对联合全域作战，指挥控制的复杂性和不确定性进一步增强，更加呈现出非线性的特征，需要改变传统以既定任务为导向的指挥控制模式，主动强化战场的动态性和非连续性，在战术层面不断调整和更改作战决心，主动造成非持续性作战，打乱敌方 OODA 循环的节奏，扰乱敌方惯性思维，抵消敌方筹划优势。

在快反制胜方面，具体而言，需要细粒度筹划模型的"临机组合+连续控制与行动"，且由战术指挥员主导。任务式指挥强调上级指挥员深度参与，提出清晰明确的指令；刺激响应式指挥强调不断调整和更改决心意图，需要下级指挥员的深度参与，以及连续控制与行动的能力。任务式指挥和刺激响应式指挥各有所长。应对联合全域指挥控制，依然需要任务式指挥，且其更适用于强弱对抗下的强方。但战争充满不确定性，很多关键时刻需要现场决策，谁在最前沿，谁就最能做出合适的决策，应积极适应快速应变、主动求变的非持续性作战。实施自下而上的刺激响应式指挥比对手决策更快，且更适用于强弱对抗下的弱方。

---

① 季明，许珺怡，程振宇. 全域作战概念研究与机理验证[J]. 军事运筹与评估，2022，37（1）：42-46.
② 史鲁泽. 中美日传统文化与军事战略思维比较研究[J]. 中国军事科学，2016，29（3）：18.

B.2.2 决心构想上：谋略制胜

两军对垒，谋高一筹者胜。中国军事思维方式始终以崇尚谋略为主要特征。我军在近百年的革命战争中能从小到大、以弱胜强，在武器装备极其落后的情况下战胜国内外的强大敌人，一个重要原因就是各级指挥员在谋略上高敌一筹。[①]在指挥控制领域，高端对手之间作战，战场优势具有动态性和局部性。如何实时衡量相对优势，缓解固有弱势，寻求临时优势？指挥系统如何能辅助指挥员发现或创造隐含的、稍纵即逝的临时优势？这些都是指挥员必须思考的问题。因此，我们要继续发挥谋略制胜的优势，基于动态局部优势采取差异化行动，其基本思路是，除了比敌方速度更快、范围更广、更致命，还要强调非对称、差异化的行动，用算无可算对付算无遗算，用算计对付计算。

在谋略制胜方面，指挥员应该认识到，在未来作战中，对抗优势的获取也是不同的，没有"放之四海而皆准"的指挥控制过程模型，应随着作战尺度的不同而不同。在微观尺度，或者说在作战平台层次上，指挥活动的一般过程可以描述为 OODA 循环，对抗优势的获取在于"快"和"介入"，"其指挥对抗的机理在获取 OODA 循环运转速度上比较有优势，切入对方的 OODA 循环，打乱对手的节奏，从而获得作战平台指挥对抗优势。"[②]在宏观尺度，或者说在体系层次上，指挥活动过程表现为 PREA（Planning-Readiness-Execution-Assessment）环，对抗优势的获取在于"稳"和"累积效应"："稳"即保持作战系统的稳定性，不被牵制和干扰，体现在既定的决心和稳定的节奏；"累积效应"则不强调一时一地的优势获取，而是逐步"累积"效果，积小胜为大胜，不注重局部或阶段的优势，始终瞄准最终的目标。

B.2.3 行动控制上：韧性制胜

网络信息条件下的现代战争已经演化为作战体系之间的对抗。作战体系所处的内外环境瞬息万变，战场态势具有极强的实时性。同时，体系规模的增加导致体系正常运行的难度逐渐加大，而韧性能够保证体系在能力损失的情况下实现降级运行并从能力损失状态中快速恢复。应对联合全域作战，适应能力高于计划能力，应从效率至上变为韧性至上。韧性体系强调各部分之间的关系和布局，逻辑起点是重构而不是预测。应探索无序作战、混乱作战、乱战、混沌战等作战概念，夺取降级优势，乱而取之，乱中取胜。刚性体系的逻辑是从预测到调整到应对，前提是可预测，目的是保稳定，靠的是洞察力，追求的是效率和优化。面对不确定性，效率再高也不够快；面对不可预测的事件，优化是纸上谈兵，通联拒止不可避免，信息优势是空中楼阁。

在韧性制胜方面，具体而言，要积极探索网络化协同的组织形态，如阿米巴组织、变

[①] 阳东升，姜军，王飞跃. 从平台到体系：指挥对抗活动机理的演变及其 PREA 环对策[J]. 指挥与控制学报，2018，4（4）：269.
[②] 张维明，朱承，黄松平，等. 指挥与控制原理[M]. 北京：电子工业出版社，2021：79.

形组织、"蜂群"组织等，实现网络赋能向知识赋能、联通共享向感知认知、中心指挥控制向边缘指挥控制、刚性固态向弹性液态、流程驱动向跨域协同的转变，探索以韧性的反脆弱体系应对不确定性。

B.3 未来指挥控制的发展方向探析

指挥控制的发展是一个随着军事理论创新、技术进步和军事组织结构变革而逐步发展的过程。未来作战是跨域联合作战，各参战力量的作战行动将以网络信息体系为纽带，围绕整体作战企图联合发力。多域融合的理念已经成为大势所趋，边缘和一线获得了前所未有的资源和能力。同时，先进智能算法的发展一日千里，让机器涌现出令人惊叹的洞察力和创造力。"在观察、定位、跟踪、判断、决策、打击和评估等杀伤链的各个环节，机器算法相较人脑展现出越来越大的优势，在提升战场决策和指挥控制能力方面发挥着越来越重要的作用，逐渐成为决定现代战争胜负的一个关键因素。"[1]基于以上分析，指挥控制重点发展方向主要有三个方面：多域融合、敏捷边缘和计算智能。

B.3.1 多域融合

当前的作战环境已没有明显的单一作战域。需要打破传统的以军种为核心的作战域边界，从单纯的军种能力同步转向全面的军种能力整合。[2]美军提出的多域战、多域作战、联合全域作战等，就是打破军种、领域之间的界限，各军种在陆、海、空、天、网等领域拓展能力，以实现同步跨域火力和全域机动，夺取物理域、信息域、认知域以及时间方面的优势。

未来的多域融合主要体现在态势融合、筹划融合、控制融合等方面。在态势融合方面，实现由感知型态势向认知型态势转变，既要看到飘飞的"风筝"，更要看到"风筝"背后的线，找到敌方的缝隙窗口，利用极短的窗口时间切入缝隙，通过小的扰乱产生"蝴蝶效应"，影响敌方的整体行动；在筹划融合方面，变集成式本级筹划为网络化合作筹划，发挥政府机构、盟友伙伴、非政府组织、企业商业机构等广义网络化伙伴的力量，实现"协同筹划+同步筹划"；在控制融合方面，变划区负责为网络化协同，从数据架构、网络架构、节点要素架构、服务架构、应用架构等方面构建网络信息体系总体架构。

B.3.2 敏捷边缘

21世纪是一个更互联、频率更快、更难预测的时代。应对不确定性成为常态，敏捷

---

[1] 陶九阳，单鸿昌，吴琳. 战场算法：智能化战争的制胜利器[N]. 解放军报，2023-02-02（11）.
[2] 张维明，黄松平，黄金才，等. 多域作战及其指挥控制问题探析[J]. 指挥信息系统与技术，2020，11（1）：1.

性必然成为首要的素质，而不是效率。①随着新型通信网络、分布式计算、机器学习等信息化与智能化技术的迅猛发展，战场前沿的各类平台和组织具备了更强的感知、判断和协同等能力，以往只能通过大型智慧中心完成的指挥控制功能，越来越多地下沉到一线和"边缘"。边缘节点与以往相比，将具备更强的决策、判断和协同能力，边缘自主决策、协同成为现实。与传统的指挥控制相比，边缘指挥控制除具备执行上级指定任务外，还具有"自己发现任务、自己决定行动、自己寻找伙伴、自己适应变化、自己评估效果"等鲜明特征。②

未来战争中，要进一步利用边缘网络、边缘计算、边缘智能等新一代信息技术为网络化、去中心化的边缘赋能，通过广泛的信息分享和团队协作，使边缘能够实现"中心"的功能，达到"以往中心做的事情，边缘也能做"的效果，其关键在于平衡"中心-边缘"之间的关系，构建组织新形态。这种新的边缘指挥控制是上下交互，"放权—赋能—演进"螺旋上升的新范式。该范式遵循的原理是由科学管理变为逆科学管理，放弃完全控制。边缘指挥控制需要实现从自上而下的他组织，到自下而上的自组织与自上而下的他组织有机结合的转变，本质上是一个不断适应的过程，它不会固定在某一个状态，需要在自组织与他组织两者之间快速转换。其核心是围绕边缘的指挥协同、行动协同、目标协同和资源协同。

B.3.3 计算智能

未来决策是人机混合决策，注重数据和智能的应用。人工智能的内涵逐渐深化，由符号到链接，由浅层到深度，由模拟到机理，由宏观知识描述到微观数据驱动；外延不断拓展，由感知交互到认知决策，由个体到群体，由小数据到大数据再到小数据。指挥控制的过程可以分为两个阶段：人类智能确定作战构想，机器智能自动实现任务规划。目前，人机融合在实验室环境下已经取得了一些进展。"美军最近开发的'头脑风暴'作战筹划系统，可通过人机混合组队方式击败人类高手团队。"③

目前，对兵力、火力、保障、航路、弹道、毁伤概率等的简单计算，到未来将基于深算、精算、细算，可以基于指挥员的构想，自动生成一套或多套可行的方案和计划，模拟推演作战方案的执行效果，自动生成优化的建议和依据，自动监控计划按照相应的分支执行，动态生成临机决策建议。要加强"算法+算力+数据"的专用人工智能技术落地，解决处理跟不上、分析盖不全、整编来不及等瓶颈；突破语义理解、关联分析、推演预测等难题；当好信息汇集助手和问答助手。同时，要加强指挥控制大脑、类人智能

---

① 斯坦利·麦克里斯特尔，等. 赋能：打造应对不确定性的敏捷团队[M]. 林爽喆，译. 北京：中信出版社，2017：13.
② 张维明，黄松平，朱承，等. 指挥控制的新范式：边缘指挥控制[J]. 指挥信息协同与技术，2021，12（1）：4.
③ 陶九阳，单鸿昌，吴琳. 战场算法：智能化战争的制胜利器[N]. 解放军报，2023-02-02（11）.

的通用人工智能研究,长远布局,从跟跑到领跑,从概念体系、事实、规则和常识方面提供"知识";基于人脑的记忆、联想、推理、经验、直觉、顿悟、预感、自动反应等机制进行模拟推理;实现人机自然交流、人机共生决策、人机混合智能。通过积累技能,实现自学习演进不断进化。

反侵权盗版声明

电子工业出版社依法对本作品享有专有出版权。任何未经权利人书面许可，复制、销售或通过信息网络传播本作品的行为；歪曲、篡改、剽窃本作品的行为，均违反《中华人民共和国著作权法》，其行为人应承担相应的民事责任和行政责任，构成犯罪的，将被依法追究刑事责任。

为了维护市场秩序，保护权利人的合法权益，我社将依法查处和打击侵权盗版的单位和个人。欢迎社会各界人士积极举报侵权盗版行为，本社将奖励举报有功人员，并保证举报人的信息不被泄露。

举报电话：（010）88254396；（010）88258888
传　　真：（010）88254397
E-mail：　dbqq@phei.com.cn
通信地址：北京市万寿路 173 信箱
　　　　　电子工业出版社总编办公室
邮　　编：100036